定国安邦：

历代名相

先秦篇

焦庆锋◎著

吉林出版集团股份有限公司

图书在版编目（CIP）数据

定国安邦：历代名相先秦篇 / 焦庆锋著 . — 长春：吉林出版集团股份有限公司，2021.1

ISBN 978-7-5581-9110-7

Ⅰ . ①定⋯ Ⅱ . ①焦⋯ Ⅲ . ①政治家—生平事迹—中国—先秦时代 Ⅳ . ① K827=2

中国版本图书馆 CIP 数据核字 (2020) 第 250725 号

定国安邦：历代名相先秦篇

著　　者	焦庆锋
责任编辑	王　平　姚利福
封面设计	晴晨时代
开　　本	787mm × 1092mm　1/16
字　　数	268 千
印　　张	17
版　　次	2021 年 3 月第 1 版
印　　次	2021 年 3 月第 1 次印刷

出　　版	吉林出版集团股份有限公司
电　　话	总编办：010-63109269
	发行部：010-63104979
印　　刷	唐山才智印刷有限公司

ISBN 978-7-5581-9110-7　　　　定价：49.00 元

前言

宰相最早起源于春秋时期。他们总揽政务，在历史的政治舞台上扮演着一人之下、万人之上的角色。他们几乎一身系天下之安危，其权力的大小，直接影响政治局势能否稳定、天下能否长治久安。

在波澜壮阔的中国历史长河中，曾经产生了无数的宰相。而每当在大治大乱中，都会涌观出一批批叱咤风云、扭转乾坤的历史贤相。

他们竭尽忠诚，在他们心里，高尚的品德和情操高于一切，忠君为国的思想深扎于心，他们的忠肝义胆，可昭日月。纵使身处险境，他们也能依靠自己的才智，有声有色地演绎出一幕幕动人的篇章。他们的功德名垂青史、万古流芳，为世人所称道、所景仰、所效法。

这其中最应提及的要属管仲了，他是中国历史上第一位杰出的宰相，他依靠自己的聪明才智，使齐国成为当时的霸主；而后秦国的商鞅、范雎、张仪等著名宰相也相继登上历史舞台；被称为“千古一相”的李斯，更是能力非凡，他为秦国统一六国立下了汗马功劳。此后，华夏大地上诞生了无数杰出的宰相，西汉的萧何、曹参等；东汉的马援等；三国时期的诸葛亮等；偏安一隅的东晋的王导、谢安等。盛世大唐更是涌现了一大批贤相，像有“房谋”之称的房玄龄、一代诤臣魏征、备受争议的裴炎、惩恶扬善的狄仁杰、五朝元老姚崇、晚唐朝廷的政治流星李德裕等等。而宋代也不乏杰出代表，靠半部《论语》治天下的赵普、越老却越倔强的寇准、邋遢成性的官场楷模王安石等等。大明王朝亦是相星璀璨，这其中以铁腕改革重振大明的张居正最为杰出。中国最后一封建王朝——清朝同样也出现了不善领兵的曾国藩、洋务巨擘李鸿章等人物。

当然，在封建社会的宰相之中不仅有贤相存在，也有奸相存在。奸相臭名昭著，为天下人所唾弃。他们对待君主阿谀逢迎、对待人民横征暴敛；在任期间贪赃枉法、榨取民脂民膏；为达目的阳奉阴违、结党营私。

其中最有代表性的人物就是秦二世时期的奸佞宰相赵高了，他祸国殃民，在一定程度上可以说是他导致了秦国的灭亡。而口蜜腹剑的李林甫、擅权误国的流氓贾似道、以青词换得大权的严嵩、贫贱中发家的美男子和珅等，无不是让人深恶痛绝的。可以说，他们是我们民族的败类，将永远被钉在历史的耻辱柱上。

古人云："以铜为镜，可以正衣冠；以古为镜，可以知兴替；以人为镜，可以明得失。"每一个宰相都有他的传奇人生，在他们忙忙碌碌的身影中，总能折射出每一个朝代的荣辱兴衰……

为了让读者能够对中国的历代名相都有所了解，我们精选了中国历史上从春秋战国到晚清之间的数十位宰相，其中，贤相有之，奸相亦有之，他们虽然不能代表全部，但却完全可以从中透视出中国历史的治乱兴衰。

我们无意于对这些历史人物妄加评论，我们只是让读者们能够在每天繁忙的工作之余，花费较少的时间近距离地接触他们，从中回味历史、感悟生活、增长智慧、提升层次。书中有一些野史和传说仅做参考，如与正统史观有差异，请以正史为准。或许，书中的每一个人物都能让你学到点什么。

目录

先秦

管仲——春秋第一相

伍子胥——克制忍耐，成就功名

商鞅——变法先驱

张仪——连横之父

范雎——天下一统的奠基者

吕不韦——天下第一投机商

秦朝

李斯——老鼠哲学的奉行者

赵高——奸佞误国的丞相

汉朝

萧何——治世能臣

陈平——六出奇计定社稷的谋臣良相

三国

诸葛亮——鞠躬尽瘁的能臣

司马懿——天才权谋家

先秦

先秦

Xian Qin<<

先秦是指秦朝建立之前的历史时代，从公元前21世纪—公元前221年，经历了夏、商、西周，以及春秋、战国等历史阶段。在这个历史时期，中国的祖先创造了光辉灿烂的历史文明，甲骨文、青铜器，都是人类文明的历史标志。这一时期也出现了许多伟大的人物，如大思想家老子、孔子、孟子……他们开创了中国历史上第一次文化学术的繁荣。同期，还涌现出一批勤政爱民的英明君王和治国有方的宰相。

有着千古第一相之称的管仲，文韬武略，样样精通，乃旷世之才，齐襄公当政后，他被任为宰相，主持齐国国政，进行了政治、军事、经济、外交等一系列改革，辅佐齐襄公成就了“春秋霸业”。

相比之下，伍子胥的命运坎坷了许多。父兄遇害，他开始逃亡，从一位堂堂朝廷大臣落魄到穷困潦倒的乞丐，历尽人间沧桑。后辅佐吴王挥三万铁骑西击强楚，北威齐晋，南服越人，称霸中原成为诸侯盟主，创出了一番轰轰烈烈的业绩，被传为千古美谈。

商鞅出生于卫国的一个没落贵族家庭。他的一生经受了大起大落。在魏国失意，便西去秦国，后得到秦孝公的重用。他才开始有了历史上轰轰烈烈的“商鞅变法”。使秦国由一个贫穷落后的国家一跃为列国最强国。秦孝公死后，商鞅被旧贵族陷害，最后车裂而死。但是商鞅之法在秦国深得人心，最后为一百多年之后的秦始皇一统天下奠定了基础。

先秦时期是不缺乏旷世奇才的，张仪就是其中之一。他本为魏国贵族后裔，因为能言善辩，被秦国重用，聘为丞相，积极为秦国谋划，可谓功盖千秋。

另外，一代名相范雎，在出使齐国时被魏中大夫须贾所诬，历经磨难后辗转入秦，出任秦相，辅佐秦昭王。他上承孝公、商鞅变法图强之志，下开秦皇、李斯统一帝业，是秦国历史上继往开来的一代名相。

管仲

——春秋第一相

姓　　名：	管夷吾
别　　名：	管仲、敬仲
生　　卒：	不详
家　　乡：	颍上（今安徽颍上县）
性　　格：	孝顺、沉稳
爱　　好：	治国
家庭背景：	王室一宗
顶头上司：	齐桓公
荣誉称号：	春秋第一相
历史评价：	名相管仲深知国之根本，人也！
治国成就：	使齐国成为当时的霸主
重要事件：	尊王攘夷
历史遗迹：	管仲纪念馆
个性签名：	不怕有仇，就怕无才。

管仲，春秋时期齐国颍上（今安徽颍上）人，名夷吾，字仲，谥曰敬，故又称敬仲，史称管子。春秋时期齐国著名的政治家、军事家，周穆王的后代。管仲少时丧父，老母在堂，生活贫苦，不得不过早地挑起家庭重担来维持生计，与鲍叔牙合伙经商后从军，到齐国，几经曲折，经鲍叔牙力荐，为齐国上卿（即丞相），被称为“春秋第一相”，辅佐齐桓公成为春秋时期的第一霸主，所以又说“管夷吾举于士”。

莫逆之交鲍叔牙

鲍叔牙画像

管仲出身名门望族，是血统高贵的高干子弟，他的父亲管庄是齐国的大夫。本来家门的显赫可以让管仲的一生过着锦衣玉食的生活，可是天有不测风云，后来他家道中落，生活困窘。可是不论多艰难，日子总要过下去。为了谋生，管仲放下以前尊贵的身份甘心下海经商，要知道经商在那个时代被认为是一种卑贱的职业。因为要发展事业，管仲走过大大小小许多地方，接触过形形色色的人，见过许多世面，这大大增长了管仲的社会经验，开阔了他的视野。对于一个官宦子弟来说，经商是有辱门楣的，不是长久之计，他曾试图弃商从政，都没成功。

尽管说商场如战场，没有情面可言，能结交知心朋友更是难上加难，但管仲偏偏就有这种好运气，二十来岁时就结识了鲍叔牙。起初二人合伙做点买卖，因为管仲家境贫寒就出资少些，鲍叔牙出资多些。生意做得还不错，可是有人发现管仲用挣的钱先还了自己欠的一些债，这钱还没入账就给花了，现在会计学中这种行为叫“坐支”，而且私自花钱恐怕离贪污公款也不远了。更可气的是到年底分红时，鲍叔牙分给他一半的红利，他也欣然接受了，这可把鲍叔

管仲与鲍叔牙

牙手下的人气坏了。有个人对鲍叔牙说："他出资少，平时开销又大，年底还照样和您平分收益，显然他是个十分贪财的人，如果我是管仲的话，我一定不会厚着脸皮接受这些钱的。"鲍叔牙斥责他手下道："你们满脑子装的都是钱，就没发现管仲的家里十分困难吗？他比我更需要钱，我和他合伙做生意就是想要帮帮他，我情愿这样做，此事你们以后就不要再提了。"

说起这个管仲，还真是没法儿让人留下好印象。后来这哥俩一起从军，相依为命。有一次，齐国和邻国开战，双方军队展开了一场大厮杀，冲锋的时候管仲总是躲在最后，跑得很慢，而退兵的时候，管仲却飞一样地奔跑。当兵的都耻笑他，说他贪生怕死，领兵的想杀一儆百拿管仲的头吓唬那些贪生怕死的士兵。关键时刻已当上军官的鲍叔牙站了出来，替管仲辩护道："管仲的为人我是最了解不过了，他家有八十多岁的老母亲无人照顾，他不得不忍辱含羞地活着以尽孝道。"管仲听了鲍叔牙的这番话，感动地流下了热泪，他哭诉道："生我的是父母，而了解我管仲的，唯有鲍叔牙啊！"两年之后，管仲的老母病逝，他心中没了牵挂，这才安下心来为齐国效命，果然他比谁都作战英勇，很快就得到了提拔重用。

"箭"走偏锋

齐桓公小白雕像

或许冥冥之中自有安排，与鲍叔牙的相识，为管仲带来了前所未有的好运气。在他们共同的努力下，二人都获得了平步青云的机会，效力于齐僖公。齐僖公的三个儿子：太子诸儿、公子纠和小白都是王位的有力竞争者。其中太子诸儿最被看好。尽管他品质卑劣，国中一些老臣对此甚为忧虑，但因为他是嫡长子，最有可能继承王位，所以还是有很多臣子愿在他身上下赌注。按理说，管仲与鲍叔牙这哥俩儿也应该认清形势共同辅佐未来的君主才是，可他们想法独到，分别去辅佐当时希望渺茫的公子

汉画像石，山东邹城出土。画面共分三格。上格左为管仲射小白、右为荆轲刺秦王。中格左为桑下饿人，右为专诸刺王僚。下格左为两熊起舞，右为两巨兽

纠和公子小白。起初，鲍叔牙也有顺势而为辅佐太子诸儿的打算，只是碍于齐僖公的旨意，不得不遵从。当然，对于这种安排他也是颇有微词的，他经常假装生病，大门不出，二门不迈。在他看来，“知子莫若父，知臣莫若君”，正因为齐僖公知道三儿子将来没啥希望继承君位，又以为鲍叔牙没啥才能，这才让他辅佐小白。而管仲却不以为然，当他了解内情后，劝鲍叔牙说：“国内的人都不喜欢公子纠的母亲，恨屋及乌，因此也不喜欢公子纠本人，反而同情小白这个没有母亲的孩子。太子诸儿不是块当王的料，所以将来统治齐国的，非纠即白。而公子小白虽然没有公子纠聪明，且性格有点急，但却深谋远虑。我可以大言不惭地说，不是我管仲，没人能够理解公子小白！即使日后废兄立君，公子纠接了王位，那也是一事无成。到那时，不是你鲍叔牙——小白的老师来辅佐他安定国家，还会有谁呢？”鲍叔牙这才听从了管仲的意见，接受任命，尽心侍奉小白。

公元前 698 年，齐僖公驾崩，太子诸儿继位，史称“齐襄公”，在位期间，他平庸无能，无法肩负起治理一个国家的重担。后来，他又与自己的妹妹，也就是鲁桓公的夫人文姜秘谋私通，趁文姜的老公鲁桓公酒醉之际将其杀害。管仲和鲍叔牙都是极具政治远见的人，对此，他们都预感大祸将至。所以他们想方设法地替自己的主子寻找出路。公子纠的母亲是鲁国国君的女儿，因此管仲保护公子纠逃到鲁国；公子小白的母亲是卫国国君的女儿，卫国离齐国太远，所以鲍叔牙就同公子小白跑到了齐国的南邻莒国去躲避。公子纠和公子小白去的地方虽然一南一西，想法却不谋而合，那就是静观事态的发展，伺机而动。

如管鲍二人所料，齐襄公十二年（公元前 686 年），齐国爆发内乱。齐襄公有个叫公孙无知的叔伯兄弟因齐襄公即位后废除了他原来享有的特殊权利而怀恨

在心，便勾结大夫闯入宫中，杀死齐襄公，自立为国君。可公孙无知在位仅一年有余，齐国贵族又杀死了公孙无知，一时间，齐国没了君王，全国上下陷入一片混乱之中。两个逃亡在外的公子，一见时机成熟，都想急忙回国，以夺取国君的宝座。

公孙无知死后，在齐国商议拥立新君的各派势力中，正卿高溪的势力最大，他和公子小白从小就是好朋友。于是高溪同另一个大夫国氏勾结起来，暗中派人火速前往莒国，请公子小白回国继位。公子小白接到信后，和鲍叔牙仔细分析了国内的形势，然后向莒国借了兵车，日夜兼程回国。与此同时，鲁国的国君鲁庄公得知齐国无君后，也万分焦急，立即派兵护送他的外孙——公子纠回国。谁知公子小白抢先一步，于是管仲决定自请先行，亲率三十乘兵车到莒国通往齐国的路上截击公子小白。队伍刚过即墨三十余里，正巧遇见公子小白的大队车马。管仲不慌不忙，等公子小白的车马一走近就操起箭来，只听“呼”的一声，一箭命中，公子小白应声倒下。

管仲见公子小白已被自己射死，便率领人马凯旋而归。可他却不知公子小白其实没死！管仲的确射中了小白，但却是射在他的铜制衣带勾上。公子小白也不是等闲之辈，他急中生智，倒下装死，躲过一劫。

塞翁失马，焉知非福，有此一惊后，公子小白与鲍叔牙更加警惕，飞速向齐国挺进。当他们来到临淄时，由鲍叔牙先进城劝说，齐国正卿高氏和国氏都同意立公子小白为国君，于是公子小白进城顺利登上王位，这就是历史上赫赫有名的“齐桓公”。

识时务者为俊杰

小白继位后，急需找到一批有才干并且值得信任的人来辅佐自己。可想而知，齐相的首选之人当然是自己的老师鲍叔牙。谁知鲍叔牙对齐桓公说：“臣只是平庸之辈，现在国君施惠于我，使我享受如此厚遇，这是国君的恩典。如果真要把齐国治理富强，我的能力有限，还得请管仲才行。”

齐桓公一惊，大为不解，反问道：“你不知道他是我的仇人吗？”

鲍叔牙回答道：“撇开那一箭之仇，客观地说，管仲英明盖世，才能超众，是天下难得的奇才！”

齐国上卿管仲图像

齐桓公小白画像

齐桓公又问鲍叔牙："管仲与你比较又如何？"

鲍叔牙冷静地分析："管仲有五点比我强——宽以从政，惠以爱民；治理江山，权术安稳；取信于民，深得民心；制订礼仪，风化天下；整饬军队，勇敢善战。国君应该冰释旧怨，化敌为友。而且当时管仲射国君，并不是他的主观意愿，而是因为公子纠命令他这么干的，现在如果赦免其罪而委以重任，他一定会像忠于公子纠一样为齐国效忠的。"

那个时代，通讯不像现在这么便捷。那边，公子小白已经当上了国君；这边，管仲与公子纠一伙还以为公子小白反正已经死了，再也没有人可以争夺王位了，也就不急着赶路，六天后才到齐国。一到齐国，没想到已经有了国君，而这个新的国君不是别人，正是"死而复活"的公子小白！

公子纠的外公鲁庄公得知齐国已有新君后气急败坏，当即派兵进攻齐国，企图武装干涉来替自己的外孙夺取王位。齐桓公也不示弱，双方在乾时（齐国地名，位置在山东临淄西面）会战，结果鲁军大败，公子纠和管仲随鲁庄公败归鲁国。齐军乘胜追击，进入鲁国境内。齐桓公为绝后患，送信给鲁庄公，叫鲁国杀了公子纠，交出管仲和召忽，否则齐军将全面进攻鲁国。

鲁庄公看完信，立即与大夫施伯

商量。施伯认为齐国要管仲不是为了报仇雪恨，而是为了重用他。因为管仲的才干世间少有，只要是他为政的国家就必然会富强称霸。假如管仲被齐国任用，将会给鲁国带来大患。因此施伯主张杀死管仲，将尸首还给齐国。施伯分析得头头是道，但是鲁庄公刚打了败仗，又听说齐国大兵压境，早吓得心惊胆颤，哪里还有心思仔细体会施伯的主张。迫于齐国的压力，鲁庄公杀了公子纠，擒住管仲和召忽，准备将二人送还齐桓公发落。谁知，召忽为了表达对公子纠的忠诚自杀了，死之前对管仲说："我死了，公子纠可说是有以死事之的忠臣了；你好好活着，建功立业，让我们的齐国称霸诸侯，公子纠可说是有生臣了。死者完成德行，生者完成功名。死生在我二人是各尽其份了，你好自为之吧。"

正如召忽生前说的那样，抱着"定国家，霸诸侯"的远大理想，管仲被押入囚车，随使臣回国。在回齐国的路上，管仲生怕鲁庄公改变主意，为了让役夫加快赶路，他心生一计，即兴编制了一首悠扬激昂的快歌，伴随着歌曲激越人心的节奏，本来两天的路程，结果一天半就赶到了。

鲁国都城略呈方形，城墙周长 11771 米，始建于西周初年，是严格按照周礼的规定建造的。前朝后市，左坛右社。宫城位于都城中心，周围宫墙。城内有十条交通干道，东西向、南北向各五条。南北向中间一条北起宫城，穿过东南门，直达雩坛，是城市的中轴线。鲁城约使用到西汉晚期，另建汉城，城市向西南收缩，但仍沿用了鲁城南墙、西墙的一部分

管仲果然料事如神，缓过劲儿来的鲁庄公还真是后悔了！他想："管仲是天下奇才啊，如果被齐国所用，齐桓公无疑是如虎添翼，这对自己是有百害而无一利的，只有除掉他才能高枕无忧。"可是他醒悟得太晚了，派兵追赶时，早已来不及了。

管仲一路恐慌，不过最后还是平安到了齐国，鲍叔牙正在齐国边境堂阜（古地名，地址在今山东省蒙阴县城西北十五公里处的西高都村）迎接他。老友相逢，格外亲切。鲍叔牙马上命令打开囚车，去掉刑具，让管仲沐浴更衣，表达了让管仲辅助齐桓公治理国家的心愿。稍事休息后，管仲对鲍叔牙说："我与召忽共同侍奉公子纠，既没有辅佐他登上君位，又没有为他死后尽忠，实在惭愧。现在又去侍奉仇人，那该让天下人怎么耻笑呀！"

鲍叔牙诚恳地对管仲说："你是个明白人，怎么倒说起糊涂话来了。做大事的人，常常不拘小节；立大功的人，往往不需要求得他人的谅解。兄弟你有治国的奇才，而齐桓公又刚好有做霸主的远大志愿，如果你能辅佐他，日后必然功高天下，扬名四海！"

做好管仲的思想工作后，鲍叔牙赶回临淄，向齐桓公报告。经鲍叔牙的建议，齐桓公同意选一个吉祥的日子，以非常隆重的礼节亲自去迎接管仲，以此来表示对管仲的重视和信任，同时也让天下人都知道他齐桓公的贤达大度。

尊为仲父

管仲归顺齐恒公之后，齐桓公经常同他商谈国家大事。一次，齐桓公召见管仲，首先把想了很久的问题摆了出来："你认为现在的国家可以安定下来吗？"

通过这个阶段与齐桓公的接触，管仲深知眼前这位国君的政治抱负，于是直截了当地对他说："如果您决心称霸诸侯各国，国家就可以安定富强；如果您要安于现状，国家就不能安定富强。"

齐桓公听后若有所思，说："我现在还不敢说这样的大话，等将来见机行事吧！"

管仲听了齐桓公的一番话，急忙向齐桓公表示："君王免臣死罪，这是我的万幸。臣能苟且偷生到今天，不为公子纠而死，就是为了富国家、强社稷；如果不是这样，那臣就是贪生怕死，一心为升官发财了。"说完，管仲就想告退。齐

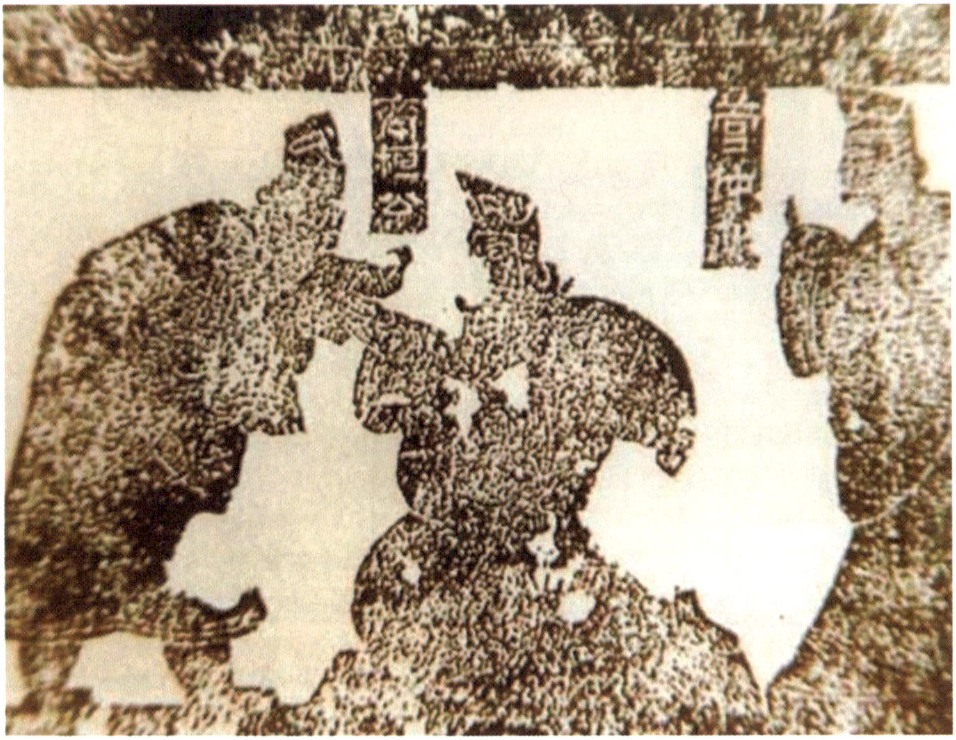

齐桓公与管仲画像砖（山东嘉祥出土）

桓公被管仲的肺腑之言所感动，便极力挽留，并表示自己将以霸业为己任的决心，希望管仲为之出力。

后来，齐桓公又问管仲：“我想使国家富强、社稷安定，要从什么地方做起呢？”

管仲回答：“要想国家富强、社稷安定，必须先得民心。”

“怎样才能得民心呢？”齐桓公接着问。管仲回答：“要得民心，应当先从爱惜百姓做起；国君能够爱惜百姓，百姓就自然愿意为国家出力；爱惜百姓就得先使百姓富足，百姓富足而后国家得到治理，那是不言而喻的道理。通常讲安定的国家常富，混乱的国家常贫，就是这个道理。”

“百姓已经富足安乐，兵甲不足又该怎么办呢？”

管仲说：“兵在精不在多，兵的战斗力要强，士气必须旺盛。士气旺盛，这样的军队还怕训练不好吗？”

“士兵训练好了，如果财力不足，又该怎么办呢？”

管仲回答：“要开发山林、开发盐业、铁业，发展渔业，以此增加财源。发

古来仲父知多少

仲父这个词汇原先的意思就是叔父。古人以伯、仲、叔、季为排行，伯父、叔父到现在人们还在使用，而仲父却因为特殊的原因，成了一种古代帝王赐予股肱重臣的一种荣誉称号。历史上最早出名的仲父是春秋时期齐国的仲父管仲。管仲绝对是个人物。齐桓公很尊重管仲，因为管仲名仲，便称呼其为仲父。

展商业，取天下物产，互相交易，从中收税。这样财力自然就增多了。军队的开支不就可以解决了吗？”

经过这番讨论，齐桓公心情非常激动，继续问管仲：“兵强、民足、国富，就可以争霸天下了吧？”谁知管仲却严肃地回答说：“国君不要急，还不可以。争霸天下是件大事，切不可轻举妄动！当前最迫切的任务就是使百姓休养生息，让国家富强，社会安定，不然很难实现称霸目的！”由于管仲系统地论述了治国称霸之道，齐桓公的全部问题都迎刃而解，不久即拜管仲为相，主持政事。为表示对管仲的尊崇，齐桓公称管仲为“仲父”。

奇策治国

齐相也当上了，仲父也当上了，可不能辜负国君对自己的一片知遇之恩啊，聪明的管仲深谙此理，于是根据当时的形势，对齐国进行了一系列的改革。

在行政方面：划分和整顿行政区域和机构，把国都划分为六个工商乡和十五个士乡，共二十一个乡。十五个士乡是齐国的主要兵源，齐桓公自己管理五个乡，上卿国子和高子各管五个乡。把国政分为三个部门，制订三官制度。官吏有三宰，工业立三族，商业立三乡，川泽业立三虞，山林业立三衡。郊外三十家为一邑，每邑设一司官。十邑为一卒，每卒设一卒师。十卒为一乡，每乡设一乡师。三乡为一县，每县设一县师。十县为一属，每属设大夫。全国共有五属，设五大夫。

每年初，由五属大夫把属内情况向齐桓公汇报，督察其功过。于是全国形成统一的整体。

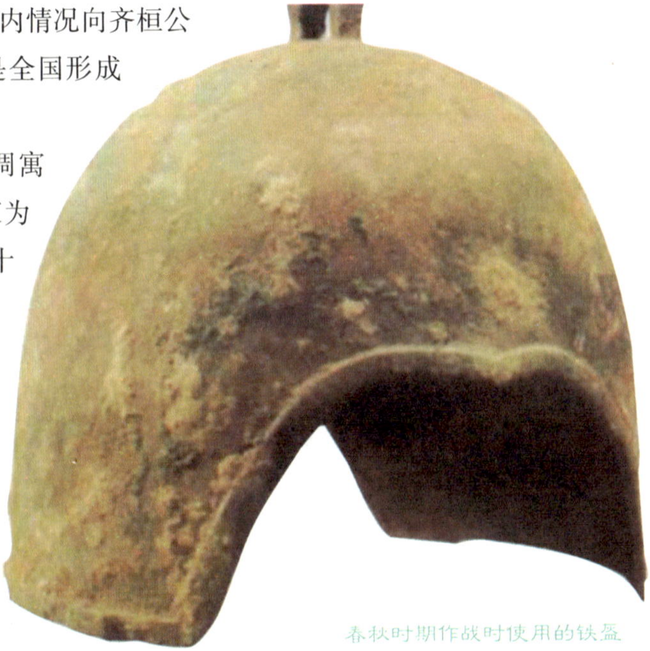

春秋时期作战时使用的铁盔

军队方面，管仲强调寓兵于农，规定国都中五家为一轨，每轨设一轨长。十轨为一里，每里设里有司。四里为一连，每连设一连长。十连为一乡，每乡设一乡良人，主管乡的军令。战时组成军队，每户出一人，一轨五人，五人为一伍，由轨长带领。一里五十人，五十人为一小戍，由里有司带领。一连二百人，二百人为一卒，由连长带领。一乡二千人，二千人为一旅，由乡良人带领。五乡一万人，立一元帅，一万人为一军，由五乡元帅率领。齐桓公、国子、高子三人就是元帅。这样把保甲制和军队组织紧密结合在一起，每年春秋以狩猎来训练军队，于是提高了军队的战斗力。同时又规定全国百姓不准随意迁徙，人们之间团结居住，做到夜间作战，只要听到声音就辨别出敌我；白天作战，只要看见容貌，大家就能认识。

为了解决军队的武器，规定犯罪可以用盔甲和武器来赎罪。犯重罪，可用甲与车戟赎罪。犯轻罪，可以用值与车戟赎罪。犯小罪，可以用铜铁赎罪。这样可补充军队的装备不足。

在经济方面，管仲提出“相地而衰”的土地税收政策，就是根据土地的好坏不同，来征收多少不等的赋税。这样使赋税负担趋于合理，提高了人民的生产积极性。又提倡发展经济，积财通货，设“轻重九府”，观察年景丰歉、人民的需求，来收散粮食和物品。又规定国家铸造钱币，发展渔业、盐业，鼓励与境外的贸易，齐国经济开始繁荣起来。

尊王攘夷树国威

在管仲改革制度的推行下，齐国出现了民足国富、社会安定的繁荣局面。齐桓公对管仲说："现在咱们国富民强，可以会盟诸侯了吧？"谁知管仲谏阻道："当今诸侯，比咱们齐国强大的多得是，南有荆楚，西有秦晋，然而他们自逞其雄，不懂得尊奉周王，所以不能称霸。周王室虽然已经衰微，但仍然是天下共同的主。自从周王东迁以来，诸侯们都没有去朝拜过。国君您要是以'尊王攘夷'号召天下，海内诸侯必然望风归附于您。"

管仲说的"尊王攘夷"，就是尊重周朝王室，承认周天子的共同领袖的地位；联合各诸侯国共同抵御戎、狄等部族对中原的侵扰。攘夷于外，必须尊王。尊王成为当时一面正义的大旗。

齐桓公二年（公元前 684 年），齐桓公借报收纳公子纠之仇，出兵伐鲁。当时鲁国刚被齐国打败不久，元气还没来得及恢复，齐兵再次压境，举国上下一片恐慌。恰巧鲁国大夫曹刿（生卒年不详，著名的军事理论家）出来为鲁庄公出谋献计，在长勺（今山东莱芜东北）将齐国击败。鲁国胜利后又去侵犯宋国。为报复长勺之败，齐国又勾结宋国来攻打鲁国。由于鲁庄公采纳了大夫公子偃的建议，在乘丘（今山东巨野西南）打败宋军。宋军一败，齐军自然也就撤走。

第二年，宋国为了昭雪乘丘之耻，又兴兵攻鲁，鲁庄公发兵抵抗，趁宋兵还没站住阵脚就发动猛攻，结果宋国被打得惨败。宋国连吃败仗，国内又发生内乱。宋大夫南宫长万杀了新立的郑闵公，不久宋贵族又杀了南宫父子。宋国的内乱，鲁国的战败，使他们的力量大为削弱。

管仲雕像

谭国（今山东济南东）是

齐国西邻的小国。齐桓公出奔时曾经经过这里。当时谭国国君对齐桓公很不礼貌，齐桓公继位，谭国也没有派遣使臣来祝贺。按照春秋的礼法，像谭国这样失礼，遭到谴责是自然的。齐桓公对此极为不满，因此管仲建议出兵问罪。谭国本来很小，力量十分微弱，怎能经受得住齐国大军的进攻。结果可想而知：谭国很快被齐国消灭。齐国没费力气就消灭了谭国，扩大了国土。

齐桓公五年（公元前681年），在管仲的建议下，齐国与宋、陈、蔡、郑等国在齐的北杏（今山东聊城东）会盟，商讨安定宋国之计。遂国（今山东肥城南）也被邀请，但没有参加。为了提高齐国的威望，管仲就出兵把遂国灭了。

鲁国本来比较强大，但因接连被齐国打败，又看到诸侯国都服从齐国，不服从齐国的遂、谭两国又被消灭，所以也屈服了齐国。不久，齐国与鲁国和好，在柯（今山东东阿西南）会盟。这次会盟很隆重，会场布置庄严。修筑高坛，两边大旗招展，甲士列士，十分威武。齐桓公和管仲正坐坛上。

齐桓公

就在这次会盟中，发生了著名的“曹沫劫盟”事件。会盟规定，只许鲁君一人登坛，其余随员在坛下等候。当鲁庄公与卫士曹沫来到会场，将要升阶入坛时，会盟宾相告诉他，不准曹沫升坛。曹沫戴盔披甲，手提短剑紧跟鲁庄公身后，对宾相瞪大圆眼，怒目而视，眼角几乎都要瞪裂了，吓得宾相后退几步，鲁庄公与曹沫就顺阶入坛。

鲁庄公与齐桓公经过谈判，然后准备歃血为盟，正在这时，曹沫突然拔剑而起，左手抓住齐桓公的衣袖，右手持短剑直逼齐桓公，齐桓公被吓得目瞪口呆。此时，管仲沉着勇敢，急忙插进齐桓公与曹沫中间，用身体保护住齐桓公，问道："将军要干什么？"

曹沫正色道："齐强鲁弱，大国侵略鲁国，欺人太甚。现在鲁国城破墙毁，几乎快要压到齐国，你说怎么办？"

春秋时期徐太子伯辰鼎

齐桓公见形势不妙，马上答应归还占领的鲁国土地。诺约草成，曹沫收剑徐步回位，平息如初，谈笑如故。会盟结束，鲁国君臣胜利回国。齐桓公君臣却愤愤不乐，许多人都想毁约，齐桓公也有这种想法，可仲父管仲不同意毁约："毁约不行，贪图眼前小利，求得一时痛快，后果是失信于诸侯，失信于天下。权衡利害，不如守约，还是归还占领的鲁国国土为好。"齐桓公便听取了管仲的意见。

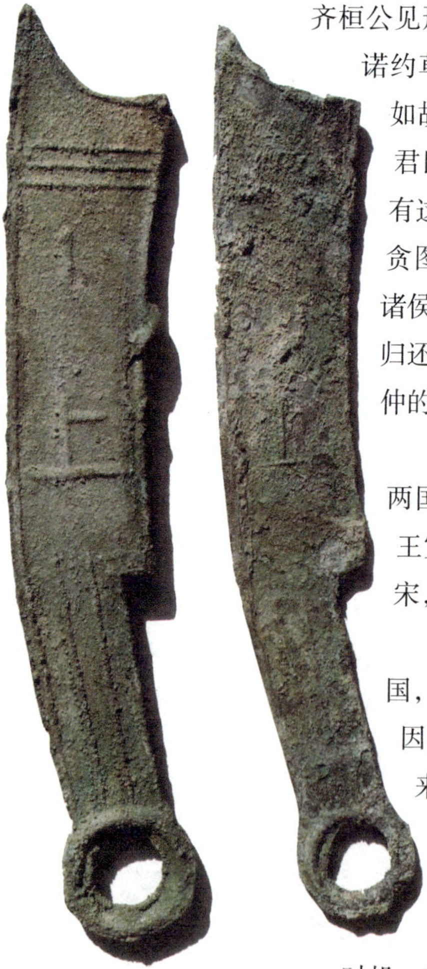

春秋时期齐国刀币

不久，宋国叛齐，次年齐桓公邀请陈、曹两国出兵伐宋，又向周王室请求派兵伐宋。周王室派大臣单伯带领王师，与三国军队共同伐宋，结果当然是以宋国屈服而告罄。

这时，鲁、宋、陈、蔡、卫都先后屈服于齐国，谭、遂两国早已消灭，只有郑国还在内乱。因此管仲建议齐桓公出面调解郑国内乱，以此来提高齐国的地位，加速实现称霸的目的。

郑国自厉公回国杀了子仪，又杀了恩人傅瑕，逼死大夫原繁，登位称君后，为巩固君位，就要联合齐国。管仲抓住这一时机，建议齐桓公联合宋、卫、郑三国，又邀请周王室参加，于齐桓公六年（公元前 680 年）在鄄（今山东鄄城）会盟。

第二年，齐桓公又以自己名义召集宋、陈、卫、郑又在鄄会盟。这次会盟开得很成功，取得了圆满成果，于是，在管仲的辅佐及其“尊王攘夷”战略方针的指导下，齐桓公成为了公认的霸主。

公元前 667 年冬，齐桓公见郑国已屈服于齐国，就召集鲁、宋、陈、卫、郑、许、滑、滕等国君，又在宋国的幽会盟。周惠王也派召伯参加。这是一次空前盛会，几乎中原全部的国家都参加了这次会盟。在这次盟会上，周天子的代表召伯又以天子的名义，向齐桓公授予侯伯的头衔。从此，齐桓公便成了名副其实的霸主。

公元前 662 年，鲁国发生内乱，鲁庄公死后，鲁闵公即位，不久被庆父杀死，鲁僖公即位，庆父畏罪自杀。僖公为了巩固君位，与齐国会盟于落姑，从此鲁国也安定下来。至此，齐桓公威望布于天下，德名远播诸侯，进一步扩大和巩固了他的霸业。

齐桓公能有今天，管仲功不可没。

淄博齐国历史博物馆大门

献策鬼泣谷

正当中原各国逐渐承认了齐国的盟主地位时，边境少数民族狄人和山戎人也逐渐发展起来。他们屡屡举兵犯境，给中原各国造成了严重威胁。周惠王十四年（公元前664年），齐国北面的山戎民族出兵攻打与齐国立盟的燕国，企图削弱齐国的势力。燕国君主亲率两万将士出战，却在一个叫鬼泣谷的地方中了山戎部落令支国首领密卢的埋伏，只逃出千余人。接着，山戎连拔三城，燕国急派使者向齐国求援。

为了集中力量对付南方楚国，齐桓公本来不想支援燕国，但管仲认为："当时为患一方的，南有楚国，北有山戎，西有狄，都是中原诸国的祸患。国君要想征伐楚国，必须先进攻山戎，北方安定，才能专心去征伐南方。如今燕国被犯，又求救于我国，举兵率先伐夷，必能得到各国的拥戴。"齐桓公深以为然，于是统率五万大军开向燕国。

此时，无终国的国君也派遣大将虎儿斑率两千士兵助战。被管仲封为先锋将军的虎儿斑，一连收复了燕国失去的那三座城。但杀到一个叫里岗的地方时，却不敢前进了。他对齐桓公和管仲说："前面是鬼泣谷，如果山戎布下埋伏，我们就是插翅也休想过去。燕国两万大军就是葬身在那里的！"

山戎陈列馆位于北京延庆县城西北十三公里的复钟山下，是国内第一座以古代少数部族文化命名的古墓群现场陈列馆

管仲在路上早就想出了过鬼泣谷的计谋，他对虎儿斑说："将军既然有所顾虑，那你就跟在大军的最后吧。"管仲说着，拿出令牌，"王子成父、赵川二将！你俩去前军按令牌所指行事，做好准备，明日清晨过鬼泣谷！"

王子成父和赵川接过令牌驾车而去。

第二天天刚亮，一辆辆战车向鬼泣谷驶去。只见马的嘴是被网笼住的；战车的轮子上绑有麻皮，发出的声音很小；战车上站着的将士则披甲握戈，显得格外高大；齐国的战旗在谷风的吹动下发出"哗啦哗啦"的响声。

这时，山戎令支国首领密卢举着"令"字小黄旗，出现在鬼泣谷的山头上，见齐军进入了他的伏击圈，就一挥小黄旗，喊声："打！"猛然间，箭、石、木齐下，有的击中齐军将士，有的把战车砸得稀巴烂，有的把"齐"字大旗打断了。

密卢挥动狼牙棒，率兵从山上冲将下来。密卢冲到一个身中数箭仍立于战车上岿然不动的齐将前，举起狼牙棒对着齐将的头部狠击一棒。"咚"的一声，把齐将的头盔打掉了。定睛一看，原来被打掉头盔的却是披着衣甲的树桩。密卢知道中计，大惊失色。

此刻，鼓声大作。密卢闻声回头，只见齐国骁将王子成父和赵川率兵直扑过来。密卢大喝一声，挥舞着狼牙棒迎上去。他见远处有一个身材高大的人站在战车上，在观看两军作战，断定是齐国丞相管仲，就径直朝那人扑去。所扑之处，齐兵无人抵挡得住。片刻，密卢已杀到管仲面前。说时迟，那时快，战车后数十支箭齐发，密卢惨叫倒地。他手下一员大将冲进重围，把负伤的密卢抢了回去，往山戎的另一部落孤竹国（今河北西北部）逃去。

就这样，管仲智过鬼泣谷，解了燕国之围。

管仲纪念馆里的管仲雕像

妙计解围

战胜了山戎的齐军一鼓作气，乘胜追击，兵围孤竹国，孤竹国派人诈降齐军，献上山戎首领首级，谎称孤竹国国君已弃国逃往沙漠。齐桓公以降将为前部，率军追赶。孤竹国降将，将齐军诱入荒漠，自己则乘人不备逃之夭夭。此时天色已晚，放眼望去只见茫茫一片平沙，狂风卷地，寒气逼人，齐军前后队早已失去了联系。齐桓公有些不知所措，忙向管仲求教解危之计。管仲沉吟片刻，让随行兵士敲锣打鼓，使各队闻声来集，屯扎一处，挨至天明。

谁知，天虽已亮，沙漠中却炎热异常，又没有水喝，沙漠一望无际，难辨方向，全军将士焦急万分。管仲见状，忙向齐桓公建议道：“臣听说老马识途，燕马多从漠北而来，也许熟悉这个地方，大王不妨令人挑选数匹老马放行，或许可以寻到出路。”

齐桓公按照管仲的计策，命人牵来数匹老马，让它们走在前边，军队则紧随其后，果然走出了险地。关键时刻，又是管仲解了围，而老马识途的成语也由此而来。

孤竹国国君见齐燕大军被诱入沙漠，便举兵攻进无棣城（今属于滨州市，位于中国山东省最北部），赶走了守城的燕兵，躲避在山谷中的百姓也随着回城。

管仲见此情形，灵机一动，计上心来。他命令将士数人扮作百姓混入城中，半夜举火为应。然后，又分三路攻打无棣城的东、南、西三门，只留下北门让敌军逃跑，教王子成父和隰朋率一队兵马埋伏在北门之外。当天夜里，忽见城中四五处火起，齐军内应砍开城门，放大军兵马入城。孤竹国国君见势不妙，率众夺路而逃，直奔北门。谁知一行人刚刚冲出北门，路旁突然伏兵四起，截住了孤竹国的君臣等数人。两军厮杀，孤竹国国君死于乱军之中。齐桓公灭了令支、孤竹，辟地五百里，悉数赔给了燕庄公。诸侯莫不畏齐之威，感齐之德。

智击楚国

管仲把齐国治理得很好，征服了许多割据一方的诸侯国，辅助齐桓公称霸中原。可楚国不听齐国的号令，齐若不征服楚，华夏就仍不能统一。

那么，如何征服楚国呢？

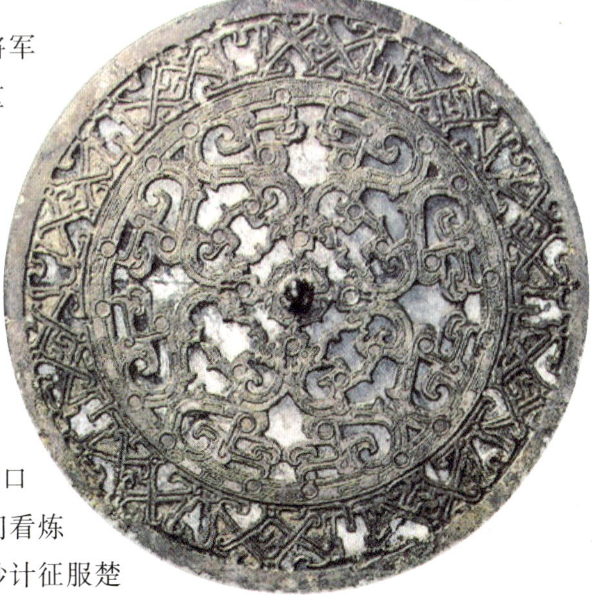

楚国镂空铜镜

当时，齐国有好几位大将军纷纷向齐桓公请战，要求率重兵去打楚国，以震慑楚国称臣。但担任相国的管仲连连摇头，说：“齐楚交战，旗鼓相当，够一阵拼杀的。一则我们得把辛辛苦苦积蓄下来的粮草用光，再有齐楚两国将生灵涂炭。”

一番话把大将军们说得哑口无言。管仲说完，带大将军们看炼铜去了，没人知道管仲有何妙计征服楚国。一天，管仲派一百多名商人到楚国去购鹿。当时的鹿是较稀少的动物，仅楚国才有。但人们只把鹿作为一般的可食动物，两枚铜币就可买一头。管仲派去的商人在楚国到处扬言："齐桓公好鹿，不惜重金。"

楚国漆器

楚国商人见有利可图，纷纷加紧购鹿，起初三枚铜币一头，过了十几天，加价为五枚铜币一头。

楚成王和楚国大臣闻知后，颇为兴奋。他们认为繁荣昌盛的齐国即将遭殃，因为十年前卫懿公好鹤而亡国，齐桓公好鹿是重蹈覆辙。他们在宫殿里大吃大喝，等待齐国大伤元气，他们好坐得天下。

楚国布币

管仲在这时却把鹿价又提高到四十枚铜币一头。

楚人见一头鹿的价钱与数千斤粮食相同，于是纷纷放下农具，拿着猎具奔往深山去捕鹿；连楚国官兵也停止训练，陆续将兵器换成猎具，偷偷上山了。一年间，楚地大荒，铜币却堆积成山。

楚人欲用铜币去买粮食，却无处买。管仲已发出号令，禁止各诸侯国与楚通商买卖粮食。

这样一来，楚军人黄马瘦，失去战斗力。管仲见时机已到，即集合八路诸侯之军，浩浩荡荡，开往楚境，大有席卷之势。楚成王内外交困，无可奈何，忙派大臣求和，同意不再割据一方、欺凌小国，保证接受齐国的号令。

管仲不动一刀，不杀一人，就制服了本来很强大的楚国。

病榻论相

公元前651年，周惠王去世。齐桓公会同各诸侯国拥立太子郑为天子，这就是周襄王。周襄王即位后，命宰孔赐齐桓公文武胙、彤弓矢、大路，以表彰其功。齐桓公召集各路诸侯大会于葵丘（今河南兰考、民权县境），举行受赐典礼。受赐典礼上，宰孔请周襄王之命，因齐桓公年老德高，不必下拜受赐。齐桓公想听从王命，管仲从旁进言道：“周王虽然谦让，臣子却不可不敬。”

齐桓公于是答道：“天威不违颜咫尺，小白敢贪王命而废臣职吗？”说罢，只见齐桓公疾走下阶，再拜稽首，然后登堂受胙。众诸侯见此，皆叹服齐君之有礼。齐桓公又重申盟好，订立了新盟。这就是历史上有名的“葵丘之盟”。这是齐桓公霸业的顶峰。至此，在管仲的辅佐下，经过近三十年的苦心经营，齐桓公先后主持了三次武装会盟，六次和平会盟；还辅助王室一次，史称“九合诸侯，一匡天下”，齐桓公成为公认的霸主。

管仲雕像

管仲虽然为齐桓公创立霸业立下了不朽的功勋，但他谦虚谨慎。周襄王五年（公元前647年），周襄王的弟弟叔带勾结戎人进攻京城，王室内乱，十分危机。齐桓公派管仲帮助襄王平息内乱。管仲完成得很好，获得周王赞赏。周襄王为了表示尊重霸主的臣下，准备用上卿礼仪设宴为管仲庆功，但管仲没有接受。最后，他只接受了下卿礼仪的待遇。

周襄王七年（公元前645年），为齐桓公创立霸业呕心沥血的管仲患了重病，齐桓公去探望他，询问他谁可以接受相位。管仲说：“国君应该是最了解臣下的。”齐桓公欲任鲍叔牙，管仲诚恳地说：“鲍叔牙是君子，但他善恶过于分明，见人之一恶，终身不忘，这样是不可以为政的。”

齐桓公问：“易牙怎样？”

管仲说：“易牙为了满足国君的要求不惜烹了自己的儿子以讨好国君，没有人性，不宜为相。”

齐桓公又问：“开方如何？”

管仲答道：“卫公子开方舍弃了做千乘之国太子的机会，屈奉于国君十五年，父亲去世都不回去奔丧，如此无情无义，没有父子情谊的人，如何能真心忠于国君？况且千乘之封地是每个人梦寐以求的，他放弃千乘之封地，俯就于国君，他心中所求的必定过于千乘之封。国君应疏远这种人，更不能任其为相了。”

齐桓公又问：“易牙、开方都不行，那么竖刁怎样？他宁愿自残身肢来侍奉寡人，这样的人难道还会对我不忠吗？”

管仲摇摇头，说：“不爱惜自己的身体，是违反人情的，这样的人又怎么能真心忠于您呢？请国君务必疏远这三个人，宠信他们，国家必乱。”管仲说罢，

管仲死后，葬于临淄（今淄博市临淄区）牛山北麓，这就是著名的管仲墓

见齐桓公面露难色，便向他推荐了为人忠厚、不耻下问、居家不忘公事的隰朋，说隰朋可以帮助国君管理国政。

易牙听说齐桓公与管仲的这段对话后，便去挑拨鲍叔牙，说管仲阻止齐桓公任命鲍叔牙。鲍叔牙笑道："管仲荐隰朋，说明他一心为社稷宗庙考虑，不存私心偏爱友人。现在我做司寇，驱逐佞臣，正合我意。如果让我当政，哪里还会有你们容身之处？"易牙讨了个没趣，深觉管仲交友之密，知人之深，于是灰溜溜地走了。

不久，管仲病逝。齐桓公不听管仲病榻前的忠言，重用了易牙等三人，结果酿成了一场大悲剧。两年后，齐桓公病重。易牙、竖刁见齐桓公已不久于人世，就开始堵塞宫门，假传君命，不许任何人进去。有两个宫女乘人不备，越墙入宫，探望齐桓公；桓公正饿得发慌，索取食物。宫女便把易牙、竖刁作乱，堵塞宫门，无法供应饮食的情况告诉了齐桓公。桓公仰天长叹，懊悔地说："如死者有知，我有什么面目去见仲父？"说罢，用衣袖遮住脸，最终活活饿死了。

桓公死后，宫中大乱，齐桓公的几个公子为争夺王位各自勾结其党羽，互相残杀，致使齐桓公的尸体停放在床上六七十天无人收殓，尸体腐烂生蛆，惨不忍睹。第二年三月，宋襄公率领诸侯、兵士送太子昭回国，齐人又杀了作乱的公子无亏，立太子昭为君，即"齐孝公"。经过这场内乱，齐国的霸业开始衰落。中原霸业逐渐移到了晋国。

点评管仲

管仲的一生，不仅建立了彪炳史册的功勋，还给后世留下了一部以他名字命名的巨著——《管子》。书中记录了他的治国思想，对后世影响深远。

管仲是位思想家，他主张法治。全国上下贵贱都要守法，赏罚功过都要依法办事。他认为国家治理得好与坏的根本在于能否以法治国。管仲非常重视发展经济，他认为"仓廪实而知礼节，衣食足而知荣辱"。也就是国家的安定与不安定，人民的守法与不守法，与经济发展关系十分密切。管仲思想中有不少可贵的地方，如他主张尊重民意，他说"顺民心为本""政之兴，在顺民心；政之所废，在逆民心"。管仲的思想对后代的影响很大。

当然，管仲是春秋时代的历史人物，所以他也受历史局限。如为齐桓公创立霸业而加重了人民的负担，在改革中主要是代表统治阶级利益等。虽然这样，管仲仍不失为一位大政治家、思想家，在历史上有过巨大贡献。孔子称赞管仲说：“管仲辅助齐桓公做诸侯霸主，一匡天下。要是没有管仲，我们都会披散头发，左开衣襟，成为蛮人统治下的老百姓了。”梁启超誉之为“中国之最大的政治家”“学术思想界一巨子”。

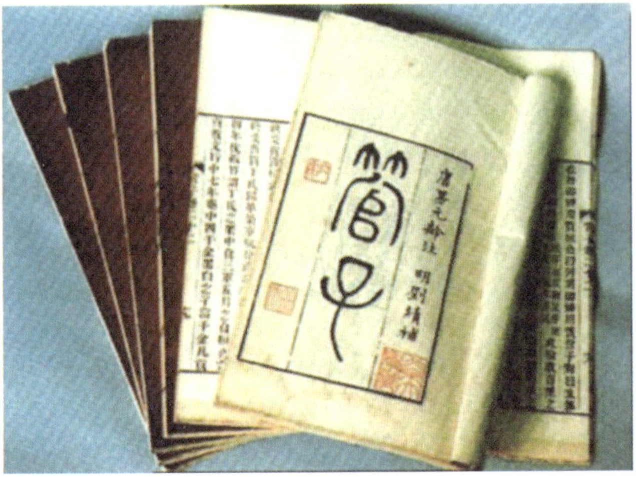

管仲的著作《管子》

管仲纪念馆

管仲纪念馆位于山东省淄博市临淄区齐陵街道北山西村，它南依牛山，北停淄河，依托省级文物保护单位管仲墓而建。管仲纪念馆占地面积二十万平方米，总投资近三千万元，分为馆区和园区。馆区占地面积五万平方米，主要由中国宰相馆、管仲及《管子》思想陈列展厅（管鲍之交、桓公拜相、管仲治齐、首霸春秋、光照千古）、管仲祠、管仲墓等组成；园区占地面积十五万平方米，主要是广场、绿地及配套设施等

管仲纪念馆内建筑

伍子胥

克制忍耐，成就功名

姓　　名：	伍员
别　　名：	伍子胥、申胥
生　　卒：	？～公元前 484 年
家　　乡：	无法确定
性　　格：	忍辱负重
爱　　好：	治国、谋略
所处朝代：	春秋
家庭背景：	官宦子弟
顶头上司：	楚平王、阖闾、夫差
荣誉称号：	不详
历史评价：	伍子胥隐忍就功名，非烈丈夫孰能致此哉！
治国成就：	使吴国强大
重要事件：	过韶关
历史遗迹：	伍相祠
个性签名：	忍者无敌

伍子胥（？～公元前 484 年），春秋末期吴国大夫，军事家、谋略家，名员（音云），字子胥，春秋时楚国人，属今湖北省荆州市监利县人，也有说在今襄樊市谷城冷集区沈湾，因封于申地，故又称“申胥”。因父兄被楚昭王杀害，投奔吴国，辅佐阖闾，伐楚破越，掘墓鞭尸，后被夫差赐死。

父兄被害

伍子胥本来有一个不错的家庭。

他的祖父叫伍举，因为侍奉楚庄王时刚直谏诤而显贵，所以伍家后代子孙在楚国都很有名气且受重视。伍子胥的父亲叫伍奢，哥哥叫伍尚，在楚国朝廷中都担任要职，并且对楚王忠心不二。谁想到，就是这样两位忠臣却没得到好的下场。

一切要从一个女人说起，或者说，一切皆从一场迎亲开始。那是在公元前523年，话说楚国之王楚平王是一个很好色的老头，就是因为他的好色，下面很多想讨好他的人也就知道该怎么办了——美女若干即可。有个聪明的小人就走了这么一条歪道。

话说楚平王有个儿子，叫太子建，儿子长大了，要讨老婆，楚平王便派大臣费无忌去秦国为儿子迎亲。

秦国人和楚国人是好兄弟，楚国人来迎亲，秦国君主秦哀公自然不敢怠慢，立即把自己心爱的小妹孟嬴许配给太子建，双方结成“秦楚之好”。这本是一件大好事儿，偏偏费无忌这小子太不厚道，使了个阴谋诡计，将这件大好事儿泡了汤，南方大地上从此陷入纷飞的战火之中，楚国的命运开始被改写。

伍子胥祠近景

原来，孟嬴是个大美女。陕西这地方向来是出美女的，从前秦穆公的小女儿弄玉就是个大美女，曾经把华山上的神仙都迷倒过，并和一个叫萧史的帅小伙上演了一出“乘龙快婿”的好戏。而这个孟嬴一点也不比她弄玉学姐差，人送外号“梦萦”，男人看了都得“魂牵梦萦”，后来俗家小说把孟嬴称为“无祥公主”，这个名字取得也是颇有意味。

“否极泰来”反之“泰极否来”，梦嬴太美了，以致勾起了小人费无忌的邪恶之心。美女加小人，不出事才怪。

这是怎么回事呢？原来，费无忌本来是太子建的老师，官任楚国太傅之职，有前途有地位。可惜的是，太子建看不上他，而喜欢另外一个老师——伍奢，也就是伍子胥的老爸。伍奢的个人魅力是费无忌没法比的，说起他的出身，更是一般人难以望其项背的。他的爷爷伍参，爹爹伍举，都是楚国的重臣，也都是忠臣。换句话说，伍奢那就是正宗的名门之后，无论从地位、从威望，那都是高出费无忌一大截。小人就是小人，看不得别人比自己强，否则就几天几夜睡不着觉。本来就一直寻思给伍奢找点儿不痛快，这次见到美女孟嬴，他眼珠一转，计上心来。

亳州伍奢冢遗址

费无忌打秦国迎亲一回来，马上就找到楚平王说：“秦女绝美，王何不自取之，而更为太子取妇。天下之美女无穷，如此亦不妨大道。”这就是他的馊主意。楚平王横刀夺了亲儿子的爱，毫不留情地上演了一场“公公扒灰”的丑闻！

没多久，孟嬴给太子建生了小弟弟，名叫“珍”。可是太子建又不敢跟老爸翻脸，只好打落门牙往肚里吞。

而楚平王占了儿子的便宜，心里本来就有鬼。而小人费无忌更怕楚平王死后，太子建对自己下手，也是从中极力挑拨。他经常在平王面前说太子建的坏话：“太子因为秦女的原因，不会没有怨恨情绪，希望大王自己稍微防备着点儿。自从太子驻守城父以后，统率着军队，对外和诸侯交往，将要进入都城作乱了。”楚平王就把他的太傅伍奢召回来审问。伍奢知道无忌在平王面前说了太子的坏话，因此说：“大王怎么能仅仅凭拨弄是非的小人之臣的坏话，就疏远骨肉至亲呢？”费无忌说：“大王现在不制止，他们的阴谋就要得逞，大王将要被逮捕了！”于是楚平王打算一不做，二不休，与其将太子建这颗定时炸弹放在身边，不如杀了他，让自己的宝贝小儿子珍来当太子。于是，一个加害太子建的阴谋即刻成形。

这下可好，太子建不但老婆没了，太子之位没了，而且小命也将不保，他只好赶紧逃跑，来到了宋国。费无忌还不罢休，他一个劲儿地在楚平王耳朵根子下面说伍奢是太子建的同党，两个人想阴谋造反呢！这还不算，伍奢的两个儿子还躲在外面呢，不行，得把他们也抓来杀了，斩草，就得除根！

平王就派使臣对伍奢说：“能把你两个儿子叫来，就能活命，不叫来，就处死。”伍奢说：“伍尚为人宽厚仁慈，叫他，一定能来；伍员为人桀骜不驯，忍辱负重，能成就大事，他知道来了一块儿被擒，势必不来。”

当然，即便是去抓人也不能动静太大，否则人家早就跑得没影了。于是楚平王派人去骗伍奢的两个儿子说：“贺喜贺喜！王误信人言，囚系尊父，今有群臣保举，称君家三世忠臣。王内惭愧不已，欲拜尊父为相国，封汝二子为侯。请二子速速回朝听封。”如此蹩脚的谎言，伍家兄弟当然不相信。伍老二伍子胥说：“楚

伍氏宗祠门楼

王无道，乃用贼臣之言，囚禁父身，拟将诛剪。见我兄弟在外，虑恐在后雠怨，乃诈作慈父之书，待吾二人一到，则父子俱诛，何益于事？不如投奔他国，借力以雪父之耻。”是呀，这铁定是要撕票的绑票，他们还去自投罗网，也太没心眼了！伍老大伍尚却说：“我知道去了最后也不能保全父亲的性命。可是只恨父亲召我们是为了求得生存，要不去，以后又不能洗雪耻辱，终会被天下人耻笑。”于是他对伍员说：“你可以逃走，你能报杀父之仇，我将要就身去死。”伍尚这样也没错，“与父同死”和“为父报仇”，都是尽孝，方法不同而已。

于是，伍尚大义凛然地接受了楚平王的逮捕，他选择了舍生取义。但使臣还要逮捕伍子胥，伍子胥拉满了弓，箭对准使者，使者不敢上前，伍子胥就逃跑了，他选择了忍辱偷生。真正的勇士，敢于正视淋漓的鲜血，直面惨淡的人生。其实，就像从前赵氏孤儿的那个故事，公孙杵臼和伍尚从容赴死，固然难得，但是程婴和伍子胥能勇敢地活下来，忍受痛苦和屈辱的折磨，去完成逝者的遗志，却更是难能可贵。

伍子胥逃出楚国，听说太子建在宋国，于是也逃到宋国去了。

伍尚跟了使者来到囚伍奢的狱中，父子见面，伍奢听说伍子胥已逃亡，叹道：“伍子胥逃走，楚国就危险了！”押送伍尚来的人和守监的人听到，无不落泪。伍尚捉到了，伍子胥逃走了，楚平王下令，将伍氏父子杀害。楚国的忠良屈死！

苏州胥王庙纪念碑

从此以后，伍子胥踏上一条逃亡与复仇的不归路，多少的坎坷、不幸、饥饿、疲惫、孤独、绝望和仇恨将在前面等着他，都将伴随他一辈子。

伍相祠近景

伍子胥庙记

予观子胥出死亡逋窜之中，以客寄之一身，卒以说吴，折不测之楚，仇执耻雪，名震天下，岂不壮哉！及其危疑之际，能自慷慨不顾万死，毕谏于所事，此其志与夫自恕以偷一时之利者异也。孔子论古之士大夫，若管夷吾、臧武仲之属，苟志于善而有补于当世者，咸不废也。然则子胥之义又曷可少耶？康定二年，予过所谓胥山者，周行庙庭，叹吴亡千有余年。事之兴坏废革者不可胜数，独子胥之祠不徙不绝，何其盛也！岂独神之事吴之所兴，盖亦子胥之节有以动后世，而爱尤在于吴也。后九年，乐安蒋公为杭使，其州人力而新之，余与为铭也。烈烈子胥，发节穷逋。遂为册巨，奋不图躯。谏合谋行，隆隆之吴。厥废不遂，邑都俄墟。以智死昏，忠则有余。胥山之巅，殿屋渠渠。千载之祠，如祠之初。孰作新之，民劝而趋。维忠肆怀，维孝肆孚。我铭祠庭，示后不诬。

——王安石

亡命天涯

伍子胥跋山涉水，亡命天涯，一路受尽了苦难，他听说太子建在宋国，就逃到了那儿。但是当时正值宋国内乱，他俩就逃到了郑国，郑定公虽然对他们很客气，但是当时郑国国力非常衰微，不足以抗击楚国，他们又离开郑，来到晋国。

楚国和晋国都是大国，向来有仇，所以就想帮助太子建来灭楚，但是过了一段时间，伍子胥就看出了晋国的心思，他们答应帮助太子建取代楚平王，但是他们最终还是要灭掉楚国。伍员和太子建就准备逃走，这事又被晋国的国君知道了，就杀了太子建。伍子胥好不容易才逃出他们的魔掌。

伍子胥决定去楚国的宿敌吴国，他要到吴国，必须要经过楚国边境昭关。他化装来到这里，看见城墙上到处贴着他的画像，并且说捉拿到他能得到非常多的赏金。伍子胥的个子很高，长得气宇轩昂，在旁边等候的官兵一眼就把他认出来了。

伍子胥赶快逃跑，正跑着，被一条长江挡住了去路，只见浩荡江水，波涛万顷。前阻大水，后有追兵，他对天长叹："难道我伍家就再没有报仇的机会了吗？"

正在焦急万分之时，伍子胥发现上游有一条小船急速驶来，船上渔翁连声呼他上船，伍子胥上船后，小船迅速隐入芦花荡中，不见踪影，岸上追兵悻悻而去，渔翁将伍子胥载到岸边，为伍子胥取来酒食饱餐一顿，伍子胥千恩万谢，问渔翁姓名，渔翁笑言自己浪迹波涛，姓名何用，只称"渔丈人"。为了感谢渔翁的救命之恩，他将自己身上的宝剑——七星龙渊解下，赠与渔翁，并说："感谢渔丈人救命之恩，这是我家的传家宝，能价值千金，送与你，聊表我的心情。"

渔丈人道："吾闻楚王有令：得伍子胥者，犒赏千金。吾不图千金之赏，又怎会要你那价值千金的宝剑。况且老汉打鱼江中，要它何用！请你不要再拿这破

浙江伍子胥公园中设立的伍子胥铜像

伍子胥传略

剑恶心我了。”

伍子胥羞愧难当，赶紧拜谢道歉，告辞走人，走了几步，伍子胥不放心，回头又补了一句：“倘后有追兵来至，勿泄吾机。”

渔父神情怪异，点头应允。

伍子胥刚刚往前走了几步，突然感觉不对，回头一看，渔父已经将船弄翻，连人带船沉入茫茫江水之中。

为了保守秘密，渔父竟不惜自沉江而死，壮哉！

伍子胥呆呆地看着江心沉船荡起的涟漪，心中默念道：“这下好了，绝对不会再有人走漏消息了，伍子胥，你这个混蛋，现在你总该安心了吧！”

伍子胥过了大江，来到吴国境内，这一路盘缠已经用尽，他只得忍饥挨饿一路疾行，挨到江苏溧阳市的濑水岸边，终于他再也撑不住了。

一路颠簸，一路饥饿，一路担惊受怕，身心已经疲惫到了崩溃的边缘，现在他最需要的就是一口饭。

这时候，伍子胥又碰上了生命中的另一个贵人，浣纱女，一个洗衣服的村姑。

只见前面濑水岸边，一个瘦小清秀的女子在急流中一面浣纱一面唱着小曲儿，素白的轻纱下雪白的小腿若隐若现，欢快的歌声伴着潺潺的流水，让饥肠辘辘的伍子胥躁郁的心情顿时平静了不少。

不过，伍子胥现在可无暇观看美女和欣赏音乐，他的眼睛死死地盯在了浣纱女身边竹筐里的饭菜上，再也移不开了。“远行人腹中饥饿，夫人可假一餐乎？”

春秋时期青铜盆

浣纱女抬起头，只见一个白衣白发的高大男子，行步张皇，精神恍惚，面带饥色，腰剑而行，看似一有故事的人，于是一言不发，只转身将竹篮里的饭菜取

伍子胥与浣纱女塑像

出，跪在地上，毕恭毕敬双手捧在子胥面前。

伍子胥狼吞虎咽，吃完了还是不忘说一句："蒙夫人活命之恩，恩在肺腑。远行人实乃亡命之夫，倘遇他人，愿夫人勿言。"

这浣纱女想来是个烈女，她一听这话，心里顿时沉了下来，等伍子胥一走，她便脱去鞋袜，工工整整地摆好，以纱裹身，抱起一块大石，纵身跳进了湍急的流水之中。

伍子胥方走不远，突然又感觉有些不对，连忙跑了回来，但见流水潺潺，只有岸边那女子的一双鞋袜，冷冷清清地摆在那儿。伍子胥见状，伤感不已。他咬破手指，在石上血书："尔浣纱，我行乞；我腹饱，尔身溺。十年之后，千金报德！"

宫廷变故

伍子胥受尽了人间的苦难，终于来到吴国，当时的吴王僚觉得他谈吐高雅，相貌不凡，就重用了他，封他为大夫。

其后几年，吴国和楚国之间爆发了一次大规模的战争，说起这场战争的起因非常简单，吴国边境有一个小镇叫卑梁，这里和楚国的边境小镇钟离接壤，有一天，

苏州胥门外伍子胥塑像远景

吴国的一个小孩子取桑叶，和楚国的小孩子吵了起来，最后发展到双方发生争斗。

这事传到楚平王那里，他大为恼火，就派大兵去灭了卑梁。吴王僚听到这事觉得楚国太欺负人，也派兵去攻打楚军。

春秋战国时期的事就这么怪，一场小孩子之间的小吵小闹，竟然发展成两个国家之间的大战争，吴王派公子光率领大兵浩浩荡荡开赴边境，一举扫灭了钟离和居巢（就在今天安徽省巢湖市一带的地方），并且直逼楚国的腹地，楚军害怕，急忙撤军。

苏州胥门外纪念伍子胥的石刻

伍子胥在吴国，感到吴国的宫廷之中充满了险恶，公子光一心想当国王，到处招兵买马，想有朝一日代吴王僚而立。在攻下居巢的时候，伍子胥曾经劝公子光乘胜追击，但是公子光私下对吴王说：“我看不可再向前进发，伍子胥的父兄都被楚王杀害，他是想借机报仇，但是对我们吴国却没有好处。”吴王就听从了他的话。

伍子胥觉得在这样的人身边，自己有可能不但报不了仇，还要惹来杀身之祸，就请求离开宫廷，到山间去种地。公子光一直把他当作夺取王位的重要人物，当然不会同意。

伍子胥就向公子光推荐了自己的好朋友专诸，公子光觉得专诸非常合自己的心意，就同意了伍子胥的请求。

鞭尸复仇

伍子胥此举可谓是一箭双雕，一方面使得自己可以脱身，另一方面又可以通过自己的朋友来监视宫廷里的动向，他在山间种地是假，他日日想的就是要寻找机会为父兄报仇。

公元前 516 年，楚平王去世，吴国感到机会来了，吴王僚就派大将盖馀、烛庸领兵去攻打楚国，又派了他的叔父季札到晋国去观察诸侯的反应，吴军进攻不顺利，被困在战场。

正是螳螂捕蝉，黄雀在后，公子光见吴王僚的亲信都不在京都，就和专诸商量大事，公子光决定马上动手，取代吴王僚而立。

四月的一天，公子光的行动开始了，他先在地下室里埋伏了大量的武装勇士，邀请吴王僚饮酒。吴王最近就觉得公子光的行为反常，对他存有戒心，就带了许多士兵去参加宴会，公子光的住宅的前前后后都站立着他带来的士兵，这些士兵都手执兵器，虎视眈眈，使得公子光不敢轻易下手。

伍子胥画像

公子光一看大事不好，他以为有人向吴王透露了情况，就心生一计，他一边给吴王进酒，一边笑谈着，好像一点事也没有。

席间，他忽然说自己的脚很疼，要出去治疗一下，马上就回来。他来到了地下室，见到了他的士兵们，而吴王做梦也想不到公子光的住宅有地下室，而且地下室里还有这么多的士兵。

公子光让专诸化装成厨师，往桌上送红烧鱼，在一条大鱼中藏着一把锋利的刀子。一会儿，红烧鱼被送了上来，吴王还在夸这条鱼怎么这么大，趁吴王分神之际，专诸飞速从鱼中拔出刀子，朝正在喝酒的吴王刺去，正中他的胸膛，吴王僚就这样被结束了性命。

后人作伍子胥画像

鞭尸狂人伍子胥石像

吴王带来的士兵见吴王被杀，就在宫中杀将起来，专诸也被乱刀刺死。随后，公子光派来的士兵蜂拥而至，消灭了吴王带来的卫士。

公子光就这样当上了国王，这就是吴王阖闾，他是战国后期一位著名的历史人物，为了感谢专诸的相助，他封专诸的儿子为国卿。伍子胥在这场宫廷之变中也发挥了十分重要的作用，公子光的许多智谋都是伍子胥所出的，所以阖庐也给他封了官，他专门负责吴国的外交，并且参与谋划国家的大事，那些派往外面攻打楚国的人，如盖馀、烛庸等看吴王僚已死，也不敢回国，逃命到别的国家。虽然吴王僚死了，但是吴国和楚国的世代仇恨还是没有结束，阖闾当政不久，就和伍子胥、伯嚭等率领大军攻打楚国，收复了舒邑，杀了吴国的两个在外面逃亡的公子。

他们要攻占楚国的国都郢都，随同他们一起来的大将军孙武不同意他们这样做，因为他们当时兵力还较弱，不足以战胜楚军。

直到公元前506年，吴国联合唐国和蔡国，大举进攻楚国，联合部队由孙武大将军统帅。这次进攻，吴国几乎是出动了全国所有的兵力，吴王在誓师大会上说，胜败在此一举，他们兵分几路，向楚军阵营开去，大军一直抵达汉江。楚军也动员全国的兵力予以抵抗，双方就在汉江两岸开战。

战斗打响了，其艰苦程度超过了双方战略家的估计，经过多次交战，双方伤亡惨重，最后以吴国获胜而告终。

孙武率领大军乘胜追击挥师直下，一直打到楚国的首都郢都，楚昭王仓皇出逃，吴国的胜利已成定局。

伍子胥回到了自己的祖国，他不禁泪流满面，自己的父亲和兄长惨遭楚平王的杀害，为他们报仇的日子总算到来了，他亲自率领军队去追赶楚昭王，但是没有抓到，盛怒之下，他回到了郢都，刨开了平王坟墓，拖出他的尸体，抡起自己手上的钢鞭，对着平王的尸体一下一下地抽打。

抽完了，他瘫倒在地，对着苍天，号啕大哭："老天作证，我总算报了这个仇！"

这时，吴兵正在楚国，吴国的老对手越国知道这是一个机会，就出兵来打吴国，吴国感到国力空虚，只好退兵回国。

吴王阖闾回国以后，提拔了伍子胥和孙武，吴国的国力获得了空前的发展。

惨遭厄运

伍子胥一生注定是命运多舛的。公元前496年，越王允常死，他的儿子勾践继位。吴军觉得这是个机会，乘势攻打越国。越王勾践也不是好欺负的，兵来将挡，水来土掩，他率兵迎战，别看年纪尚轻，实力却不可小觑，在姑苏大败吴军，吴王阖闾也因此而受伤。无奈之下，吴军只好退却。一路的颠簸使阖闾创伤发作，很严重，眼看不久于人世，就把太子夫差叫过来，对他说："你能忘掉勾践杀你父亲

无锡胡埭镇阖闾城石碑

吗？”夫差斩钉截铁地回答说：“不敢忘记。”阖闾很是安慰，当天晚上，就闭上了眼睛。群龙不能无首，夫差很快继成王位，当上吴王以后，他心心念念的就是为父报仇，于是任用伯嚭做太宰，操练士兵。功夫不负有心人，两年之后，他见时机成熟了，便去攻打越国，果不其然，打得越国的军队仓皇逃窜。危急时刻，越王勾践带着残兵败将栖息在会稽山上，为了能够存活，积蓄力量，他派大夫文种用重礼赠送太宰伯嚭请求媾和，把国家政权托付给吴国，甘心做吴国的奴仆。这对一心想抢占吴国地盘的夫差来说，实在是个不小的诱惑。就在他要答应越国的请求时，伍子胥规劝说：“越王勾践为人能含辛茹苦，如今，大王要不一举歼灭他，今后一定会后悔。”吴王有些飘飘然，哪里听得伍子胥的规劝，他采纳了太宰伯嚭的计策，和越国议和。

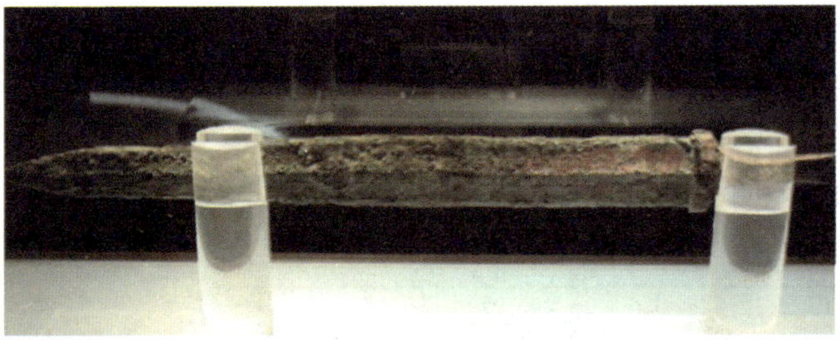

吴王夫差剑

越王勾践卧薪尝胆图

和越国议和以后五年，吴王听说齐景公死了，大臣们争权夺利，新立的国君软弱，就出动军队向北攻打齐国。伍子胥规劝说：“勾践一餐没有两味荤菜，哀悼死去的、慰问有病的，将打算有所作为。这个人不死，一定是吴国的祸患。现在吴国有越国在身边，就像得了心理疾病。大王不先铲除越国却一心致力攻打齐国，不是很荒谬吗？”吴王夫差不听伍子胥的规劝，一意孤行，还是决定攻打齐国。没想到的是，这次出兵还挺顺利，在艾陵把齐国军队打得大败，于是慑服了邹国和鲁国的国君而回国。从此，就越来越少地听从伍子胥的计谋了。

此后四年，吴王将要北上攻打齐国，越王勾践采用子贡的计谋，就带领着他的人马帮助吴国作战，把贵重的宝物敬献给太宰伯嚭。太宰伯嚭多次接受了越国的贿赂，所以就更加喜欢和信任越国，没日没夜地在吴王面前替越国说好话。吴王总是相信和采纳太宰伯嚭的计谋。伍子胥规劝吴王说："越国，是心腹大患，现在相信那虚饰浮夸、狡诈欺骗之词，贪图齐国。攻克齐国，好比占领了一块石田，丝毫没有用处。况且《盘庚之诰》上说：'有破坏礼法，不恭王命的就要彻底割除灭绝他们，使他们不能够传宗接代，不要让他们在这个城邑里把好人影响坏了。'这就是商朝兴盛的原因。希望大王放弃齐国，先攻打越国；如不这样，今后悔恨也来不及了。"吴王不听伍子胥的劝告，却派他出使齐国。子胥临行，对他儿子说："我屡次规劝大王，大王不听。我现在看到吴国的末日了，你和吴国一起毁灭，没有好处。"就把他的儿子托付给齐国的鲍牧，而返回吴国向吴王报告。

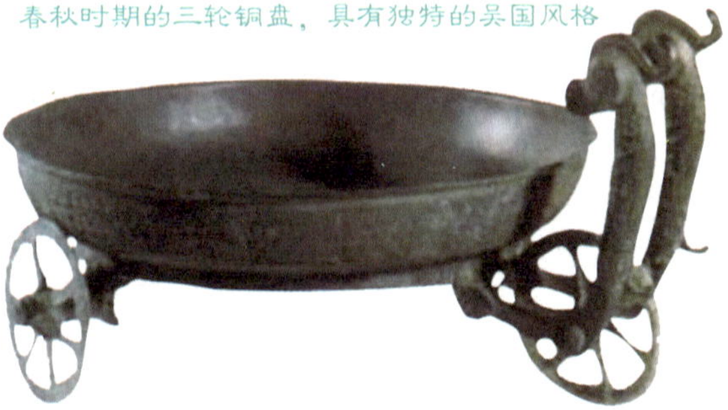
春秋时期的三轮铜盘，具有独特的吴国风格

吴国太宰伯嚭和伍子胥在感情上产生裂痕以后，就趁机在吴王面前说他的坏话："子胥为人强硬凶恶，没有情义，猜忌狠毒，他的怨恨恐怕要酿成深重的灾难。前次大王要攻打齐国，子胥认为不可以，大王终于发兵并且取得了重大的胜利，子胥因自己计谋没被采用感到羞耻，反而产生了怨恨情绪。如今大王又要再次攻打齐国，伍子胥又独断固执，强行谏阻，败坏、诋毁大王的事业，只希望吴国战败来证明自己的计谋高明。现在大王亲自出征，出动全国的武装力量攻打齐国，而伍子胥的劝谏不被采纳，因此就中止上朝，假装有病不随大王出征。大王不可不戒备，这是很容易引起祸端的。况且我派人暗中探查，他出使齐国，就把他的儿子托付给齐国的鲍氏。做人臣子，在国内不得意，就在外依靠诸侯，自认为是先王的谋臣，现在不被信用，时常郁郁不乐，产生怨恨情绪。希望大王对这件事早日想办法。"吴王说："没有你这番话，我也怀疑他了。"就派使臣把属镂宝剑赐给伍子胥，说："你用这把宝剑自杀。"

伍子胥仰望天空叹息说："唉！谗言小人伯嚭要作乱，大王反来杀我。我使你父亲称霸。你还没确定为王位继承人时，公子们争着立为太子，我在先王面前冒死相争，为的就是让你得到太子的位置。你立为太子后，还答应把吴国分一部

春秋吴国“大翼”战船模型

分给我，我却从来没想过让你报答，可现在你竟听信谄媚小人的坏话来杀害长辈。”于是伍子胥告诉他亲近的门客说：“你们一定要在我的坟墓上种植梓树，让它长大能够做棺材。挖出我的眼珠悬挂在吴国都城的东门楼上，来观看越寇怎样进入都城，灭掉吴国。”于是自刎而死，吴王听到这番话，大发雷霆，就把伍子胥的尸体装进皮革袋子里，漂浮在江中。吴国人同情他，在江边给他修建了祠堂，因此，把那个地方命名叫胥山。

点评伍子胥

太史公司马迁说：“怨恨对于人类来说实在是太厉害了！国君尚且不能和臣子结下怨恨，何况地位相同的人呢！假使伍子胥追随他的父亲伍奢一起死去，和蝼蚁又有什么区别。放弃小义，洗雪重大的耻辱，让名声流传后世。可悲啊！当伍子胥在江边困窘危急的时候，在路上沿途乞讨的时候，他的心志难道曾经有片刻忘掉郢都的仇恨吗？所以，克制忍耐，成就功名，不是刚正有气性的男子，谁能达到这种地步呢！”

伍子胥故里景观

商鞅

——变法先驱

姓　　名：	公孙鞅
别　　名：	卫鞅、商鞅
生　　卒：	约公元前 390 ~ 公元前 338 年
家　　乡：	今河南安阳市内黄梁庄镇一带
性　　格：	喜欢求新求变，不墨守成规。
爱　　好：	变革
所处时代：	战国
家庭背景：	贵族家庭
顶头上司：	秦孝公
所在国家：	秦国
治国成就：	通过变法使秦国富强
重要事件：	商鞅变法
历史遗迹：	商鞅广场
个性签名：	青史留名，即使搬起石头砸自己的脚，我也无怨无悔。

商鞅（约公元前 390 ~ 公元前 338 年），汉族，卫国人，祖籍在今河南安阳市内黄梁庄镇一带。战国时期政治家，思想家，著名法家代表人物。卫国国君的后裔，公孙氏，故称为卫鞅，又称公孙鞅，后封于商，后人称之为商鞅。应秦孝公求贤令入秦，说服秦孝公变法图强。孝公死后，被贵族诬害，车裂而死。在位执政十年，秦国大治，史称“商鞅变法”。

初露锋芒

商鞅画像

商鞅是卫国公族的后裔。他所置身的战国时代，是一个饱学之士周游列国，到处兜售自己的时代，他们不需要祖国，朝思暮想的都是知遇之恩。商鞅也不例外。他从小研读刑名之学，摸索出一套变法理论。尽管对法律、军事的研究已超出前辈吴起、李悝，但在本国却是英雄无用武之地。第一个机会来自魏国。魏国国相公叔痤，对商鞅的奇谋十分欣赏。不知道是商鞅的不幸，还是魏国的不幸，就在公叔痤决定向魏惠王推荐商鞅时，公叔痤已被病魔夺走了大半条命。他只能竭尽余力，告诉前来探病的魏惠王："我死之后，希望您能以举国之事，听候商鞅的调遣。"魏惠王估计被公叔痤这句话吓到了：商鞅？他才二十出头，乳臭未干！当然，他尊敬老臣，没有当面说国相老糊涂。姜还是老的辣，公叔痤看懂了魏惠王的表情，无奈地狠下心说："既然您不用商鞅，那一定要杀了商鞅。"人才如战略物资，自己不用也不能供敌。等魏惠王走后，公叔痤越想越不是滋味，一个青年才俊将因自己而死？不知是不是人之将死，其心也善，他派人叫来了商鞅，告诉他事情的经过："你赶快逃走吧。"公叔痤的急切溢于言表。看来，他一生最后的努力就是保全商鞅的性命了。然而，商鞅却不慌不忙地说："大王既然不能听您的话而信任臣下，又怎么会听您的话杀臣下呢？"正如商鞅所言，魏惠王没有杀他。既然公叔痤死了，商鞅在魏国的前景也就很渺茫了。下一步去哪里？他把战国七雄一字儿排开，思索哪个国家会成为自己的栖息之地。

不久，商鞅来到秦国，这时的秦国在战国七雄中，无论政治、经济、文化各方面都比中原各诸侯国落后。毗邻的魏国就比秦国强，还从秦国夺去了河西一大片地方。公元前 361 年，秦国的新君秦孝公即位。他下决心发愤图强，首先搜罗人才。他下了一道命令，说："不论是秦国人或者外来的客人，谁要是能想办法使秦国富强起来的，就封他做官。"秦孝公这样一号召，果然吸引了不少有才干的人，商鞅也去应试。秦孝公见商鞅高谈阔论、泛泛而语、不着边际，听了一会儿就睡着了，一连三次如此。商鞅没有气馁，最后以"伯术"为题展开话题，却正中孝公下怀，两人交谈了三天三夜，秦孝公不觉过瘾。秦孝公大喜，决心任用商鞅。

舌战群臣

有一天，秦孝公召集群臣，商讨变法大计。秦孝公端坐中间，商鞅和甘龙、杜挚分坐两边，商鞅首先开口："大王，我请求您允许我在您的国家变法改革；秦虽然有旧律，但已不足以使秦国强大起来了！商汤王、周武王，他们都没有按照祖宗传下来的制度治理国家，可是国家都富强起来了；夏桀、商纣，墨守祖宗的制度，结果都使国家灭亡。治理国家不一定只用一种方法，只要对国家

秦孝公，战国时秦国国君。姓嬴，名渠梁。公元前 361~公元前 338 年在位。战国时代秦国有名的一位君主。秦孝公一生中干过两件大事，其一是迁都咸阳，其二是任用商鞅变法

有利，就不必仿效古代的制度。”

“大王，不可啊！”甘龙急声叫道，“我们现行的制度是祖宗传下来的，不能改啊！我认为，聪明的人是不会通过改变法令来治理国家的，采用旧法治理，官吏熟悉，百姓也安定，天下才不会大乱啊！”

商鞅理直气壮，慷慨激昂地说：“前代有前代不同的形式，现在用哪个旧法合适呢？现在必须根据时代变化制定新法，按照目前实际情况来规定礼节。”甘龙无言以对。

这时，杜挚不温不火地说：“不是非常有利，就不能变法，没有十足的把握，也不能变法，用古人的法令，是没有错误的。”

商鞅面对大家，目光沉着，语气坚定地说：“治理国家没有一种永世不变的常道，只要有利于治国就不必效法古代。”商鞅以历史进步的思想驳斥了旧贵族所谓“法古”和“循礼”的复古主张，这掷地有声的话语，感染了大家，大家纷纷把目光投向了秦王。

秦王激动地说：“好！好！寡人立即封你为左庶长，负责新法的制定。”

于是，商鞅在秦孝公的支持下开始变法。

商鞅在政事堂与甘龙、杜挚、公孙贾等人争论场景的浮雕

商鞅立木

商鞅一上任，便果断颁布变法之道。为了取信于民，以便新法能顺利地贯彻、实施下去，他想先测试一下民众对变法的态度。于是他派人把一根三丈长的木头放在南门前闹市中，下令说："谁能把木头搬到北门去，就奖赏十金。"

不一会儿，就围了一大堆人，大家议论纷纷。有的说："这根木头谁都拿得动，哪儿用得着十两赏金？"有的说："这大概是左庶长成心开玩笑吧。"大伙儿你瞧我，我瞧你，就是没有一个敢上去扛木头的。

商鞅知道老百姓还不相信他下的命令，就把赏金提到五十两。没有想到赏金越高，看热闹的人越觉得不近情理，仍旧没人敢去扛。正在大伙儿议论纷纷的时候，人群中有一个人跑出来，说："我来试试。"说着，真的把木头扛起来就走，一直搬到北门。商鞅立刻派人传出话来，赏给扛木头的人五十两黄澄澄的金子，一两也没少。这件事立即传开了，一下子轰动了秦国。老百姓说："左庶长的命

商鞅立木浮雕

令不含糊。”商鞅知道，他的命令已经起了作用，就把他起草的新法令公布出去，并顺利地实施。

商鞅铜方升

商鞅铜方升

商鞅铜方升是战国时期秦国商鞅监制的一升铜量器。全长十八点七厘米、内口长十二点四厘米、宽六点九厘米、深二点三厘米。器壁三面及底部均刻铭文，左壁刻：“十八年，齐率卿大夫众来聘，冬十二月乙酉，大良造鞅，爰积十六尊（寸）五分尊（寸）壹为升。”器壁与柄相对一面刻“重泉”二字。底部刻秦始皇二十六年诏书：“廿六年，皇帝尽并兼天下诸侯，黔首大安，立号为皇帝，乃诏丞相状、绾，法度量则不壹歉疑者，皆明壹之。”右壁刻“临”字。“重泉”与左壁铭文字体一致，应是一次所刻，而“临”字与底部诏书为第二次加刻。铭文中的十八年，即秦孝公十八年（公元前344年）。方升底部加刻秦始皇二十六年诏书，证明秦始皇统一中国后，仍以商鞅所规定的制度和标准统一全国的度量衡。商鞅铜方升是中国度量衡史上极重要的珍品，今藏在上海博物馆

变法有功

战国时期错银车軎

周显王十三年（公元前356年）和十九年（公元前350年），商鞅先后两次实行变法。

公元前356年第一次变法，主要内容是：

1. 颁布法律，制定连坐法，轻罪用重刑。将李悝《法经》颁布实行，增加了连坐法。就是五家为伍，十家为

什，互相告发，同罪连坐，告发“奸人”的与斩敌同赏，不告发的腰斩。一家藏“奸”，什、伍同罪连坐。客舍收留无官府凭证的旅客住宿，主人与“奸人”同罪。

2. 奖励军功，建立二十等军功爵制。规定斩敌甲士首级一颗赏爵一级，田一顷，宅九亩，服劳役的“庶子”一人。爵位越高，相应的政治、经济特权越大。宗室、贵戚凡是没有军功的，不得列入宗室的属籍，不能享受贵族特权。

3. 重农抑商，奖励耕织，特别奖励垦荒。规定：“僇力本业耕织致粟帛多者，复其身；事末利及怠而贫者，举以为收孥（意思是尽力从事男耕女织的生产事业，生产粮食布帛多的，免除其本身的徭役；凡从事工商业和因不事生产而贫困破产的人，连同妻子、儿女没入官府为奴隶）。”

4. 强调“依法治国”。要求国家的官吏学法、明法，百姓学习法律者“以吏为师”。

5. 改法为律。强调法律的普遍性，具有“范天下不一而归于一”的功能。

6. 轻罪重罚，不赦不宥。主张凡是有罪者皆应受罚。

7. 鼓励告奸。

8. 用法律手段剥夺旧贵族特权。如废除世卿世禄制度。规定除国君外的嫡系以外的宗室，没有军功就取消其贵族身份。

9. 强化中央对地方的全面控制，剥夺旧贵族对地方政权的垄断权。

秦国自从商鞅变法以后，农业生产增加了，军事力量也强大了。不久，秦国进攻魏国的西部，从河西打到河东，把魏国的都城安邑也打了下来。

公元前350年，商鞅又实行了第二次改革，改革的主要内容是：

人们大多赞扬商鞅变法

1. “开阡陌封疆”。破除过去每一亩田的小田界一阡陌和每一顷田的大田界一封疆，把原来的“百步为亩”，开拓为二百四十步为一亩，重新设置“阡陌”和“封疆”。国家承认地主和自耕农的土地私有权，在法律上公开允许土地买卖。

2. 普遍推行县制。在

收复河西的部分浮雕

未设县的地方，把许多乡、邑，合并成县，共新建三十一县，设县令、县丞，由国君任免。

这样大规模地改革，当然要引起激烈的斗争。许多贵族、大臣都反对新法。

有一次，秦国的太子犯了法。商鞅对秦孝公说："国家的法令必须上下一律遵守。要是上头的人不能遵守，下面的人就不信任朝廷了。太子犯法，他的师傅应当受罚。"

结果，商鞅把太子的两个师傅公子虔和公孙贾都治了罪，一个割掉了鼻子，一个在脸上刺上字。这一来，一些贵族、大臣都不敢触犯新法了。

变法实施的时间越长，秦国的百姓越欢喜。秦国社会出现了道不拾遗、山无盗贼的景象。这样过了十年，秦国果然越来越富强，周天子打发使者送祭肉来给秦孝公，封他为"方伯"（一方诸侯的首领），

古典知识

商鞅变法成功的原因

一. 商鞅变法顺应了历史发展的潮流。春秋战国时期是奴隶制崩溃、封建制确立的大变革时期，商鞅变法顺应了时代的要求和历史发展的潮流，是变法成功的根本原因。

二. 商鞅变法得到了统治者的支持。

三. 商鞅确立了"治世不一道，便国不法古"正确的变法指导思想，改革态度坚决，取信于民。

中原的诸侯国也纷纷向秦国道贺。

公元前340年，商鞅率秦赵大军战胜了魏国的公子昂的部队，魏国割河西之地送给秦国，将人民迁居到大梁（战国时魏国都城，当时中国最大都市之一，在今河南省开封市西北）。商鞅也因功，获得了十五个城池的奖励。

作法自毙

商鞅的变法确实给秦国带来了很多好处，但是另一方面又太过刻薄寡恩，设连坐之法，制定严厉的法律，增加肉刑、大辟，有凿顶、抽肋、镬烹之刑。

为了巩固君主统治，商鞅颁布连坐法。这是在户籍编制的基础上实行的。商鞅一派法家认为，要使君主政权达到“至治”，必须使得“夫妻交友不能相为弃恶盖非，而不害于亲，民人不能相为隐”。

就是说，最亲密的夫妻和朋友，也不能互相包庇，而要向政府检举揭发，使得任何“恶”“非”都不能隐匿。只有这样，“其势难匿者，虽跖不为非焉”（《商君书·禁使篇》）。实行连坐法的目的，就是要使得人民互相保证，互相监视，互相揭发，一人有罪，五人连坐，即使是跖也没有办法为非作恶。《秦律》中多次提到“伍”的组织，例如说：“何谓四邻？四邻即伍人谓殹（也）。”凡是大夫以下，“当伍及人”，都应该编入“伍”的户籍，一人犯罪，“当坐伍人”（《秦律·法律答问》）。

后人作商鞅画像

这种连坐法不但实行于乡里的居民之中，也实行于军队的行伍之中。《商君书》说：“行间之治连以五”（《划策篇》）；又说“其战也，五人来（当作“束”）簿为伍，一

秦孝公去世后，商鞅被处以车裂酷刑，族人也被诛杀

人羽（当作“逃”）而轻（当作“刭”）其四人”（《境年篇》），说明在作战时，五人编为一伍，登记在名册上，一人逃亡，其他四人就要处罚，这就是在军队里实行连坐法。

如此苛刻的刑法，秦国贵族不免多怨。有人劝商鞅别积怨太深，最好是“归十五都，灌园于鄙”、“不贪商、于之富，不宠秦国之教”，可是商鞅并未采纳。

公元前338年，秦孝公驾崩，秦惠文王嬴驷即位，公子虔诬告商鞅谋反，惠文王十分清楚商鞅没有谋反的动机，更没有谋反的可能，他只是为了出气，下令逮捕商鞅。商鞅逃亡到边关，想找旅店住下，结果因为没有出示证件，店家害怕“连坐”而不敢留宿，真的是“作法自毙”，商鞅搬起石头却砸了自己的脚。他后来被车裂而死。

古典知识

连坐

连坐，指本人未实施犯罪行为，但因与犯罪者有某种关系而受牵连入罪。又称相坐、随坐、从坐、缘坐。连坐起源甚早，夏、西周、春秋、战国时期都有连坐制度。

汉承秦制，文帝前元三年（公元前177年）废收孥相坐律令。唐律对谋反、恶逆、不道，凡不在族诛之列的，如年十五以下的子及母女妻妾、祖孙兄弟姐妹，都没入官府充当奴婢。但有例外：凡男夫年八十及有笃疾，妇人年六十及有废疾的，女已订婚尚未嫁出的，媳已订婚尚未娶入的，儿子被别人收养或出家、入道的，都不连坐。

明、清律规定：凡谋反大逆不在族诛之列的十五岁以下男子及母女妻妾姐妹、子的妻妾，都给功臣家为奴。清律还扩大连坐范围，对于奸党、交结近侍、反狱、邪教诸项，都有连坐。

“中华民国”时期国民党政府在一定区域实施保甲制度，也以戒严令、行政命令规定连坐办法。

那刑罚十分残忍，即用五辆车分别用绳索缚住受刑者的头部与四肢，然后驱赶着马，将人活活撕成五段，令人耳不忍闻。惠文王杀了商鞅，却继续执行商鞅的政策，秦国日益强盛，为赵政（秦始皇）统一六国奠定了经济与军事基础。

“作法自毙”的成语也因此流传下来。

点评商鞅

由于独尊儒术的缘故，历史上对于使用暴力手段进行快速改革的商鞅的评价并不是很好。

司马迁在《史记·商君列传》中说：“商君，其天资刻薄人也。迹其欲干孝公以帝王术，挟持浮说，非其质矣。且所因由嬖臣，及得用，刑公子虔，欺魏将昂，不师赵良之言，亦足发明商君之少恩矣。余赏读商君开塞耕战书，与其人行事相类。卒受恶名于秦，有以也夫！”

后人又说：“卫鞅入秦，景监是因。王道不用，霸术见亲。政必改革，礼岂因循。既欺魏将，亦怨秦人。如何作法，逆旅不宾！”

后人作商鞅立木诚信图

但是也有人肯定商鞅，比如王安石：自古驱民在信诚，一言为重百金轻。今人未可非商鞅，商鞅能令政必行。这是在肯定商鞅的治国方略。

而《资治通鉴》中说：“夫信者，人君之大宝也。国保于民，民保于信。非信无以使民，非民无以守国。是故古之王者不欺四海，霸者不欺四邻，善为国者不欺其民，善为家者不欺其亲。不善者反之：欺其邻国，欺其百姓，甚者欺其兄弟，欺其父子。上不信下，下不信上，上下离心，以至于败。所利不能药其所伤，所获不能补其所亡，岂不哀哉！昔齐桓公不背曹沫之盟，晋文公不贪伐原之利，魏文侯不弃虞人之期，秦孝公不废徙木之赏。此四君者，道非粹白，而商君尤称刻薄，又处战攻之世，天下趋于诈力，犹且不敢忘信以畜其民，况为四海治平之政者哉！”

虽说商鞅刻薄，但也说明商鞅之诚信品质。在现代，尽管有少数不同的声音，但大多数人承认商鞅是一个敢于触动旧势力、敢于改革的英雄。

商鞅雕塑、商鞅广场部分景观、商鞅的生平介绍碑、商鞅广场石刻

商鞅广场

商鞅广场位于陕西省商洛市，广场是一座以春秋战国时期著名改革家商鞅雕塑为主题的综合性城市文化广场。景观工程以商洛曾为改革家商鞅封地的历史题材为主题，建设商鞅雕像、商君功德柱及先秦文化元素的地景浮雕、小品等，以弘扬商鞅变法、发愤图强的人文精神，打造城市文化品格

张仪

——连横之父

姓　　名：	张仪
别　　名：	不详
生　　卒：	？～公元前309年
家　　乡：	大梁（今河南开封市）
性　　格：	狡猾、善变
爱　　好：	善于外交
所处时代：	战国
家庭背景：	魏国贵族
顶头上司：	秦孝公、魏惠王、楚怀王
荣誉称号：	外交鼻祖
历史评价：	张仪是杰出的纵横家，为秦国日后大一统做出了重大贡献。
治国成就：	破纵连横，为秦国日后兼并六国打下基础。
重要事件：	破纵连横
历史遗迹：	张仪故宅
个性签名：	天下在我股掌之间！

张仪（？～公元前309年），字余之，魏国大梁（今河南开封市）人，战国时期著名的政治家、外交家和谋略家。

战国时，列国林立，诸侯争霸，割据战争频繁。各诸侯国在外交和军事上，纷纷采取“合纵连横”的策略。或“合纵”“合众弱以攻一强”，防止强国的兼并，或“连横”“事一强以攻众弱”，达到兼并土地的目的。张仪正是作为杰出的纵横家出现在战国的政治舞台上，对列国兼并战争形势的变化产生了较大的影响。

张仪受辱

张仪是战国时期魏国贵族的后裔，曾经与好友苏秦一同拜于鬼谷子先生门下，学习纵横游学。学业期满，张仪回到魏国，因为家境贫寒，求事于魏惠王而未被重用，于是长途跋涉，来到楚国，投奔到楚相国昭阳的门下。昭阳率兵大败魏国，楚威王大喜，把国宝“和氏之璧”奖赏给了昭阳。

一天，昭阳与他的百余名门客出游，饮酒作乐之余，昭阳得意地拿出“和氏之璧”给大家欣赏，传来传去，最后“和氏璧”竟不翼而飞。这可了得！这么宝贵的东西在大家眼皮底下就没了，问题很严重。

大家都一致认为：张仪这小子那么穷，肯定是他拿走了“和氏璧”！张仪本来就没拿，当然不愿承认。三人成虎，说的人多了，昭阳也开始半信半疑，于是严刑逼供。张仪被打得遍体鳞伤，但始终不承认。昭阳怕出人命，再说也确实没

苏秦像

张仪像

有证据，只得将他放了。

张仪被人抬着回了家，张仪的妻子看着被打得皮开肉绽的丈夫，抹着眼泪说：“唉，要是你不读书，就不会来楚国，怎么会受到这样的羞辱！”

张仪问妻子：“我的舌头还在吗？”妻子告诉他还在，张仪苦笑着说：“只要舌头在，我的本钱就在，早晚会出人头地的！”

半年后，张仪的伤口愈合，他含着屈辱回到自己的祖国魏国，再由魏国进入秦国。

首战告捷

战国环钱

秦惠文王即位以后，继续坚持孝公时代“任人唯贤”的方针，许多外国的“士”纷纷投向秦国。公元前 329 年，张仪来到秦国，被秦惠文王拜为客卿，直接参与谋划讨伐诸侯的大事。

公元前 328 年，张仪与公子华带兵攻打魏国，一举拿下魏国的蒲阳城。张仪乘机推自己的连横政策出笼，建议秦王把蒲阳归还魏国，并且派公子繇到魏国去做人质，而他将利用护送公子繇入魏的机会与魏王接近，游说魏王投靠秦国。

入魏后，张仪对魏王说：“秦国对待魏国可是真心实意的好啊！让您得到城邑不说，反而又送人质来到魏国，魏国怎么说也不应对秦国失礼呀，应该想办法来报答一下吧？”

“怎样来报答呢？”魏王问道。“秦国只喜欢土地，魏国如果能送一些土地给秦国，秦国一定会把魏国视为兄弟之国。如果秦魏结成联盟，合兵讨伐其他诸侯国，魏国将来从别的国家取得的土地肯定会比送给秦国的土地多很多倍。”

魏王被张仪说动了心，于是把上郡十五县和河西重镇少梁献给了秦国，从此秦魏和好。张仪的连横政策首战告捷。至此，黄河以西地区全部归秦所有。

破纵连横

张仪回到秦国，立即被秦王提拔，担任大良造一职。公元前 326 年，秦惠文王任命张仪为将，率兵攻取魏国的陕，并将魏人赶走，同时在上郡筑关塞。这一事件引起魏国的极大惶恐，于是在当年及第二年（公元前 323 年）接连两次与齐威王相会，企图依靠齐国对抗秦国。

由于张仪从中挑拨离间，又极力为秦国拉拢齐国和楚国，齐国不仅不帮助魏国，反而与楚国共同打击魏国。魏国公孙衍发动“五国相王”，使魏、韩、赵、燕、中山五国互相尊重，同时称王，结成联盟，借以增强魏国的防御力量。楚国却迎头给魏国浇了一盆冷水，就在“五国相王”的当年，发兵攻魏，在襄陵大败魏军，占领了八个城邑。

由于齐、楚的破坏，五国相王没有达到预期效果，因而魏惠王更加憎恨齐、楚两国。张仪代表秦国却又采取了更为狡猾的手段：公元前 323 年，张仪约集齐、楚、魏三国执政大臣在啮桑相会，试图为魏国调停，以讨好和拉拢魏国。魏惠王在此后果然放弃公孙衍的合纵政策，而接受了张仪的联合秦、韩以对付齐、楚的政策。

战国时代小狮子

"张仪"戈

"张仪"戈

戈、矛和戟是古代十分常见的兵器。戈用于钩杀，矛用于冲刺，而戟将戈与予的功能结合起来是一种既可刺杀又可钩杀的双重性能兵器。南越王墓出土的这三种兵器基本保留着战国兵器的特点。东耳室出土了一件有铭文的戈，上面刻有"张仪"等字，说明了这件戈是秦惠王四年由秦国的相国张仪督造的，由于秦统一百越而到达岭南地区，随后成为南越国的王室文物，成为礼仪场所的仪仗之器。是一件秦平岭南地区的重要历史物证

说魏事秦

为了使魏国进一步臣服于秦国，公元前322年，张仪辞掉了秦国的相位，前往魏国。魏王知道他的厉害，立即任他为相。

张仪当上魏相国以后，便寻找机会为秦国拉拢魏王："魏国土地纵横不到千里，士兵不超过三十万。四周地势平坦，各国从四面八方都可以进攻，没有大山大河的阻隔。从新郑到大梁只有两百余里，战车驰骋，士兵奔走，不费多大力气就到。魏国南边跟楚国接境，西边跟韩国接境，北边跟赵国接境，东边跟齐国接境，士兵驻守四面，守卫边防堡垒的不少于十万人。魏国的地势，原本就是战场。如果魏国向南亲附楚国而不亲附齐国，那么齐国就会来攻打它的东面；向东亲附齐国而不亲附赵国，那么赵国就会来攻打它的北面；不和韩国合作，那么韩国就会来攻打它的西面；不和楚国亲近，那么楚国就会攻打它的南面；这就是所谓四分五裂的地理位置。"

张仪再接再厉："大王如果不事秦国，秦国出兵攻打黄河以南，占据卷地、衍地、燕地、酸枣，胁迫卫国，夺取阳晋，那么赵国不能向南支援魏国，魏国就不能向北联系赵国。魏国不能向北联系赵国，合纵联盟的通路就断了，那么大王的国家要不危险就不可能了。如果秦国说服韩国攻打魏国，魏国害怕秦国，秦、韩两国一致对付魏国，魏国的灭亡就指日可待了。这是我替大王担忧的问题。现在，不如归顺秦国。这样，楚国、韩国一定不敢乱动；没有楚国、韩国的危害，大王就可以高枕无忧了。秦国所想要削弱的莫过于楚国，而能削弱楚国的莫过于魏国。楚国虽有富足强大的名声，但实际空虚；它的士兵虽多，但是容易败逃溃散，不能坚持战斗。如果出动魏国全部的军队，向南攻打楚国，胜利是肯定的。割裂楚国而加强魏国，亏损楚国而满足秦国，转嫁灾祸，安定国家，这可是大好

战国青铜器皿

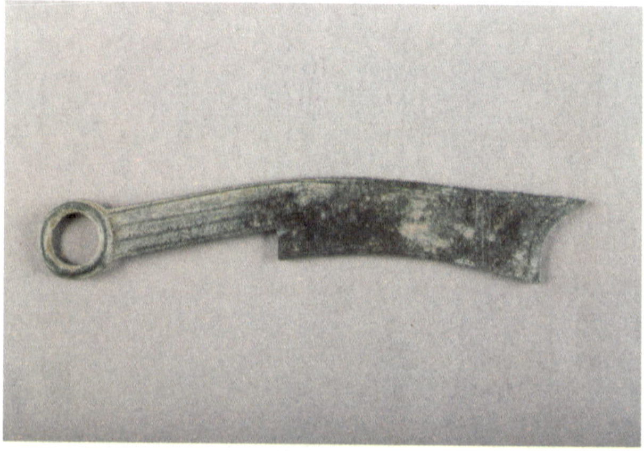

战国刀币

事。大王如果不听取我的意见，秦国将派精兵向东进攻，那时即使您想归顺秦国，也没机会了。”

听了张仪的一番话，魏王再三思量，最后同意了张仪的观点。

不久，魏王便派太子入秦朝见，向秦表示归顺。

张仪在魏国担任了四年相国，于公元前 318 年回到秦国，秦惠文王仍然任用他为相。

张仪诳楚

战国时期，纷争不断。不久，齐国出兵打败了赵和魏，并与楚国结成联盟。齐是东方的强国，楚则虎视于南方。因此，齐楚联盟成了秦国的心腹之患。而离间齐楚两国，削弱它们的力量就成为秦向东扩张过程中的关键一步。

公元前 313 年，张仪再次辞掉秦国相位，向南去拜见楚王。

到楚之后，他首先派人买通楚怀王的宠臣靳尚，利用靳尚取得怀王信任，然后着手离间齐楚关系。

他对楚怀王说：“我们秦王所敬重的人莫过于大王您，我张仪愿意臣服的也首推大王您；秦王所憎恶的人没有谁能比得上齐王，就是我张仪也最憎恨他。齐国虽然曾经和秦国联姻，然而，齐国对不住秦国的地方太多了。现在我们秦国想讨伐齐国，所以秦王就不能事奉大王了，我也没办法做大王您的臣子。如果您能够与齐国断绝关系，臣下将请求秦王把商於六百里土地献给楚国。这样，齐国就一定会被削弱，齐国被削弱了，大王就可以使役齐国。这是向北削弱齐国、向西施德于秦而自己居有商於之地一计三利可得的事情啊！”楚王一听，十分高兴。大臣们都向楚王庆贺，楚国上下皆大欢喜。

张仪虽然说动楚怀王，但楚国不乏有识之士。原来在秦国任职的陈轸，在张仪为相后来到楚国，因此对张仪的意图非常清楚。他劝楚怀王不要听张仪之言，以防被欺骗。但楚怀王早被张仪的花言巧语所迷惑，利欲熏心，根本听不进陈轸的建议，而且把楚国相印交给张仪，接着一面派人去齐宣布断交，一面派人跟随张仪去接收土地。

张仪说楚

回秦后，张仪称病三月不上朝，楚怀王得不到土地，以为秦嫌楚与齐断绝关系不够坚决。因此特派勇士前去辱骂齐王。齐王大怒，一面与楚彻底断交，一面派人入秦与秦王商议共同伐楚。目的达到，张仪去见楚国使者，告诉他“从某至某，广袤六里”送给楚王。楚使回报怀王，怀王暴跳如雷，大骂张仪是出尔反尔的小人，气冲冲地要兴兵伐秦。陈轸此时又建议怀王联秦抗齐，怀王盛怒之下，一心只想报复张仪，再一次拒绝了陈轸的正确建议，派大将军屈句与稗将军逢侯丑等率兵进攻秦国。

泥人张彩塑——楚怀王

公元前312年，楚国与秦齐大战于丹阳，结果楚军大败，屈句、逢侯丑和受封有爵位的将领共七十余人被俘，八万楚军被消灭，汉中郡也被秦夺走。战败消息传来，楚怀王简直气得发昏。在狂热的复仇情绪支配下，他调动楚国全部军队进攻秦国。由于孤军深入，楚继败于蓝田。这次韩魏两国也乘机向南进攻楚国，一直打到邓邑。楚腹背受敌，急忙撤军，只好割了两个城邑向秦国求和。

再欺怀王

秦相张仪浮雕

秦国大败楚国之后，与其能够抗衡的国家就只剩下了齐国。公元前311年，秦国派人与楚国谈判：愿分汉中之丰与楚，以同楚结盟。然而，怀王对张仪耿耿于怀，宁可不要汉中之地，而要张仪以泄私忿。张仪闻讯，欣然赴楚。张仪一到楚国，就被怀王囚禁起来，准备杀掉以祭先祖。但张仪使用种种手段，通过楚国大夫靳尚，请怀王夫人郑袖说情。郑袖请求把张仪放掉，与秦和亲。怀王受夫人蛊惑，又害怕得罪秦国，加上仍贪于土地，权衡再三，最后下令把张仪释放，并且还客客气气地招待他。

张仪又趁机游说怀王：“当今天下的强国，不是秦国就是楚国，两个大国交战，势不两立。大王如果不亲附秦国，秦国将出兵占领宜阳，韩国的土地就会被割断。秦国攻下河东，夺取成皋，韩国一定会投降，魏国就会闻风而动。秦国攻打楚国的西面，韩魏攻打楚国的北面，国家怎么会不危险？

重庆巴国城里了解重庆厚重的历史渊源——张仪灭巴子国碑文

“秦国现在据有巴蜀，大战船顺江而下，一日能行五百余里，用不了十天就可以到达扞关。扞关受到威胁，楚国的东部地区就很难保住，西部地区的黔中、巫郡

楚怀王画像

就不再属于楚国了。秦军如果出武关，楚国北部地区也会断送。楚国遭到秦国的进攻只在三个月以内，而楚国要想得到诸侯的援救却至少得半年，所以，楚国不与秦国亲善是不行的。再说，坐等弱国的援救而忽视秦国的威胁，这正是臣下为大王所担心的事情。

“秦国出兵攻打卫都和阳晋，一定会堵塞天下的胸膛。大王出动全部军队去进攻宋国，不要几个月宋国就可以拿下来，拿下了宋国，然后一直向东，那么泗水边的众多小国就全归大王所有了。现在秦国和楚国接境连界，本来是地缘亲近的邻国。大王如果能听取我的意见。我将让秦国太子到楚国做人质，楚国太子到秦国做人质，把秦国女子做大王的姬妾，进献居民万户的都邑作为汤沐邑，长久作为兄弟邻邦，永世互不攻伐。我认为没有比这更好的计策了。”

一席话说得楚怀王连连点头称是，马上同意与秦和好，并送走了张仪。不久屈平出使归来，问及怀王为什么不杀张仪时，怀王又后悔了，派人去追却为时已晚。

楚国本来是强国，拥有强大的国力，但楚怀王贪婪成性，屡次中秦相张仪的计谋，得不偿失，本是齐国的坚定盟友，却背齐投秦，把楚国的国力耗尽，终于身死异国。

封武信君

张仪离开楚国，接着就前往韩国，游说韩王道：“韩国土地不到九百里，储粮不够吃两年，大王的士兵全部动员也不足三十万。秦国有武装士兵一百多万，战车千辆，战马万匹，勇猛的士兵飞奔前进，不戴头盔，拿起武器，愤怒冲入敌阵的，不可胜数。山东各国的射手披着铁甲，戴着头盔去参加决战，秦国人丢下甲衣，光着膀子，打着赤脚冲向敌人，左手提着人头，右手捉住俘虏。秦国的士

铜浮雕：张仪筑城

兵跟山东各国士兵相比，正像大力士孟贲跟胆小鬼一样；用巨大的威力压下去，正像大力士乌获对婴儿一样。在战斗中，让孟贲、乌获式的勇士去攻打不服从的弱国，无异于把千钧的重量压在鸟蛋上，一定没有幸存的了。

“大王如果不归顺秦国，秦国将出兵占据宜阳，隔断韩国的上地，东进夺取成皋、荥阳，那么鸿台的宫殿、桑林的苑囿都将不属大王所有了。秦军阻塞成皋，隔断上地，大王的国土就被分割了。先归顺秦国就安全，不归顺秦国就危险。

“所以我替大王策划，韩国应该帮助秦国。秦国所希望的莫过于削弱楚国，而能够削弱楚国的莫过于韩国。这不是因为韩国比楚国强，而是它的地势是这样。如果大王向西归顺秦国，

古典知识

张仪墓

张仪死后，葬于开封城东北七里（实测五公里，今宴台河村）。张仪墓长方形，似砚（古墓不似今墓圆形，大皆为长方形），故墓附近村落（原为张仪后代守墓所居）乃称“砚台”，复因其南三公里的张耳墓亦似砚台，为示区别，张耳墓称南砚台，张仪墓称北砚台，位于今开兰公路北侧。

明清时期，黄河南移，靠近开封城垣，且屡次决口，北砚台村北被冲出一大河口，群众遂改称为“北砚台河”。复因村西北一公里处系宋宴台遗址，砚、宴谐音，传来传去“砚台河”就成了“宴台河”。

攻打楚国，秦王一定高兴。攻打楚国，利用它的土地，转嫁祸害而使秦国高兴，没有比这更适应的计策了。”

韩王听信了张仪的计策，表示与秦通好。张仪这才回到了秦国，向秦惠文王禀报了情况，秦惠文王念其功劳卓著，于是封他为“武信君”，并赐封给他五座城邑。

不久，秦惠王死亡，他的儿子荡继位，称“武王”。武王从小就讨厌张仪，群臣忌妒张仪，趁机向武王进谗言，张仪也害怕大祸迟早降临，因而用计辞掉相位，回到魏国。

公元前 309 年，张仪病死。至此，一代纵横家张仪的历史画上了句号。

点评张仪

从公元前 328 年开始，张仪运用纵横之术，游说于魏、楚、韩等国之间，利用各个诸侯国之间的矛盾，或为秦国拉拢，使其归附于秦；或拆散其联盟，使其力量削弱。但总的来说，他是以秦国的利益为出发点的。在整个秦惠王时期，他不仅使秦国在外交上连连取得胜利，而且帮助秦国开拓了疆土，因此可以说他为秦国的强大和以后统一中国立下了汗马功劳。尽管张仪不讲信义，在外交场上运用欺骗伎俩，为人们所不齿，但仅从一个使者的角度来看，他是出色地完成了每一次外交任务。而且作为纵横家的一代鼻祖，他开创了一个新局面，为后世的外交家们在辞令和外交技巧等方面提供了一种范例。

张仪画像

范雎

——天下一统的奠基者

姓　　名：	范雎
别　　名：	张禄
生　　卒：	？～公元前255年
家　　乡：	不详
性　　格：	忍辱负重
爱　　好：	政治、外交
所处朝代：	战国
家庭背景：	贫民
顶头上司：	秦昭王
荣誉称号：	不详
历史评价：	昭王得范雎，强公室，杜私门，蚕食诸侯，使秦成帝业。
治国成就：	为秦兼并六国，最后统一中国奠定了战略基础。
重要事件：	智取长平
历史遗迹：	无
个性签名：	这一辈子，苦过、笑过，值了！

范雎（？～公元前255年），字叔，早年家境贫寒，后出使齐国为魏中大夫须贾所诬，历经磨难后辗转入秦。公元前266年出任秦相，辅佐秦昭王。他上承秦孝公、商鞅变法图强之志，下开秦皇、李斯统一帝业，是秦国历史上继往开来的一代名相，也是我国古代在政治、外交等方面极有建树的谋略家。

机智脱逃

公元前283年，燕国大将乐毅率燕、楚、魏、赵、韩五国兵马攻破齐国都城临淄，并一举夺取齐国城池七十余座，齐国仅剩下即墨（今山东省即墨市）和莒（今山东省莒县一带）两座城池尚未攻破。齐湣王逃亡，被楚将淖齿所杀。齐襄王在这内外交困、岌岌可危的国势下，仓促在莒即位。后来，齐将田单力挽狂澜，智摆火牛阵，大败联军，收复七十城，齐国这才免遭亡国，得以复兴。

齐国蒸蒸日上的国势使当初随燕破齐的魏王坐卧不安，深恐齐襄王伺机报复。于是，魏王遣中大夫须贾出使齐国，议和修好。齐襄王本就怀恨在心，对魏使臣须贾很不礼貌，责问魏国为何反复无常，怒斥先王之死与魏有关，令人切齿痛心。须贾本来理亏，无言以对。就在这尴尬时刻，须贾身后站出一人，义正词严地辩驳道："齐湣王骄暴无餍，五国同仇，岂独魏国？今大王光武盖世，应思重振齐桓公、齐威王之余烈，如果斤斤计较齐湣王时的恩恩怨怨，但知责人而不知自责，恐怕又要重蹈齐湣王的覆辙了！"

战国错银戈镦

齐襄王听完这番不卑不亢、鞭辟入里的雄辩，不但没有发怒，反而心中暗自赞叹此人的胆识和辩才。此人便是范雎。

战国时期是一个游士和谋略家纵横捭阖的时代，游说成为当时士人升迁的重要途径。范雎虽然想周行天下，游说诸侯，一展平生所学，却因家境贫寒，既没钱作旅途之资，也没有托人引见之费。只好先在魏国中大夫须贾门下奔走效力，以此静观时变，等待时机，再谋出头之日。

这次范雎以随从舍人的身份随须贾前往齐国，见须贾被齐襄王数落得无言以对，这才挺身而出，仗义执言，一来替主人须贾解围，二来维护魏国尊严——谁知祸从口出！范雎这番话给他带来了难以想象的灾难，以致于险些丢掉性命。

再说那齐襄王退朝以后，脑海里总也抹不去朝廷之上仗义执言的那个年轻人的身影。当晚，他便派人劝说范雎留在齐国，以客卿相处。范雎义正词严地拒绝道："臣与使者同出，而不与同入，不信无义，叫我以后怎么做人！"

齐襄王听了，心中十分敬重，特赐予范雎黄金以及牛、酒等物。范雎身在异国，肩负通使重命，岂敢擅自受用私馈之物，一再坚持不接受。须贾身为正使，遭遇冷落，而随从却备受优惠，心中当然很不是滋味。范雎据实以告后，须贾命令他奉还黄金并留下牛、酒，范雎只得唯命是从。

回到魏国后，须贾对这事越想越生气，他竟把这次出使齐国之所以受到冷遇，全部归罪于范雎，并把范雎在齐国受到齐王厚赐的情况报告了魏相魏齐。魏齐大怒，命人将范雎抓来，严刑拷打，把范雎打得遍体鳞伤，血肉模糊，惨不忍睹。范雎唯恐性命难保，便屏息僵卧，直挺挺在血泊中不动，佯装死去。狱吏误以为范雎已死，便去禀告正在饮酒的魏相。

范雎爬出粪坑插画

这时，魏相正喝得面红耳赤，命仆人用苇席裹尸，丢在茅厕之中，让家中宾客轮番向席中撒尿，故意凌辱范雎，以戒后人。小不忍则乱大谋，范雎只得咬牙强挺。待到天色已晚，范雎从苇席中张目偷看，见只有一名卒吏在旁看守，便悄悄地说："我伤得这么严重，虽然暂时醒了，但也没有活头了。你如果能让我死在家中，以便殡殓，改日定当重金酬谢。”

卒吏见其可怜，又贪图小利，便谎报魏齐，说范雎早已经死了。酒酣中，魏齐命仆人将范雎尸体扔到荒郊野外，范雎这才得以脱身。他乘夜爬回家中，让家人将苇席置于野外，以掩人之目；同时派人通知好友郑安平，帮助他藏匿在民间，化名张禄，并嘱咐家人第二日发丧。范雎果然没有估计错，第二天魏齐酒醒后，便疑心范雎未死，见野外仅存苇席，便派人到他家里搜查，恰逢举家发丧戴孝，于是轻信了范雎的尸身被野狗衔了去，从此不再怀疑。

人生转折

公元前271年，秦昭王派使臣王稽出访魏国。此时的秦国，由于孝公、商鞅变法奠定了富国强兵的坚实基础，又经惠文王、武王、昭王几代人的不懈努力，国势日益强盛。秦国有个传统政策，“荐贤者与之同赏，举不肖者与之同罪连坐”。因此，秦国的有识之士，都随时留意，访求人才。

范雎好友郑安平，听说秦国的使臣来魏国，认为时机已到，便充当仆人，去服侍王稽，想从中代为范雎通融。郑安平尽心侍奉，应对敏捷，没过几天便深得王稽的欢心。

葵纹瓦当是战国时期秦国圆瓦当

一天，郑安平想伺机试探王稽，借故来到王稽的房间。正巧王稽唤他近前讲话，郑安平不知何意，缓缓地走过去。王稽悄悄地问他：“魏国是否有贤人，愿意与我一起投奔秦国？”

郑安平喜出望外，忙答道：“我乡里有个张禄先生，想要拜访使君，论述天下兴亡之事。只是有仇家在此，不敢白天造访。”其实他所指的这个张禄就是范雎。

王稽也不介意，连忙道："白天不方便，叫他晚上来吧。"

当天夜里，郑安平让张禄也就是范雎扮作仆人模样，悄悄来到公馆，拜见王稽。两人就座，促膝畅谈天下大事，范雎指点江山，如在目前。没等范雎把话说完，王稽已确认范雎是个少有的贤才，便与他相约，说："我回国之日，先生可在魏国京郊三亭岗南面等我。"约罢而散。

几天后，王稽完成使命后辞别魏王和群臣，驱车回国。当行到三亭岗南面时，忽见林中钻出俩人，正是范雎和郑安平。王稽大喜，用车拉上他们，往西奔去。

王稽一行驱车来到秦国湖县，远远望见前方尘土飞扬，一队车骑急驰而来。范雎是个有心人，见状忙问："来者何人？"

王稽认得这队人马，若有所思地回答："这是当朝丞相穰侯魏冉，像是往东去巡察。"

范雎虽然身处陋室，却始终关注着时局动态，对秦国政局多有了解。眼前的穰侯魏冉是宣太后的弟弟，秦昭王的舅舅。他把持朝政，专国用事，是秦国头号权臣，与华阳君、泾阳君、高陵君并称"四贵"。他每年都要带着大队车马，代替国君周游全国，巡察官吏，省视城池，校阅车马，扬威作福。权位已经登峰造极，炙手可热。秦昭王虽然不满，但心里害怕太后，也只好听之任之。

邓州市的魏冉墓

范雎对此早有所闻，忙说："我听说穰侯专权弄国，妒贤嫉能，厌恶招纳诸侯宾客；如果我与他会面，恐怕会招来麻烦。我先藏在车厢里，以免生出意外。"王稽依言安排。

不一会儿，魏冉车马赶到，王稽连忙下车迎拜，魏冉也下车相见，例行公事地寒暄慰勉之后，来到王稽车前，问道：“关东情况怎样？诸侯有什么事变？”

王稽鞠躬回答：“没有。”

穰侯看看车里，又察看了一下随行人员，接着问道：“车中是否带来诸侯宾客？这些人实属无益之人，只能扰乱我秦国而已。”

王稽连称：“不敢，不敢！”

魏冉没有发现什么可疑之处，不便久久盘查，于是率领众人往东去了。

一场虚惊过后，王稽连忙扬鞭策马。他正在暗赞范雎神机妙算，却见范雎从车厢里钻出来说道：“据我所知，穰侯这个人生性多疑而反应比较迟钝，刚才他已经怀疑车厢里藏着人，但忘了搜查。事后必然悔悟，势必掉马来追，我还是暂避一下为好。”于是，范雎下车，从小路步行而去。

果然，王稽的车马才走了十余里，忽听背后马铃声响，魏冉派了二十余骑从东飞驰而来，声称奉丞相之命前来搜查，可遍搜车里，并无他国之人，这才转身离去。

王稽暗自赞叹：“张先生真的是智士啊，我不如他，我不如他！”于是催车前行，遇上范雎，载他上车，一同向秦都咸阳进发。从此，范雎得到了一展才华的大舞台。

巧激昭王

范雎入秦时，秦昭王在位已经三十六年，国势强盛。秦军南伐楚国，力拔鄢、郢两座重镇；又挥师东指，连连大败强大的齐国；并数次围困魏、韩、赵“三晋”之兵，使魏、韩两国的国君俯首听命。秦国上下可以说是人才济济，但“四贵”掌权，排斥异己；秦昭王深居宫中，又被权臣贵戚所包围，再加上活跃在战国时期政治舞台上的谋士说客多如过江之鲫，难免鱼龙混杂，良莠不分。一时间，在秦国上层统治集团中对来自诸侯各国的宾客辩士并没有留下什么好的印象。因而，尽管范雎用尽心机，还是难以向秦昭王陈述他心中的安邦治国大计。

一次，范雎求人向秦昭王举荐自己，说道：“现有魏国张禄先生，智谋出众，为天下辩士。他要拜见大王，声称：‘秦国形势严峻，不重用张禄则危险，重用张禄则安全。’然而他又说只可面谈，不可代传。”

显然，范雎此举分明是故作危言，耸人听闻，意在引起秦昭王的重视。然而秦昭王却认为天下策士辩客，往往如此，并不去理睬，任你千条妙策，他就是不

范雎和秦昭王画像

闻不问。就这样，范雎住在下等客舍，粗茶淡饭，在焦虑烦躁中度过了两年的时光。

公元前 270 年，穰侯魏冉举兵跨韩、魏而攻齐，夺取刚、寿二地，以扩大自己的封邑陶，从而进一步增强自己的实力。这就给范雎攻击政敌提供了借题发挥的机会。他在一年来对昭王内心世界的了解、分析和判断的基础上，果断而大胆地再次上书昭王，阐明大义，直刺时弊而又紧紧抓住昭王的心病。

他在信中说道："我听说英明的君主执政，对有功于国家的给予赏赐，有能力的人委以重任；功大者俸禄优厚，才高者爵位尊贵。所以无能者不敢当职，有能者也不得蔽隐。而昏庸的君主则不然，对他所爱的人给予奖赏，对他讨厌的人给予惩罚，全凭一时感情使然……我听说善于使自己殷富的人大多取之于国，善于使国家殷富的人大多取之于诸侯。天下有了英明的君主，那么诸侯便不能专权专利，这是为什么呢？因为明主善于分割诸侯的权力。良医可以预知病人的生死，而明主可以预知国事的成败。利则行之，害则舍之，疑则少尝之，即使是舜禹再生，也不能改变呀！有些话，在这封信里我是不便深说的，说浅了又不足以引起大王的注意。我希望大王能牺牲一点游玩的时间，准我望见龙颜。如果我所讲的对于治国兴邦之大业无效，我愿接受最严厉的惩罚。”

范雎的这篇说辞，表达了两点颇为可贵的思想。其一，他主张选贤任能，奖励军功、事功，反对用贵任亲。这在血缘关系纽带又粗又长的早期封建社会里，无疑是闪光的思想。其二，他抨击了权贵专权专利的现象，指出了枝繁干弱的严重危害，这对于加强中央集权，巩固君王的统治地位，无疑是极有见地的。而且，此语一下击中了秦昭王的心病。秦昭王处在宗亲贵戚的包围中，贵族私家的势力日趋重于王室，早有如芒刺在背之感，对这样的谏词自然十分关切。尤其值得一提的是，范雎在信末所说“有些话，在这封信里我是不便深说的”，故作含蓄隐秘，诱使秦昭王浮想联翩，吊起他的胃口；紧接着又信誓旦旦地宣扬其言的绝妙效用，足以振聋发聩，迫使秦昭王不得不召见他。由此可见，范雎不仅胸藏治国韬略，而且工于心计。果然，秦昭王见信大喜，立即

秦昭王雕塑

战国时期的龙纹玉璧

感谢王稽荐贤有功，传命用专车召见范雎。

范雎进入秦宫，早已成竹在胸，佯装不知地径直闯进宫闱禁地，见秦昭王从对面被人簇拥而来，他故意不趋不避。一个宦官见状，快步上前，怒斥道："大王已到，为何还不回避！"范雎并不惧怕，反而反唇相讥道："秦国何时有王，独有太后和穰侯！"说罢，继续前行不顾。范雎此举，是冒有一定风险的。然而，范雎这一句表面上颇似冒犯的话，恰恰击中了昭王的要害，收到了出奇制胜的效果。昭王听出弦外之音，非但不怒，反而将他引入内宫密室，屏退左右，待之以上宾之礼，单独倾谈。范雎颇善虚实之道，并能恰到好处地一张一弛。秦昭王越是急切地请教高见，范雎越是慢条斯理地故弄玄虚。秦昭王毕恭毕敬地问道："先生何以教诲寡人？"范雎却一再避实就虚，避而不答。最后，秦昭王深施大礼，苦苦祈求道："先生难道还不愿赐教吗？"

范雎见昭王求教心切，态度诚恳，这才婉言作答："臣不敢如此。当年，吕尚见周文王，所以先栖身为渔父，垂钓于渭水之滨，在于自知与周王交情疏浅；直到同载而归，立为太师，才肯言及深意。其后，文王得功于吕尚，而最终得以统治天下。假使文王疏于吕尚，不跟他说掏心窝的话，那是周没有天子之德，而文王、武王很难与之共建王业。"范雎有意把眼前的秦昭王与古代的圣贤相连，既满足了秦昭王的虚荣心，又激励他礼贤下士。范雎还以吕尚自况，把自己置于贤相的位置。假如昭王拒绝，即等于自贬到桀、纣行列，这无疑能使对方就范，谈话自然会按着他的意思进行下去。

战国时期蟠螭纹镜

接着，范雎谈到自己，说道："臣为羁旅之臣，与国君您

没有什么深交，而说的都是心里话。有的人，虽然愿效愚忠，却并不知道大王心里想的是什么，所以臣不敢作答。臣不是怕死而不进言，即使今天说了，明天就被杀了，也在所不辞。然而，大王信臣，用臣之言，可以有补于秦国，臣死不足惜。臣只怕天下人见臣尽忠了却不得善终，从此闭口不语，裹足不前，不愿再为秦国效力。”这番慷慨悲壮之词更进一层，先是披肝沥胆，以情来感召昭王，接着晓以利害，以杀贤误国震慑昭王，给自己的人身、地位争取了更大的安全系数。

经过充分地铺垫，范雎最后才转到实质问题，点出了秦国的弊端隐患：“大王上怕太后之严，下惑奸臣之谄。居深宫之中，终身迷惑，难以明断善恶是非。长此以往，大者宗庙倾覆，小者自身孤危，这是臣最恐惧的。”

其实，以上说的弊端虽然确实有，但是并非治理秦国的当务之急。范雎所以要大论此事，意在用“强干弱枝”来迎合昭王。与此同时，也借以推翻范雎将来立足秦廷的政敌，从而确立自己在秦廷的地位。只要地位确定了，其他一切都可以顺理成章。谋略家们的良苦用心，由此可见一斑。

正因如此，才使范雎言必有中。秦昭王推心置腹地答道：“秦国僻远，寡人愚昧。如今得到先生的指教，真是三生有幸。自此以后，事无大小，上至太后，下及大臣，愿先生多指点寡人，千万不要有什么疑虑。”

宁夏黄河以东长城是战国秦昭王始筑的“拒胡”长城

远交近攻

范雎虽已取信于秦昭王，但毕竟是刚入秦廷，还不敢过深地干涉内政，仅谈论外事，借以观察秦王的态度。不久，范雎再次晋见秦昭王，他首先分析了秦国的优势，说道："秦地之险，天下莫及。雄兵百万，战车千乘，其甲兵之利天下都无法匹敌。以秦兵的骁勇，车骑数量之多，用以统治诸侯，如同良犬搏兔。然而兼并的计谋没有实现，霸王之业未成功，莫不是秦国的大臣计有所失？"范雎所言，既使秦昭王感到欣慰，也使他感到警怵，因而没等范雎说完，秦昭王便恭恭敬敬地说："寡人愿闻其详。"

范雎于是接着说："臣听说穰侯将越过韩国、魏国而攻打齐国，这很不明智。出兵少则不足以战胜齐国，出兵多则又会不利于秦国自己，大王不如与远国交好，而攻打近国，哪怕只得到一寸土地那也是国君您的土地，得到一尺土地也是国君您的土地。而要是国君放弃眼前的，去攻打远处的齐国，这不是很荒谬吗？"

在这段奏议里，范雎明确地提出了"远交近攻"的战略思想，这是范雎对秦

战国时期龙凤纹玉璜

国的杰出贡献，为中国政治、外交思想史增添了光辉的一页。范雎还为这一战略原则拟定了具体的实施步骤：第一，就近重创韩、魏，以解除心腹之患，壮大秦国势力；第二，北谋赵，南谋楚，扶弱国，抑强敌，争夺中间地带，遏制各国的发展；第三，韩、魏、赵、楚依附于秦之后，携五国之重，进而威逼最远且是当时最强的对手齐国，使其回避与秦国的竞争；第四，在压倒各国的优势下，最后逐一消灭韩、魏诸国，最后灭齐，统一天下。

秦昭王听了大喜，任命范雎为客卿，参与军国大政，主谋兵事。公元前268年，秦昭王用范雎的计谋，派兵伐魏，攻克怀（今河南武陟西南）。两年后，又举兵攻占邢丘（今河南温县东）。在此形势下，范雎又及时为秦昭王谋划“收韩”之策，他首先向秦昭王分析了“收韩”的战略意义，他说：“秦、韩之地形，交织相错如同锦绣。秦如果允许韩的存在，就好像木头里有虫，人有心腹之病一样。天下不变则已，一旦有变，就会成为秦国的祸患。因此大王应该首先收韩。”秦昭王问：“我想收韩，可韩不听，那怎么办？”范雎从容回答：“如果大王派兵首先攻打并占领韩国政治、经济、交通、军事的咽喉要塞荥阳（河南省中北部），便可使巩、成皋之地不通，北断太行之道，使韩国的军队不得而下，一举可将韩国拦腰斩为三截。如此，韩国还能不听命而归附于秦吗？”秦昭王依计而行。

战国时期魏国的“圆半釿”

秦昭王四十二年（公元前265年），秦军发兵，先后占领韩国少曲（今河南济源东北）、高平（今河南济南）、陉城（今山西曲沃东北）、南阳、野王（今河南沁阳）等地。至此，已将韩国拦腰斩断，使整个上党地区完全孤立起来。在秦军雷霆万钧般的打击下，韩国步步败退，摇摇欲坠。而秦国则在战争中获得了人力、物力等方面的巨大补偿，实力更加强盛，因而东进步伐大大加速，扩大了对赵、楚两国的战争规模。

强干弱枝

随着秦国军事上的节节胜利，范雎也日益受到秦昭王的赏识，地位日益得到巩固。

公元前266年，范雎开始在内政方面实施变革，推行“强干弱枝”的方针，加强中央集权。他向秦昭王上奏：“臣在山东时，听说齐国只有个孟尝君，却未听说有齐王；听说秦国有太后、穰侯，却没有听说过秦王。只有善于治国的才能称得上是王，能明辨利害关系的才能算是王，能控制生死大权的才能算得上是王。如今太后擅行不顾，穰侯出使不报，华阳、泾阳等击断无讳，在他们眼里，根本就没有你这个秦王，这样下去，权力何在？君威何在？臣听说善于治国的人，要‘内固其威而外重其权’。”接着他又进一步指出，“目前，穰侯内仗太后之势，外窃大王之重，用兵则诸侯震恐，解甲则列国感恩，广置耳目，安插在国君的左右，唯恐您千岁万岁后，即使还有秦国的存在，那也不是您的子孙了！”秦昭王听后惊觉，因自己早就对宗亲贵戚的专权和势力的膨胀忌恨在心，这次听了范雎义正词严的宏论，终于下定决

秦昭王像

心。当年，昭王罢免了穰侯魏冉的相位，命其回到封邑；后又驱逐其他“三贵”，安置太后于深宫，不许与闻政事；又拜范雎为丞相，封之于应城（今河南鲁山之东），号为“应侯”。至此，以秦昭王为首的中央政权更为集中了。

范雎推行“固干削枝”的方针，致力于确立和强化秦国中央集权制度，促进封建割据走向封建大一统，这对秦国中央集权制度的完善和最终完成统一中国的大业有着不容忽视的功勋，是顺应历史发展的一次重大社会变革。

智取长平

公元前260年，秦军大举北进，进攻赵国。老将廉颇率赵兵迎敌，秦、赵两军相持于长平。秦兵虽然勇武善战，怎奈廉颇行军持重，坚筑营垒，等待时机与变化，迟迟不与秦兵决战。如此一来，两军相持近两年，仍难分胜负。秦国君臣将士个个焦躁万分，却又束手无策。秦昭王于是请教范雎，说：“廉颇多智，知秦军强而不轻易出战。秦兵长途跋涉，背井离乡，难以持久，战事如此久拖不决，秦军必将深陷泥淖，无力自拔，这可怎么办？”

范雎早已清醒地认识到问题的严重性，作为出色的谋略家，他很快找到了问题的症结。他对赵国文臣武将的优劣了如指掌，深知秦军若想速战速决，必须设计除掉廉颇。于是，他沉吟片刻，向昭王献了一条奇妙的反间计。

范雎派遣一个心腹门客从便道进入赵国都城邯郸，用千金贿赂赵王左右亲近之人，散布流言道：“秦军最惧怕的是赵将赵奢的儿子赵括，他年轻有为且精通

长平之战图

兵法，如果封他为将，秦军必定难以取胜。廉颇年事已高而且胆小如鼠，屡战屡败，现在已经不敢出战，又为秦兵所迫，过不了多久肯定会投降的。”

赵王听了，将信将疑。派人催战，廉颇仍坚持“坚壁”之谋，不肯出战。赵王对廉颇先前损兵折将本就不满，如今派人催战，却又固守不战，又不能把敌人赶走。于是顿时疑心大起，竟不辨真伪，匆忙任命赵括为上将，并赐以黄金彩帛，增调二十万精兵，前往取代廉颇。

战国编钟

赵括虽为赵国名将赵奢的儿子，确实也精通兵法，但不知变通，只会坐而论道，纸上谈兵，而且骄傲自大。他威临军吏，手下的将士们都不敢仰视他。他还把赵王所赐的黄金、财物悉数藏在家中，日日寻思购买便利田宅，过自己的小日子。

赵括来到长平前线，一改廉颇往日的约束，将以前的将校、防位都调换了一遍，弄得全军上下一时人心浮动，紊乱不堪。范雎探知赵国已经进入圈套，非常高兴，便与昭王商议，暗派武安君白起为上将军，火速驰往长平，并命令军中将士：“有敢泄露武安君是上将军的人必斩无疑！”

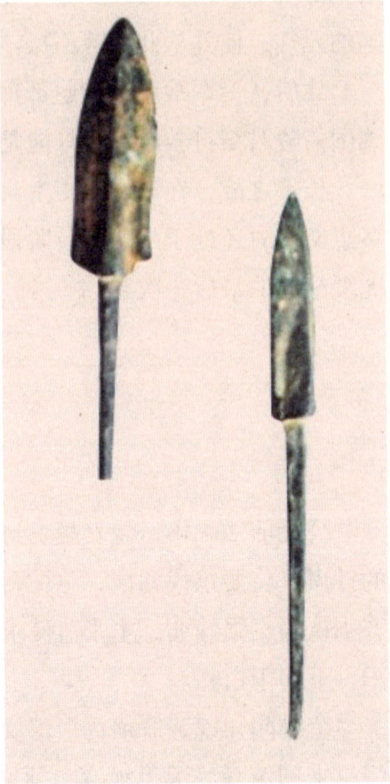
赵括将军遗骨胸腔内发现的青铜弩箭箭镞

说起这个白起，他是战国时期无与伦比的久经沙场的名将，一向能征善战、智勇双全，生死疆场多次，赵括远不能与他相比；论兵力，赵军绝难与秦兵抗衡。范雎之所以秘密行动，目的就是让赵括放松警惕，以出奇制胜。

两军交战，白起假装失败，赵括可美坏了，率兵穷追不舍，结果被秦军左右包抄，断了粮草，

赵括将军剑

团团围困于长平。秦昭王听到这个消息，亲自来到长平附近；一面派出农家壮丁，分路掠夺赵人粮草；一面遏制住赵的救兵。赵军陷于重围达四十六天，粮尽援绝，士兵饿得不行，甚至自相残杀来填饱肚子，惨不忍睹。赵括迫不得已，把全军分为四队，轮番突围，都被秦军乱箭击退，赵括本人也被乱箭射死。长平一战，秦军获得了空前的胜利，俘虏赵兵四十万，除年老年幼者二百四十人被释放外，其余全部坑杀。这次战役，秦军先后消灭赵军四十五万，大大挫伤了雄踞北方的赵国的元气，使其从此一蹶不振。

战后，秦军乘胜进围赵都邯郸。虽曾有赵国名士毛遂自荐，赴楚增援，又有魏国信陵君窃符救赵，也只能是争得一时的生存，无法挽回赵国败亡的厄运。

长平之战，在秦国历史上具有划时代的意义。秦与关东六国的战争，如果说秦惠文王时还处于战略相持阶段的话，至此则进入了战略反攻阶段。此后，虽有庞缓组织的最后一次赵、魏、韩、楚、燕五国合纵抗秦，但也仅仅是困兽犹斗而已。

报仇雪恨

公元前 266 年，魏安釐王封弟无忌为信陵君。当时，魏王听说秦昭王用范雎的计谋，将要东伐韩魏，急忙召来群臣商议。信陵君无忌主张发兵迎敌，相国魏齐则认为秦强魏弱，主张遣使求和。于是，魏王派中大夫须贾赴秦议和，直奔咸阳，下榻于馆驿。

范雎闻知魏王遣须贾来都议和，便换下相服，装作寒酸落魄的样子，走出府门，来到馆驿，谒见须贾。须贾一见来人，非常惊讶，说道：“范先生还好吗？我以为先生被魏相打死，怎么会出现在这里？”

战国时期魏国“文枱西疆司寇”鉨

范雎答道:“当年被弃尸荒郊,幸好苏醒过来,被一过客救了,后来逃命到秦国,为人打工糊口,才得以生存。”

须贾不觉动了哀怜之情,将他留下,给他食物填饱肚子。这时候正是冬天,范雎衣衫薄得都破了,战栗不已,须贾见他如此落魄,叹道:“范叔冷成这样了!”命令随从拿出一件缯袍披在范雎身上。接着问道:“当今秦国丞相张禄,权势盛大,我想拜见他,可是无人引见。先生在秦时间这么长,能为我通融一下吗?”

范雎谎说自己的主人与张丞相关系特别好,自己也经常出入相府,可以为他引见,并同意为须贾借得大车驷马,供其驱使。

范雎亲自为须贾赶马车。街市上的人,见丞相张禄驾车而来,纷纷疾走回避。须贾感到很惊异。到了相府,范雎转身对须贾说道:“大夫在这里稍等,容我先去通报一下。”须贾下车,站在门外,等了很久也没有消息,便走到守门人跟前,悄悄问道:“我的故人范叔入府通报,这么长时间了也不见出来,您能为我招呼一下吗?”

守门人感到很奇怪,这里并没有什么“范叔”。当须贾得知范雎就是张禄,乃当今秦之丞相时,如梦中忽闻霹雳,心突突乱跳,于是脱袍解带,跪在门外,托守门者报告说:“魏国罪人须贾在外领死!”

范雎在鸣鼓之中,缓步走出来,威风凛凛,坐在堂上。须贾跪伏不起,连称有罪。

范雎历数须贾三大罪状后说道："你今天来这里，本来应该断头沥血，以酬前恨。然而考虑到你还念旧情，以缯袍相赠，所以饶了你的性命。"须贾叩头称谢，匍匐而出。

范雎去见秦王，将往事一一禀报，并说魏国害怕秦国，遣使求和。秦王非常高兴，依范雎言，准魏求和，须贾的事，任范雎自己处理发落。

几天以后，范雎在丞相府大宴诸侯的使臣，宾客济济一堂，觥筹交错，很是热闹。唯独将须贾安排在阶下，并派两个受黥刑的囚徒将他夹在中间，席上只准备些炒熟的料豆，两个囚徒手捧着食物喂他，如同喂马一般。众宾客都觉得奇怪，范雎便将旧事诉说了一遍，然后对须贾厉声喝道："秦王虽然允许讲和，但魏齐之仇不可不报，留你一条蚁命回去告诉魏王，快点儿将魏齐的人头送来。否则，我将率兵屠戮大梁，那时可就晚了。"须贾早吓得魂不附体，诺诺连声而出。

须贾赠绨袍给范雎

须贾回到魏，将此事告知魏王。魏相魏齐闻知十分恐惧，弃了相印，连夜逃往赵国，私藏在平原君赵胜家中。秦昭王知道后，打算为范雎报仇，设计诱骗平原君入秦，并将他扣留为人质，声称，若不送魏齐人头到秦国来，将不准平原君回赵国。魏齐走投无路自杀了。

范雎报仇雪恨之后，并没忘记自己的恩人王稽和郑安平。一天，他晋见秦昭王，奏道："臣本来是魏国一个逃命的人，如果不是王稽忠于大王而接纳臣到秦国来，如果不是大王英明，臣哪能像现在这样得到荣华富贵呢？然而王稽至今还是一个谒者（官名，春秋战国时国君左右掌传达等事的近侍），当年救臣于水火之中的郑安平也未得到重用，请大王恩赐。"秦昭王念范雎功劳，批准他的奏请，任命王稽为河东太守，任命郑安平为将军。

妒杀白起

范雎羞辱须贾、杀魏齐，都反映了他的胸怀不够宽广，但在生产力低下、社会狭小、私有至上的时代，人们囿于私利，往往城府较深，这就酿成了无数的历史悲剧。司马迁在为范雎作传行文时，曾有一句颇为有名的感慨："一饭之德必偿，睚眦之怨必报。"这既是对范雎的褒扬也是对范雎狭窄心胸刻薄的概括。由于范雎势炎日隆，一人之下，万人之上，他那本来就狭小的心胸最后发展到了嫉贤妒能的程度，给他的形象抹上了一层难以洗刷的阴影——妒杀白起便是典型的一例。

整修后的白起墓，墓碑威严矗立，墓冢高大，松柏常青

公元前 259 年，秦军复定上党，再取太原，威震三晋。韩、赵两国惊恐万分，忙用向苏代求救。

苏代，是大纵横家苏秦的弟子，也是一位胸中蓄积千般诡计，颠倒黑白，截长续短，驾轻就熟的说客。他受命来到咸阳，径直进入丞相府，问范雎："武安君白起擒获赵括了吗？"

范雎不知何意，答道："是。"苏代又问："武安君白起进围邯郸了吗？"范雎答道："是。"

苏代说："赵国灭亡，则秦王为帝，武安君为三公。武安君为秦战胜攻取，略定七十余城，南定鄢、郢、汉中，北破赵括全军，虽周朝的周公、召公和吕望，功绩加起来也不如啊。你能甘居在白起之下吗？到那时，你虽不欲屈尊，也无能为力了。昔日秦攻韩，围邢丘，困上党。然而，上党的百姓却甘心依附赵国。可

秦将白起，一生南征北战，为秦统一中国立下汗马功劳，世称“常胜将军”，受封武安君。据《史记》记载，公元前 293 年，白起率秦军在龙门伊阙与魏、韩联军激战，歼敌二十四万。此台乃当年白起击鼓之处，俗称“白起擂鼓台”

见，天下人民不乐于做秦国的子民是由来已久的。如今灭亡赵国，赵北部国土必然归燕国所有，东部国土必然归于齐国，南部国土必然归于韩、魏。如此，秦国所得的土地和人民又有多少呢？由此看来，不如允许韩、赵割地以求和，勿使武安君再建功勋。”

苏代巧舌利口，极言攻韩、赵的弊端，恰恰击中了范雎的难言之隐，于是他进谏昭王：“秦兵劳苦，请许韩、赵割地以和，休养士卒。”秦昭王准请，于当年正月罢兵。至此，白起与范雎结怨。数月之后，范雎复命王陵攻赵都邯郸。王陵因赵国军民顽强抵抗，屡屡受挫，损兵折将。一年后，秦昭王再用白起取代王陵进兵赵国。谁知白起竟不计后果，决不肯行。一则有病在身，二则心怨范雎先前掣肘，三则自思长平战后秦国伤兵们身体还没恢复，故不接受王命，这就埋下了杀身之祸。

其后，秦昭王只好派王龁替代王陵，进攻赵都。这二王决非白起一类出色的将才，仍然迟迟不能攻下邯郸。后遇楚国春申君、魏国信陵君率数十万大军救援

白起画像

邯郸，大败秦军。秦昭王听说秦军大败，损失惨重，心中正自烦恼，白起却凑过来说道："不听臣的计策，看今天落得如此下场！"

昭王一听，自然恼怒，于是再命白起为将，怎奈白起自称有病，就是不肯应命。一气之下，秦昭王革去了白起的军职，将其削为平民，逐出咸阳。

白起来到杜邮（今陕西咸阳东），范雎对秦昭王道："白起被贬，快快不服，口有余言，恐为后患！"于是，秦昭王急差使者追赶白起，赐予一柄利剑，命令他自杀。就这样，这位被司马迁称赞为"料敌合变，出奇无穷，声震天下"，征战沙场达三十七年之久的一代名将，饮血黄沙，成了统治阶级互相倾轧的牺牲品。

功成身退

公元前 257 年，范雎在廷辱须贾、智赚魏齐、妒杀白起后派遣郑安平率兵进攻赵国。魏国信陵君无忌大破秦军于邯郸城下，郑安平率两万士卒投降赵国。

依照秦法"任人而所任不善者，各以其罪罪之"。范雎当株连降敌大罪，受三族连坐之治。秦昭王念他功劳大，法外施恩，不但没有治范雎的罪，反而加赐食物，慰勉范雎。谁知，事隔仅两年，即公元前 255 年，范雎的另一亲信王稽，身为河东太守却与诸侯私通，事败后被赐以弃市重刑。范雎接连涉嫌，秦昭王虽未深究，然而范雎心中很不是滋味，言行举止格外小心谨慎。

一天，秦昭王临朝兴叹："如今武安君白起、郑安平、王稽等或叛或降，外多强敌而内无良将，我担心楚国铁剑锋利，将士勇猛，到时候他们把矛头指向秦国，那可如何是好！"

范雎听出弦外之音，知道自己已经失宠，地位岌岌可危，又惭愧又害怕，不得不考虑退身之计。于是，借病退避，闲居家中，不肯上朝。

就在范雎进退维谷之时，燕人蔡泽来到秦国。此人其貌不扬，而且身无分文，然而才华横溢，尤擅辩才。他曾广游列国，屡以其学干政，可惜久久怀才不遇，此时获悉范雎失意，他连忙赶到相府，如同范雎当年语激秦昭王一样，他扬言：“燕客蔡泽，为天下雄辩之士，如果能一见秦王，必可夺取范雎相位。”

范雎听了，自然很想见识一番这位口出狂言的人，于是马上召见蔡泽，傲然问道：“先生有什么能耐竟能夺我相位？”

彩绘虎座鸟架鼓・战国

蔡泽不慌不忙地答道：“君侯见识何其晚！众所周知，君明臣贤是举国之福，父慈子孝、夫信妻贞是一家的大幸。然而，比干忠正却不能存于殷，申生孝敬却不能完于晋。原因何在？身与名俱全者，最上；名可旌而身死者，居中；身存而名辱者，最下。商鞅、吴起、文种这些人，竭力尽忠，功高盖世，然而却惨遭诛戮，不得身名俱全，实在太可悲。现以您而论，声名功绩不如上述三个人，然而禄位贵盛、私家富厚却有过之而无不及。再看秦王重用您，又不如秦孝公重用商鞅、楚悼王重用吴起、越王勾践重用文种。到了这个时候，还不知道进退之术，我恐怕您的下场还不如商鞅等人。您岂不知：天地万物，四时之序，无功者来，成功者去，这是浅显的道理；日中则移，月满则亏，物盛则衰，这是天地的常数；进退盈缩，与时变化，这是圣人的大道。可惜凡夫俗子，被利益蒙住了心智，以致昏聩不悟。正如鸿鹄、犀、象，所居住的地方本来远离危险的境地，但因为有食物引诱，最后不免于死。书上说：‘成功之下，不可久处。’您辅佐秦王，运筹帷幄，决胜千里，使天下诸侯都害怕秦国。秦国的欲望已经得到了满足，您的功劳最大，可这个时候您却不思退避，必然会引来像商鞅、吴起、文种一样的结局。您何不让出相印给别的贤能者。”

蔡泽画像

古典知识

范雎墓

范雎的墓葬地，史书上没有明确记载。只有在修武县志地名考上，对位于县城西南大约十五公里的刘范村的由来有一段介绍：传说春秋战国时期，秦国有一丞相叫范雎，死后葬于此地，就由此得名范村。后来刘、郜、李三姓迁居此地。郜姓居中间取名郜范村，刘氏居住东北角取名刘范村，李氏居住西南角有取名李范村。因为刘姓最多就统称为刘范村了。由此可见，范雎墓确实是真真实实地存在着，它就座落在河南省修武县刘范村村头。而据史料记载，修武原为魏国属地，后为秦域。

蔡泽论人事、谈安危，言语动人，字字惊心。范雎到底是位智者，心有灵犀，一点即通。立即奏请昭王，盛赞蔡泽的贤能，推荐他接替自己的相位。秦昭王五十二年（公元前 255 年），范雎称病辞去相位，不久死于其封地应城。

范雎不仅是秦国历史上智谋深远的名相，也是我国古代不可多得的政治谋略家。

点评范雎

范雎是战国时期秦国名相，在职十多年，其“远交近攻”的谋略对后世用兵有着深远的影响，“固干削枝”的平内策略，以及长平之战所施反间之计，也非常让人叹服，从而为秦统一天下发挥了巨大作用。然而，就是这样一位对秦国有巨大贡献者，却为了一己私利，在用人问题上一步步走上了腐败的道路，犯下了不可饶恕的罪过，如妒杀白起、辱须贾、杀魏齐、提拔亲信郑安平和王稽等。范雎的腐败，关键在于在人员的使用上不是以国家利益为重，而是以自己为核心。

战国黑陶

吕不韦

——天下第一投机商

姓　　名：	吕不韦
别　　名：	不详
生　　卒：	？～公元前235年
家　　乡：	濮阳（今河南濮阳滑县）
性　　格：	沉稳、老成
爱　　好：	政治、风险投资
所处朝代：	战国
家庭背景：	富裕家庭
顶头上司：	庄襄王、秦王嬴政
荣誉称号：	文信侯、仲父
历史评价：	吕不韦以个人财富影响了政治进程，为日后秦国做出了卓越的功勋。
治国成就：	没有他，就没有庄襄王，也就没有秦始皇。
重要事件：	辅佐秦始皇登上王位
历史遗迹：	吕不韦墓（今河南禹州）
个性签名：	大家猜，嬴政到底是不是我的儿子？

吕不韦（？～公元前235年），姜姓，吕氏，名不韦。战国末年著名商人、政治家、思想家，后为秦国大臣，卫国濮阳（今河南濮阳滑县）人。吕不韦是阳翟（今河南省禹州市）的大商人，故里在城南大吕街，他往来各地，以低价买进，高价卖出，所以积累起千金的家产。他以"奇货可居"闻名于世，曾辅佐秦始皇登上王位，任秦朝相国，并组织门客编写了著名的《吕氏春秋》，其门客有三千人。他也是杂家思想的代表人物。

奇货可居

公元前 3 世纪，吕氏门中出了一个大人物，他就是吕不韦。他往来各地，以低价买进，高价卖出，所以积累起千金的家产。

在吕不韦出生之时，卫国已经日渐衰败。待他长大后，卫国境内更加倾颓。为求发展，他大约在公元前 265 年，便来到向往已久的赵国国都邯郸。邯郸城的繁华，让吕不韦眼花缭乱。他一边花天酒地，流连于歌楼舞榭之间，另一边也没有忘记他是为获取财富而来的。与别的商人不同的是，他并不满足于小财富的累积，而是要寻找一次能够一本万利的商机。很快，他等到了这种商机。

秦昭王四十年（公元前 267 年），秦太子悼在魏国死去，运回秦国，葬在芷阳（今陕西长安县东）。两年后，秦昭王把他的第二个儿子安国君立为太子，而安国君有二十多个儿子。安国君有个非常宠爱的妃子，立她为正夫人，称之为“华阳夫人”。可华阳夫人没有生出一个儿子来，安国君有个儿子名叫子楚（又叫异人），子楚的母亲是夏姬，但不受宠爱。子楚便作为秦国的人质被派到赵国。秦国多次攻打赵国，赵国对子楚当然不会以礼相待。他乘的车马和日常的财用都不富足，生活困窘，很不得意。

吕不韦虽为商人，却梦想着在政坛有所作为。

初到邯郸，吕不韦就听说了子楚的事，经过多方探听，他把子楚的身世、家庭关系、目前处境以及其他方面都了解得一清二楚。后来，当吕不韦见到这位落魄的王孙时，凭他多年经商的经验，一眼就看出：多方寻觅的商机就近在眼前！不禁脱口而出："此奇货可居。"吕不韦赶忙回家告诉父亲，自己找到了可赢利的奇货，这也正是成语奇货可居的由来。

公元前262年，吕不韦又一次来到邯郸，他前去拜访子楚，对他游说道："我能光大你的门庭。"

子楚笑着说："你姑且先光大自己的门庭，然后再来光大我的门庭吧！"

吕不韦说："你不懂啊，我的门庭要等待你的门庭光大了才能光大。"

子楚心知吕不韦所说的意思，就拉他坐在一起深谈。

吕不韦说："秦王已经老了，安国君被立为太子。我私下听说安国君非常宠爱华阳夫人，华阳夫人没有儿子，能够选立太子的只有华阳夫人一人。现在你的兄弟有二十多人，你又排行中间，不受秦王宠爱，长期被留在诸侯国当人质，即使是秦王死去，安国君继位为王，你也不要指望同你的兄弟们争太子之位啦。"

子楚说："是这样，可该怎么办呢？"

吕不韦说："你太穷了，又客居在此，也拿不出什么来献给亲长，结交宾客。我吕不韦虽然不富有，但愿意拿出千金来为你去秦国游说，侍奉安国君和华阳夫人，让他们立你为太子。"

一直被冷落的子楚突然听到这么温暖的话语，顿时感激涕零，叩头拜谢道："如果实现了您的计划，我愿意分秦国的土地和您共享。"

战国时期，邯郸是赵国都城

吕不韦拿出五百金送给子楚，作为日常生活和结交宾客之用；又拿出五百金买珍奇玩物，自己带着去秦国游说，先拜见华阳夫人的弟弟阳泉君，把带来的东西

统统献给华阳夫人。顺便谈及子楚聪明贤能，所结交的诸侯宾客，遍及天下，常常说：“我子楚把夫人看成天一般，日夜哭泣思念太子和夫人”。夫人听了非常高兴。吕不韦乘机又让华阳夫人的姐姐劝说华阳夫人道：“我听说用美色来侍奉别人的，一旦人老色衰，宠爱也就随之减少。现在夫人您侍奉太子，虽然备受宠爱，可您毕竟没有儿子，不如这时早一点在太子的儿子中结交一个有才能而孝顺的人，立他为继承人，且像亲生儿子一样对待他，那么，丈夫在世时受到尊重，丈夫死后，自己立的儿子继位为王，最终也不会失势，这就是人们所说的一句话‘能得到万世的好处’啊！不在容貌美丽之时树立根本，假使等到容貌衰竭失宠后想和太子说上一句话，还有可能吗？现在子楚贤能，而他自己也知道排行居中，按次序是不能被立为继承人的，而他的生母又不受宠爱，自己就会主动依附于夫人，夫人若真能在此时提拔他为继承人，那么夫人您一生在秦国都要受到尊崇了。”

华阳夫人听了觉得有道理，就趁太子方便的时候，委婉地谈到在赵国做人质的子楚非常有才能，来往的人都称赞他，然后哭着说：“我有幸能填充后宫，但非常遗憾的是没有儿子，我希望能立子楚为继承人，以便我日后有个依靠。”安国君答应了，决定立子楚为继承人。安国君和华阳夫人送了好多礼物给子楚，还请吕不韦当他的老师，从此子楚的名声在诸侯中越来越大。

既然地位变了，子楚当然不能再当人质了。吕不韦施展他游说的本领，使赵国同意送子楚回国。正当子楚和吕不韦欢天喜地打点行装准备回国之际，不料秦赵间长平之战发生了。赵王改变主意，禁止子楚回国。

秦庄襄王子楚墓

献邯郸姬

当子楚再次被困赵国时，正逢长平之战，吕不韦也找不到逃难的机会。在此期间，吕不韦又成功地做成了一笔交易。

在邯郸，吕不韦早就选中了一个姿容艳丽又善歌舞的年轻女子与其同住。一天，当这位邯郸姬告诉吕不韦她怀孕的消息时，他计上心来，当晚就请子楚到自己住宅饮酒。

贪杯好色的子楚得知，欣然赴约，席间见到风流、艳丽动人的邯郸姬陪酒，立即就被迷住了，当即向吕不韦提出将美人赠给他的要求。当时假装盛怒的吕不韦日后主动将美姬送给子楚，使子楚感激涕零，把肚怀吕不韦孩子的邯郸姬接回住所，过起了恩爱的夫妻生活。公元前 259 年正月，邯郸姬生下一个儿子，取名为政，起先叫赵政，后改为嬴政，即后来的秦始皇。这是吕不韦的又一笔投资，它的效益要在子楚下一代国君身上收回。

嬴政的诞生给历史留下了千古之谜。一些记载说，秦始皇的生母嫁给子楚之前，就已经怀孕，这是精心设计的。另有记载说子楚之妻大期而生子，大期超过十二个月，所以不可能是吕不韦的儿子，说秦始皇是吕不韦的私生子，乃是当时和后来恨秦始皇的人攻击、污辱之词，不足为据。

嬴政之母赵姬画像

可是仔细考查吕不韦和秦始皇的一生，以及后世的有关资料，可以肯定后一种说法是缺乏根据的。第一，证明嬴政和吕不韦关系非同一般的记载不仅是一、两处。第二，即使邯郸姬大期而生嬴政，也不能排除他们有血缘关系的可能。因为吕不韦与邯郸姬的私通，并未因她与子楚结婚而中断，这种关系一直延续到嬴政继承王位之后。

子楚在邯郸娶姬生子，乐不思蜀。谁料风云变幻，这期间战争又发生了变化，给已经淡却回国之心的子楚归秦创造了条件。

秦王嬴政画像

当时秦军正乘胜进攻邯郸，白起率领得胜之师攻击，赵国的覆灭已指日可待。然而当白起攻克上党后，等待秦王发出进攻命令时，秦国内部矛盾产生了。白起迟迟未接到发兵的命令，因而失去占领邯郸的机会，但被困在城中的子楚却因此避免了一场厄运。在吕不韦和他用钱财结交的宾客的帮助下，子楚成功地逃出了赵国。而邯郸姬和幼小的儿子却留在了邯郸。因为邯郸姬本就出自贵族门第，所以在豪门势力保护下，母子俩幸免于难，没被赵王捉住。

相国擅权

公元前251年，长寿的秦昭王终于去世了，苦等王位的安国君继位成了孝文王。昭王去世，吕不韦极为高兴，因为他所追求的目标又进了一步。另一个欢欣鼓舞的人是子楚，他因父亲孝文王继位而成为太子，离登王位只有一步之遥。

由于孝文王在宫中长期沉醉于声色，导致身体虚空，无力应付繁杂的政务。才坐了王位三天便猝然离去，成为中国历史上执政时间最短的君主之一。

随后子楚继位，史称庄襄王，吕不韦随即登上秦国的政治舞台，开始展示他的个人才华。

庄襄王即位后的第一件事就是报恩——任吕不韦为相，封为文信侯，以蓝田

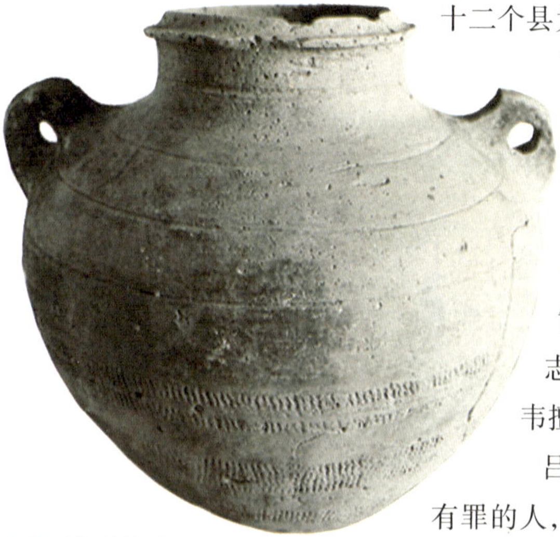

战国时期的陶罐

十二个县为食邑。诏令一出，满朝文武惊呆了，因为当朝百官无一人能如此集官、爵、食邑最高等级于一身。

吕不韦本人心里十分清楚，这不过是十几年前在邯郸投资的收益而已。秦国大政实际是完全控制在吕不韦手上，国王只是丞相意志的传声筒。秦国由此开始了吕不韦擅权的时代。

吕不韦当政后的第一件事就是大赦有罪的人，奖赏先王功臣以及对百姓施行一些小恩小惠，这使得吕不韦在秦国臣民中影响深远。

就在此时，又传来一个喜讯，与庄襄王分别六年、留居邯郸的妻子和儿子从赵国回到了咸阳，这也是吕不韦精心安排的。

回到秦国的邯郸姬美艳不减。庄襄王见美姬回到身边，自然是怜爱有加，从此沉溺于锦被绣帐之中，无心过问政事。吕不韦独断秦国朝政更是畅行无阻。工于算计的商贾从政，处处都显露出他善于把握时机、取得最大效益的才能。消灭东周就是他掌权后做的第一件大事。

公元前249年，苟延残喘的东周竟在巩地联合各诸侯国图谋进攻秦国。本来消灭周天子在道义上会受到谴责，此时恰好时机到了，东周君竟图谋攻秦，正给

东周文物——和田黄玉凤

了吕不韦建立功业的机会。吕不韦轻而易举就征服了东周，将其领土并入秦的版图，彻底为秦消灭了统一中国进程中最后的障碍。而吕不韦灭东周，却迁东周君往阳人，不绝其祀，又为自己树起了崇奉礼义、“兴灭”“继绝”的善举，从而赢得士人的好感，也减少了一些姜、姬姓诸侯国的仇恨和反对情绪，为大批士人投奔秦国和顺利完成统一创造了条件。

吕不韦掌权的头一年，秦国在军事上和政治上都显得生气勃勃，秦国的国界已逼近魏国的国都大梁，魏国陷于一片混乱之中。后魏国请回留居赵国的信陵君，信陵君凭着自己的声望，组成五国联合军事行动，共同抗秦，把秦军打得大败，给春风得意的吕不韦当头一棒。这是吕不韦当政后军事上的第一次也是唯一的一次失败，从此他用兵更加谨慎。

通过这次失败的教训，吕不韦知道，不除掉信陵君，秦国的军事征服就会遇到更多的困难。吕不韦经过多日谋划，精心安排，到处散布谣言，采用离间计使魏安鳌王解除信陵君的军权，致使信陵君含冤四年后去逝。

仲父专权

公元前 247 年五月，秦国宫中传出惊人消息——庄襄王去世！被吕不韦视为奇货的庄襄王，为了爬上国王宝座，不惜卖身投靠，把自己当作商品交给吕不韦去投机。他不惜弃生母夏太后于冷宫而去取悦华阳夫人。可是，花了这么大的代价，刚坐上秦王宝座三年就命归黄泉，死时年仅三十五岁。

对于庄襄王的死，议论纷纷，有人说得病，有人说是吕不韦所害。无论死因

战国时期青铜剑

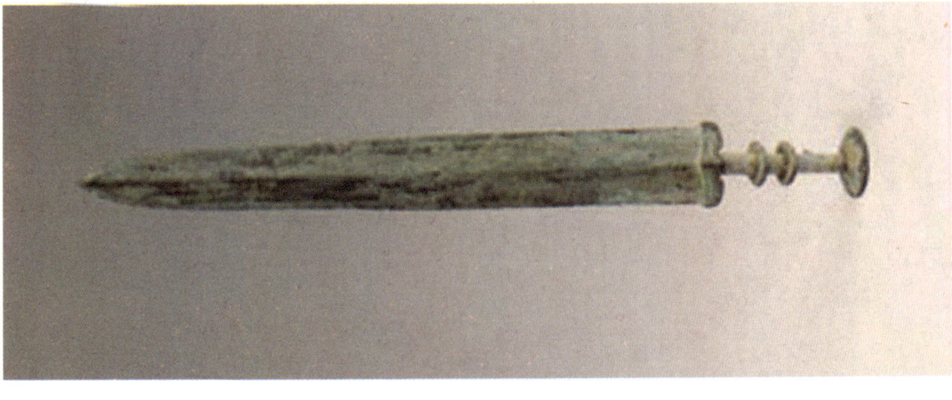

如何，事实上他一死，吕不韦在秦国的地位就又发生了变化。

秦王政顺利登基，那时他还是个十三岁的孩子。在威严的典礼过程中，丞相吕不韦始终伴其左右，指示他应该如何去做。嬴政继位后，吕不韦除了丞相、文信侯外，又加封了一个特殊封号——仲父。

十三岁的孩子当然想不出如此封号，这完全是吕不韦自己的主意。从此，吕不韦就坐到章台宫大殿秦王御座的右侧，开始处理朝政了。从秦王政即位的公元前 246 年到公元前 237 年，都是吕不韦在秦国直接掌权的时代。

秦王政即位之初，当务之急仍然是取得对东方各国的胜利。兼并战争的主要对象仍是韩、魏等国，而与楚国一直没有发生过大的战争。

公元前 241 年，楚、赵、魏、燕、韩五国又一次联合，推楚王为纵长，联合攻秦，可这一次遭到秦军反击，而且吕不韦对各诸侯国采用打击和分化两手策略，使五国联军立即崩溃。同时也勾起了秦对楚的仇恨，楚考烈王为此将一腔怨恨转到春申君黄歇身上。春申君为了讨好楚王，就多方搜求美人送给楚王。虽然送入宫中无数美女，但却没有后宫产子的喜讯传出，急得他一筹莫展。

直到有一天，宾客李园求见，将妹妹献给春申君，不久李园妹怀有身孕，一天乘兴她向春申君提出保证能长久宠于国君的计谋，要春申君将怀孕的自己送给楚王。一年后，李园妹果然为楚王生下一男，突然得子的楚王立即封她为后，立了太子。从此李园在楚王面前的宠幸立刻超过了春申君。李园利用春申君而在楚国得势，唯一的心病就是春申君知道自己的底细，所以他时刻准备暗杀春申君灭口。楚考烈王死后，李园成功地除掉了春申君，直接控制了楚国政权。李园的阴谋与吕不韦的投机不谋而合，而李园本来就是来自吕不韦投机成功的赵国邯郸，至于李园是否为吕不韦派到楚国的奸细，也成为一个难解之谜。

楚国青铜炊器，又名楚大鼎或大铸客鼎

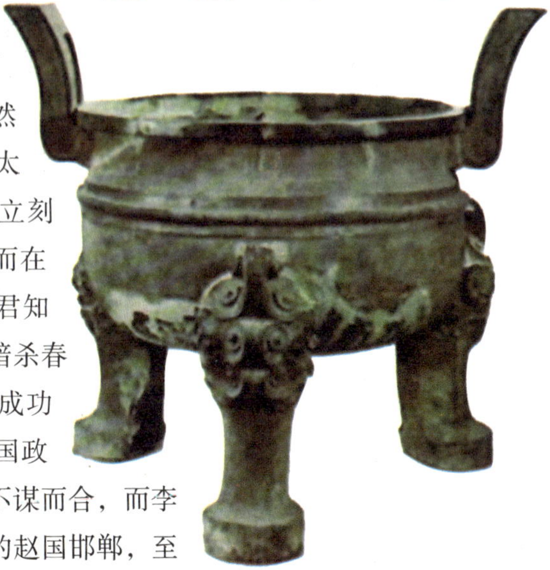

广纳贤才

吕不韦执掌朝政时，秦国的经济、文化长足发展，为他施展政治才能提供了客观条件。国内能够取得稳定发展，国外夺得不断胜利的另外一个主要原因是吕不韦重视人才。吕不韦与其他嫉贤妒能的政客不同，他很重视选贤任能。老将中突出的是蒙骜，这位老将在吕不韦执政十余年中，不居功，不傲上，为秦国立下赫赫战功，虽已年迈，但威风不减当年。因此，吕不韦对他甚为器重。

吕不韦在入秦之前，各国诸侯都大力招揽人才，供养食客，其中最著名的要数“四公子”，即齐国的孟尝君、赵国的平原君、魏国的信陵君、楚国的春申君。而吕不韦是秦国历史上第一个认识到士的重要作用，从而大规模招揽宾客，打开国门大批养士的政治家。吕不韦任相国之初，就在相府内建造了数以千计的高堂

吕不韦戈

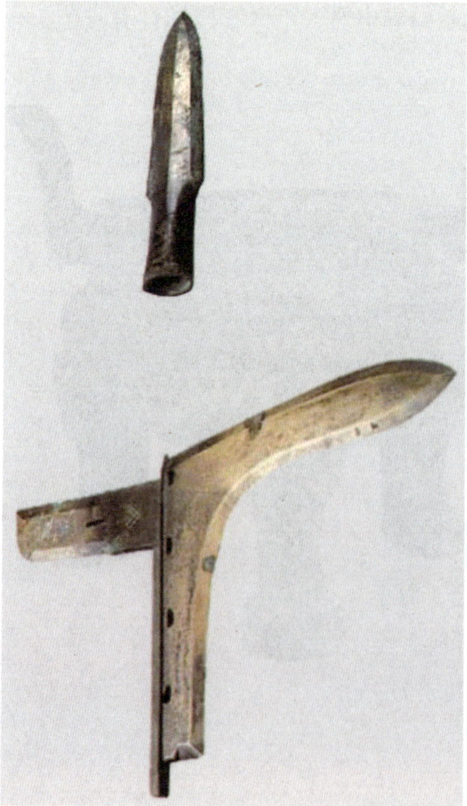

战国时期青铜器吕不韦戈

广舍，聘有众多名厨，在首都和城墙上挂起告示，欢迎各方士人来相府做客。因为吕不韦本人并非秦人，却官至秦相，对希求功名的人士，极具诱惑力。其次，吕不韦权势大，养士之举不会遭人反对和嫉恨。另外，秦国在军事上节节胜利，统一六国是早晚的事情。因此吕不韦招贤纳士的告示一发出，有识之士纷纷投奔，其中有著名的李斯。

一字千金

当时，魏国有信陵君、楚国有春申君、赵国有平原君、齐国有孟尝君，他们都礼贤下士，结交宾客，并发誓要在这方面争个高低上下。吕不韦认为秦国如此强大，把不如他们当成一件令人羞愧的事。吕不韦门下食客三千人，完全可以利用起来。那时，各诸侯国有许多才辩之士，像荀卿那班人，著书立说，流行天下。吕不韦就命他的食客各自将所见所闻记下，综合在一起著为八览、六论、十二纪，共二十多万言。自己认为其中包括了天地万物古往今来的事理，所以号称《吕氏春秋》。

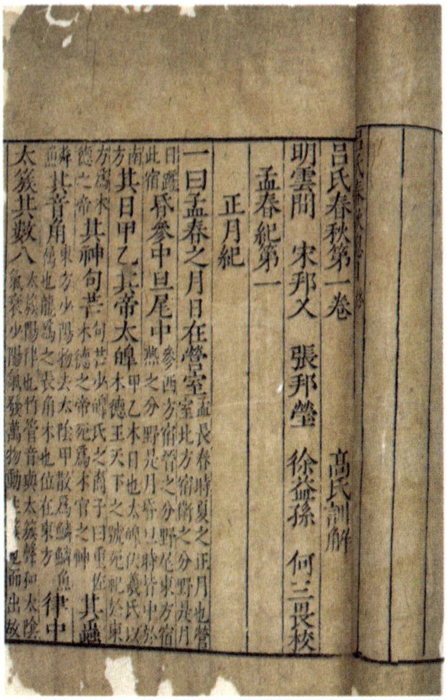
呂氏春秋第一卷　高氏訓解
明雲間　宋邦乂　張邦瑩　徐益孫　何三畏校
孟春紀第一
正月紀
一曰孟春之月日在營室　昏參中旦尾中　其日甲乙　其帝太皞　其神句芒　其蟲鱗　其音角　律中太蔟　其數八

吕氏春秋二十六卷，战国·吕不韦撰，明万历间何三畏等校刻本，竹纸，线装附红木夹板，八册，此本校勘精善，为明刻吕氏春秋之较善者。首王世贞序后有“云间莫是龙书”一行。惜略有破损，已修补

为了提高作品质量，防止抄袭现象发生，吕不韦又想出一招。公元前 239 年的一天清早，咸阳城异常热闹，人们纷纷赶往市区。原来咸阳市门上挂着《吕氏春秋》的书稿，旁边有一大堆钱，告示宣布：如有人能对《吕氏春秋》改动一字者，将千金拿走。可是随着时间一天天过去，好奇的观众越来越少，站在市门前阅读《吕氏春秋》的人也逐渐散去，终无一人将千金取走。其实，并非书中不可改动一字，而是人们不敢改动，害怕招来杀身之祸，告示只不过是吕不韦吹嘘的手段罢了。

不过，成语“一字千金”由此而来。

饮鸩自杀

赵太后彩图

公元前239年，秦王政二十一岁了，他已经成年，只要举行过加冠礼，他就可以亲政了。而在亲政之前，朝廷的一切大权都掌握在吕不韦手中，嬴政只是一个傀儡君主。每逢上朝处理政事，只能听丞相吕不韦安排。

起初，秦王年纪还小，太后常常和吕不韦私通。可日子一天天过，小嬴政一天天长大，吕不韦唯恐事情败露，灾祸降临在自己头上，就暗地寻求嫪毐作为门客。不时让演员歌舞取乐，并想法让太后知道此事，以此事引诱她。太后听说之后，真的想在暗中占有他。吕不韦就进献嫪毐，一方面假装让人告发他犯下了该受宫刑的罪，另一面暗中对太后说：“你可以让嫪毐假装受了宫刑，就可以得到他。”

嫪毐和太后淫乱私通，并生下孩子

太后采纳吕不韦的建议偷偷地送给主持宫刑的官吏许多东西，假装处罚嫪毐，拔掉了他的胡须假充宦官，从而将他放在自己身边。后来太后怀孕在身，恐怕别人知道，假称算卦不吉，需要换一个环境来躲避一下，就迁移到雍地的宫殿中居住。嫪毐一直跟着太后，得到的赏赐非常丰厚，而太后凡事也都听信嫪毐之言。

天下没有不透风的墙，秦王九年（公元前238年），有人告发嫪毐实际并不是宦官，常常和太后淫乱私通，并生下

金鸡古镇，在云南保山市东北约十公里。相传为秦相吕不韦后裔永昌郡守吕凯的故里

两个儿子，并隐藏起来，还和太后密谋说“若是秦王死去，就立这儿子继位。”于是秦王命手下严查此事，弄清了事实真像，还查到此事与相国吕不韦有关。同年九月，嫪毐家三族人全部被杀死，太后所生的两个儿子也难逃厄运，此后，赵太后迁往雍地居住。

吕不韦墓碑

公元前237年，秦王免去了吕不韦的相邦职务。等到齐人茅焦劝说秦王，秦王这才到雍地迎接太后，使她又回归咸阳，但把吕不韦遣出京城，赶往河南的封地。

又过了一年多，各诸侯国的宾客使者络绎不绝，前来问候吕不韦。秦王恐怕他发动叛乱，就写信给吕不韦说：“你对秦国有何功劳？秦国封你在河南，食邑十万户。你对秦王有什么血缘关系而号称仲父？你与家属都一概迁到蜀地去居住！”

吕不韦一想到自己已经逐渐被逼迫，害怕日后被杀，就自行解决喝下鸩酒自杀而死。

吕不韦墓

吕不韦的墓现在有两处。第一处，根据《魏书·地形志》记载："阳翟（今天河南禹州）有吕不韦墓。"

另一处吕不韦墓据说在洛阳市东面约二十公里的偃师市南蔡庄大冢头村东。河南偃师市首阳山镇有一大冢头村，因秦相国吕不韦的墓冢在村边而得名。冢顶过去有房屋数十间，驻扎过镇公所、区干队，可知封土之高大。如今墓冢圈进偃师第一高中院内，虽已残损，仍存其岿然气势。1994 年 12 月，首阳山镇为其立纪念碑一座，碑记为国家著名学者原西北大学校长张岂之撰写，成为一处名人故迹。

《史记·集解》皇览曰："吕不韦冢在河南洛阳北邙道西大冢是也。民传言吕母冢。不韦妻先葬，故其冢名吕母也。"吕不韦埋葬妻子是很隆重的，自己服毒身死，宾客虽多，但葬埋北邙山则是匆匆忙忙的。即使如此草率，还受到秦王政的追究。民间流传今大冢头村的"吕候冢"，是吕不韦与妻子的合葬墓。总的说来，洛阳成周城一带是吕不韦的最后归宿地，明清《偃师县志》各种版本，都称今首阳山镇大冢头村的大冢是吕不韦墓，至今墓冢岿然，使人往往联想到两千年前那一幕幕复杂的政治争斗。

吕不韦墓墓里设计得也极其精巧。南蛮子盗宝时，曾掘开过洞口，但一打开墓道石门，麦秆似的毒箭密密麻麻飞出，伤人不少，盗墓人只好失望而去。

长者回忆新中国成立前冢直径尚有百米左右，冢上有大殿、厢房，做过镇公所、学校等，村民避兵盗时常躲在上面，新中国成立后因殿房过旧欲塌拆毁，冢也被逐渐蚕食。

点评吕不韦

对于吕不韦这个历史人物的评价，社会上持否定意见的不少，给予肯定意见的不多。大多人认为其不过是一个投机的商人，靠投机赢得政治上的新生命，从而飞黄腾达。更有甚者认为，其不过是一个利用女人谋取政治地位的人。

其实，从其人、其事、其学、其书来看，吕不韦还是一个值得肯定的人物。郭沫若先生认为："吕不韦在中国历史上应该是一位有数的大政治家（见郭沫若《十批判书》中的'吕不韦与秦王政的批判'）"。看来，郭老虽然也写了吕不韦的批判，但总体上还是颇为认同吕不韦这个人的，毕竟政治家这个头衔可不是谁都能戴的。

人民大学历史系教授孙大洲认为："其人其事可议，其功不可没，其学其书不可废。"当是中肯之言。

吕不韦画像

秦朝

秦朝

Qin Chao<<

秦王扫六合，虎视何雄哉！公元前221年，秦始皇完成古中国的统一大业并建立了中国历史上第一个多民族的统一的中央集权的国家。秦朝的统一，结束了春秋战国以来长达数百年之久的诸侯割据混战的局面，具有划时代的伟大历史意义。

秦国统一以后，秦始皇一方面创设了影响深远的皇帝制度，在中央设立三公九卿制，在地方推广郡县制；另一方面，又采取了一系列巩固统一的措施，如：统一文字、度量衡及货币，销毁兵器，决通川防，广修驰道以及“焚书坑儒”等等。或许，这一切功过得失，人们都会归结为秦始皇的所作所为，但历史不会忘记，这一切与另一位饱受争议的人物——李斯息息相关。作为秦朝开国丞相，他善于出谋划策，使国家出现了前所未有的大一统，也因为他的自私心态，使人民再一次陷入水深火热之中。

秦始皇死后，宦官赵高勾结丞相李斯，扶直昏庸的秦二世胡亥上位，这对已是千疮百孔的国家无疑是雪上加霜。赵高的贪得无厌，让整个大秦帝国摇摇欲坠。而李斯也因为一己之私将自己送上了不归路。继李斯之后，赵高荣升丞相，奸佞小人变成了祸国殃民的心腹大患，人人得而诛之！以陈胜、吴广为先导的农民起义军风起云涌，起义的火种遍布中原大地，刘邦、项羽等一代英雄豪杰也相继揭竿而起。摧枯拉朽的秦王朝因为秦二世的骄奢淫逸，因为赵高的奸佞误国，最终走向了覆灭。

李斯

——老鼠哲学的奉行者

李斯，姓李，名斯，字通古。战国末年楚国上蔡（今河南上蔡西南）人。早年为郡小吏，后从荀子学帝王之术，学成入秦。初被吕不韦任以为郎，后劝说秦王政灭诸侯、成帝业，被任为长史。秦王采纳其计谋，遣谋士持金玉游说关东六国，离间各国君臣，又任其为客卿。秦王政十年（公元前237年）下令驱逐六国客卿。李斯上《谏逐客书》阻止，为秦王嬴政所采纳，不久官为廷尉。秦统一天下后，被任为丞相。秦始皇死后，他与赵高合谋，伪造遗诏，迫令始皇长子扶苏自杀，立少子胡亥为二世皇帝。后为赵高所忌，于秦二世二年（公元前208年）被腰斩于咸阳闹市，并夷四族。

姓　　名：	李斯
别　　名：	通古
生　　卒：	公元前280～公元前208年
家　　乡：	上蔡（今河南上蔡西南）
性　　格：	自强执着，但也有些卑劣
爱　　好：	政治、文学、书法
所处时代：	战国末期、秦朝初期
家庭背景：	不详
顶头上司：	秦始皇、秦二世
荣誉称号：	不详
历史评价：	开阡陌，置郡县，此等皆是应运豪杰、因时大臣。
治国成就：	秦始皇统一六国的主要助手
重要事件：	主张焚书坑儒
历史遗迹：	李斯故居、李斯楼、李斯坑、跑马岗、饮马涧
个性签名：	老鼠爬得越高，摔得也越重啊！

老鼠哲学

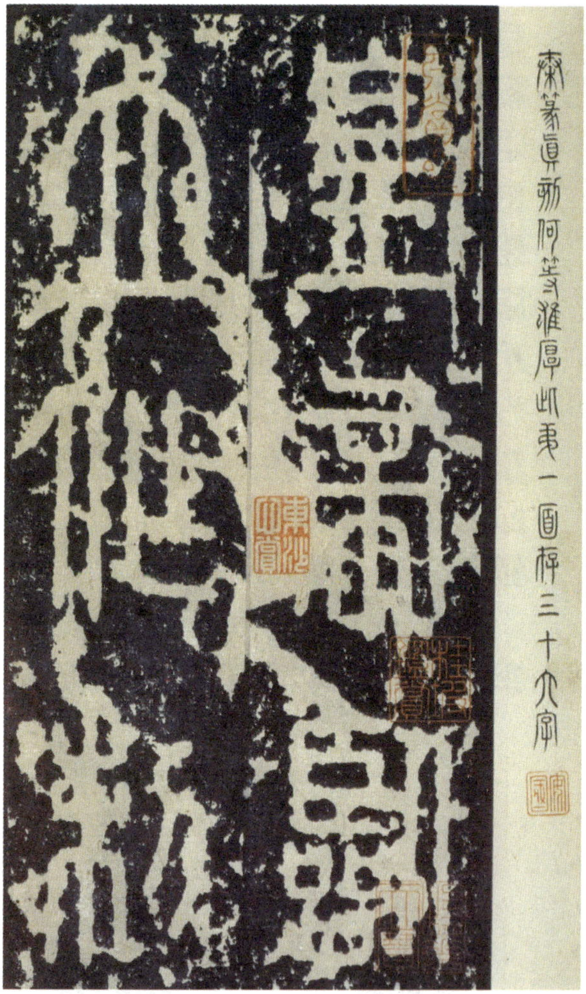

秦泰山刻石立于始皇二十八年（公元前219年），此刻石原分为两部分：前半部系公元前219年秦始皇东巡泰山时所刻，后半部为秦二世胡亥即位第一年（公元前209年）刻制，两刻辞均为李斯所书

李斯生于战国末年，是楚国上蔡（今河南上蔡县西南）人，年轻时做过掌管文书的小吏。司马迁在《史记·李斯列传》中记载了这样一件事：有一次，李斯在厕所见老鼠在吃人粪，老鼠一见到人和狗就被吓跑了；后来，他在仓库里看到老鼠很自在的在偷吃粮食，也没有人去管。于是，他发出了这样的感慨："人之贤不肖，譬如鼠矣，在所自处耳！"同样是老鼠，在不同的环境下，待遇却如此截然不同。这就是说，一个人要想在社会上出人头地，就应该像在粮库里偷吃粮食的老鼠，才能为所欲为，尽情享受。可以看出，在战国时期人人都想争名逐利的情况下，李斯也是不甘寂寞，想干出一番事业来。为了达到飞黄腾达的目的，李斯辞去小吏，到齐国求学，拜荀卿为师。荀卿是当时著名的儒学大师，他是打着孔子的旗号讲学的。但是，他不像孟子那样墨守成规，而是从当时的政治形势出发，对孔子的儒学进行了发挥和改造，因而很适合新兴地主阶级的需要。荀子的思想很接近法家的主张，也是研究如何治

理国家的学问，即所谓的“帝王之术”。李斯学完之后，反复思考应该到哪个地方才能显露才干，得到荣华富贵呢？经过对各国情况的分析和比较，他认为楚王无所作为，其他各国也在走下坡路，决定到秦国去。

秦朝服饰

临行之前，荀卿问李斯为什么要到秦国去，李斯回答说：“干事业都有一个时机问题，现在各国都在争雄，这正是立功成名的好机会。秦国雄心勃勃，想一统天下，到那里可以大干一场。人生在世，卑贱是最大的耻辱，穷困是莫大的悲哀。一个人总处于卑贱穷困的地位，那是会令人讥笑的。不爱名利，无所作为，并不是读书人的想法。所以，我要到秦国去。”

就此，李斯告别了老师，到秦国去实现自己的理想了。

谏逐客书

毕竟是人才，李斯来到秦国以后，很快就得到秦相吕不韦的器重，当上了秦国的小官，有了接近秦王的机会。

一次，他在面见秦王时说：“凡是干大事的人，都必须要抓住时机。秦穆公时秦国虽然很强，但未能完成统一大业，原因是时机还不成熟。自秦孝公以来，周天子的力量衰落下来，各诸侯国之间连年战争，秦国这才乘机强大起来。现在秦国力量强大，大王贤德，消灭六国如同扫除灶上的灰尘那样容易，现在是完成帝业、统一天下的最好时机，千万不能错过！”李斯的见解是正确的，自然得到了秦王的赏识，因而被提拔为长吏（职位较高的官吏）。李斯劝秦王派人持金玉去各国收买、贿赂大臣，离间六国的君臣，果然也收到了效果，他又晋升为客卿。

正当秦王下决心统一六国的时候，韩国怕被秦国灭掉，派水工郑国到秦鼓动修建水渠，目的是想削弱秦国的人力和物力，牵制秦的东进。后来，郑国修渠的

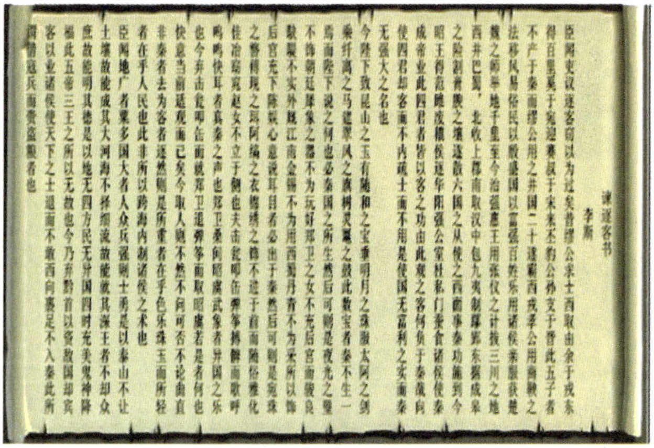

谏逐客书手迹

目的暴露了。这时，东方各国也纷纷派间谍来到秦国做宾客，群臣对外来的客卿议论很大，对秦王说：“各国来秦国的人，大多是为了他们自己国家的利益来秦国做破坏工作的，请大王下令驱逐一切来客。”秦王因此下达逐客令，李斯也在被逐之列。

李斯便给秦王写了一封信，劝秦王不要逐客，这就是有名的《谏逐客书》。

他说：“我听说群臣议论逐客，这是错误的。从前秦穆公求贤人，从西方的戎请来由余，从东方的楚国请来百里奚，从宋国迎来蹇叔，任用从晋国来的丕豹、公孙支。秦穆公任用了这五个人，兼并了二十国，称霸西戎。秦孝公重用商鞅，实行新法，移风易俗，国家富强，打败楚、魏，扩地千里，秦国强大起来。

秦惠王用张仪的计谋，拆散了六国的合纵抗秦，迫使各国服从秦国。秦昭王得到范雎，削弱贵戚力量，加强了王权，蚕食诸侯，秦成帝业。这四代王都是由于任用客卿，才对秦国做出了贡献。客卿有什么对不起秦国的呢？如果这四位君王也下令逐客，只会使国家没有富利之实，秦国也没有强大之名。”

秦始皇石刻

李斯还说：“秦王的珍珠、宝玉都不产于秦国，美女、好马、财宝也都是来自东方各国。如果只是秦国有的东西才要的话，那么许多好东西也就没有了。”

李斯还在信中反问：“为什么这些东西可用而客就要逐，看起来大王只是看重了一些东西，而对人才却不能重用，其结果是加强了各国的力量，却不利于秦国的统一大业。”

李斯的这封上书，不仅情词恳切，而且确实反映了秦国历史和现状的实际情况，代表了当时有识之士的见解。因此，这篇《谏逐客书》成为历史名作。

妒杀韩非

秦王也是个明辨是非之人，果断地采纳了李斯的建议，立即取消了逐客令，李斯仍然受到重用，被封为廷尉。廷尉在秦朝掌刑狱，是主管司法的最高官吏。这时，即将被杀的郑国也向秦王进言：韩国让秦国大兴水利建设工程，当初的目的是消耗秦国实力，但水渠修成之后，对秦国也是有利的。尽管兴修水利，减轻了秦国对东方各国的压力，让韩国多存在了几年，但将渠修好却“为秦建万代之功”。秦王觉得郑国的话有道理，决定不杀郑国，让他继续领导修完水渠，这就是后来闻名于史的郑国渠，它对发展繁荣秦国的经济，起到了一定的作用。

经过这一次反复，秦国仍旧坚持招揽和重用外来客卿的传统，这些外来的客卿在秦国统一中国的过程中发挥了重要作用。

战国戈

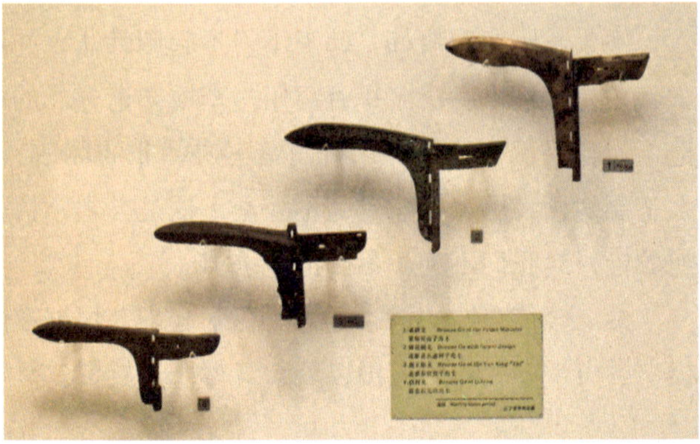

在取消逐客令不久，魏国大梁人尉缭也来到了秦国。当时的形势是，秦王已经除掉内部的反对派吕不韦等人，大权进一步集中，积极向外扩张，东方各国都个个自危。尉缭向秦王建议说：“当前，以秦国的力量消灭东方各国是毫无问题的。但是，如果各个诸侯国联合起来，合纵抗秦，结果就很难说了。因此，不要吝惜财物，要向各国掌权的“豪臣”行贿，破坏他们的联合，只需三十万金，就可以达到兼并各个诸侯国的目的。秦王采纳了尉缭的计谋，在同各国进行斗争的过程中，多次是用此策取胜的。当然，秦国的反间计是以武力为后盾的，正如李斯所讲：“不肯者，利剑刺之”。

秦国坚持接纳、使用客卿的政策，对其经济、政治、军事、文化的迅速发展，都做出了积极的贡献。如秦始皇时代的客卿就有：王崎、茅焦、尉缭、王翦、李斯、王贲、李信、王离、蒙恬等。李斯的《谏逐客书》，对秦网罗天下人才是有功绩的。

韩非子像

正当李斯步步高升的时候，却让秦王遇到了韩非，秦王十分欣赏韩非的才华。韩非和李斯是同学，他继承了荀子的学说，并在此基础上，把慎到的“势”，商鞅的“法”，申不害的“术”结合起来，并加以丰富和发展，形成了一套完整的君主专制理论。韩非是战国末期的一位大思想家，学问比李斯大得多。韩非因口吃，不善辩说，但善于著述。韩非回到韩国以后，看到韩国太弱，多次上书献策，但都未能被采纳。于是，韩非发愤著书，先后写出《孤愤》《五蠹》《说难》等书。他的书传到秦国，由于书中讲的都是“尊主安国”的理论，得到了秦王的重视，并说：“我要是能见到此人，和他交往，死而无憾了。”

不久，因秦国攻韩，韩王不得不起用韩非，并派他出使秦国。秦王虽然很喜欢韩非，但还没有决定是否留用。李斯知道韩非的本事比自己大，害怕秦王重用他，对自己的前途不利，就向秦王讲韩非的坏话。他说：“韩非是韩王的同族，大王要消灭各国，韩非爱韩不爱秦，这是人之常情。如果大王决定不用韩非，把他放走，对我们不利，不如把他杀掉。”

秦王轻信李斯的话，把韩非抓了起来。根据秦国法令的规定，狱中的囚犯无权上书申辩。韩非到秦国以后，又得罪过姚贾。姚贾为秦国立过功，深得秦王的

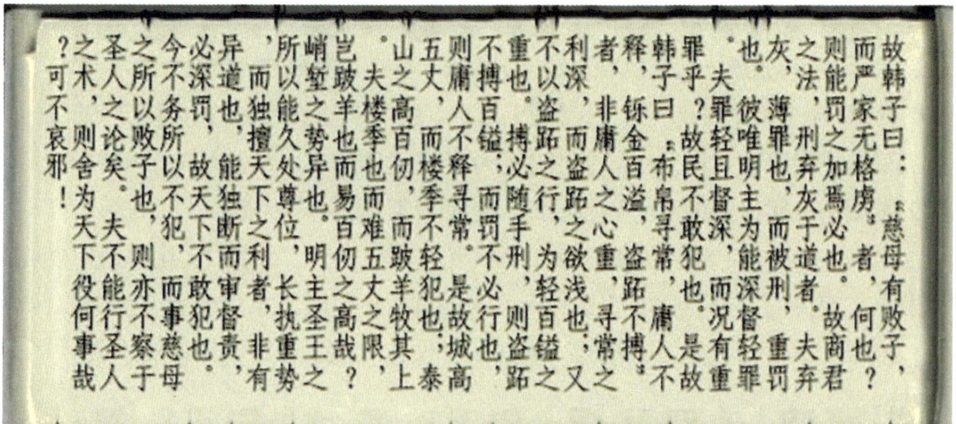

?之圣之今必异 ’所峭岂 ˚山五则不重不利者释韩罪 ˚也灰之则而故
可术人所不深道而以蛰跛夫之丈庸搏也以深 ’ ’子乎夫 ˚ ’法能严韩
不 ’之以务罚也独能之羊楼高 ’人百 ˚盗 ’非铄曰 ?罪彼薄 ’罚家子
哀则论败所 ’ ’擅久势也季百而不镒搏跖而庸金 ：故轻唯罪刑之无曰
邪舍矣子以故能天处异而也仞楼释 ；必之盗人百布民且明也弃加格 ：
!为 ˚也不天独下尊也易而 ’季寻而随行跖之溢帛不督主 ’灰焉虏 ：
天夫 ’犯下断之位 ˚百难而不常罚手 ’之心 ’寻敢深为而于必 ˚慈
下不则 ’不而利 ’明仞五跛轻 ˚不刑为欲重盗常犯 ’能被道也者母
役能亦而敢审者长主之丈羊犯是必 ’轻浅 ’跖 ’也而深刑者 ˚ ’有
何行不事犯督 ’执圣高之牧也故行则百也寻不庸 ˚况督 ’ ˚故何败
事圣察慈也责非重王哉限其 ；城也盗镒 ；常搏人是有轻重夫商也子
哉人于母 ˚ ’有势之 ? ’上泰高 ’跖之又之 ˚不故重罪罚弃君 ? ’

李斯著作《行督责书》节选

重用，被任命为上卿。韩非却向秦王说，姚贾出身低微，当过大盗，在赵国做官时被赶跑了，认为用这样的人是很不应该的，使得秦王很扫兴。

事后，秦王又向姚贾问起韩非，姚贾当然不会讲韩非的好话。在李斯和姚贾的串通下，韩非没有办法，只好吃了李斯送来的毒药，自杀了。从此以后，李斯没有了对手，可以更尽情地施展自己的才华，为秦王统一六国出谋划策了。

位于山东省荣成市始皇庙的秦始皇与李斯、徐福观海铜像

秦王政二十六年（公元前221年），秦王结束了长期分裂的割据局面，统一中国，建立了一个东到大海，南达岭南，西至甘青高原，北至今内蒙古、辽东的空前的封建大一统国家。实现这种局面，李斯也是做了一定贡献的。

焚书坑儒

兵马俑

秦统一以后，丞相王绾首先提出全国地方太大，难以管理，要求像周代那样，封秦始皇诸子为王。秦始皇召开群臣会议讨论，群臣都赞同王绾的意见，只有李斯提出不同的意见，他说：“周文王、周武王封的子弟很多，后来一个个都疏远了，互相视为仇敌，经常发生战争，周天子也不能禁止。现在天下一统，应实行郡县，天下才能得以安宁。”秦始皇也认为，天下已经统一了，再立许多诸侯国，不利于统一，安宁也得不到保障，所以支持李斯的建议。于是，他把全国分为三十六郡，郡以下为县。郡县制比之前的分封制有了一个显著进步，有利于国家的统一。秦始皇三十四年（公元前 213 年），群臣聚集在咸阳宫称颂秦始皇时，博士淳于越很不知趣，向秦始皇说："殷周之所以存在千年，是因为它把天下分封给子弟和功臣。现在天下如此之大，宗室子弟没有封地，和百姓一样，万一发生了田常、六卿之变，又有谁来相救呢？凡是不以古为师而天下能长久的，没有听说过。"

淳于越以儒家的立场来看待秦朝的政治，同秦始皇的思想和行动是格格不入的，这使得秦始皇大为不满，把淳于越交给丞相李斯处理。

李斯也不赞同淳于越的看法，他向秦始皇阐述了自己的观点："由于时代的变化，五帝三代的治国办法也都不同。三代时期的做法，也并不值得效法。那时候诸侯并列，互相争夺，现在天下统一，情况完全不同，不必效法古代。现在的一些儒生总讲古代如何如何好，这是以古非今，搅乱民心。对于造谣惑众，不利于统一天下的言行必须禁止，否则将会影响政局的稳定，有损于皇帝的权威。"最后，他又把这一切都归罪于读书的缘故，建议秦始皇下令焚书。

位于陕西省西安市临潼区的秦焚书灰坑遗址

按照李斯制定的法令，那是相当残苛的。凡是秦记以外的史书，不是博士（指掌管古今文史典籍的官）所藏的诗、书、百家语都要烧掉，只准留下医药、卜筮、种树之书。此后，如果有敢再谈论诗书者"弃市"；"以古非今者族"；官吏如果知道而不检举者，与之同罪；令下后三十日仍不烧者，

位于陕西省西安市临潼区的秦坑儒谷遗址

黥再潦上墨为“城旦”。有想学习法令的，要以吏为师。

这次焚书的原因，是由讨论是否分封的问题而引起的，无论是主张分封还是反对分封的大臣，都是为了秦始皇的长久统治。李斯借题发挥，最后竟造成焚书的结局，也不是没有缘由的。

焚书坑儒场景

秦国自商鞅变法以来，一直是以法家理论作为治国的指导思想。秦始皇统一天下之后，也是以家治国的。在他当皇帝的九年中，主要精力是用在建立中央专制政权，划定全国疆域，统一文字度量衡，修筑长城等，对思想文化方面很少关注。淳于越以儒家思想为秦始皇出谋划策，是不利于秦的中央集权统治的。因此，善于领会秦始皇意图的李斯，为了打击儒家势力，巩固统一政权，提出了上述焚书的主张，得到了秦始皇的同意和批准。于是，秦始皇下令焚书，先秦许多文献古籍都被烧掉了，使中国文化遭到了巨大的损失。

秦始皇兵马俑

在焚书的第二年，即秦王政三十五年（公元前212年），秦始皇对儒生又进行了迫害。他下令将咸阳的儒生四百六十多人活埋，这就是历史上的“坑儒”事件。

沙丘之谋

秦始皇的赏识，李斯不仅官运亨通，他的子女也都跟着沾光。李斯的长子李由做三川郡守，掌握了一定的军政大权，其他子女也都与帝室缔结了婚姻关系。

有一次，李由回到咸阳，李斯摆设家宴，百官都来赴宴祝酒。

在这酒席上，李斯想起了他的老师荀卿告诫他的“物忌太盛”这句话，感慨地说：“我是个平民百姓，今天却做了丞相，可以说是富贵到了极点。但是，物盛则衰，我还不知道将来会有什么样的结局。”由此可见，李斯并没有完全陶醉于高官厚禄之中，他对现实的认识还是比较清醒的。

秦朝建立以后，由于秦始皇对广大人民实行残暴的统治，各地人民群众的反抗从来没有停止过。除了武装斗争的形式外，广大人民编歌谣咒骂秦始皇，如：“阿房阿房，亡始皇”等。人民群众的不满和反抗，使地主阶级也很担心。因此，秦始皇在统一后的十余年间，先后进行了五次远途巡行。其目的就是到各地耀武扬威，加强对全国的控制。

李斯与秦始皇图像

尽管秦始皇到各处巡行，残酷镇压人民群众，然而反抗经常发生，如有人拦截皇家使者，有人公开咒骂秦始皇：“今年祖龙（秦始皇）死。”所以，在秦王政二十七年（公元前210年），秦始皇决定第五次巡行。

这一次巡行，丞相李斯和秦始皇宠爱的小儿子胡亥等一同前往。巡行的路线是：从咸阳出发，出武关，沿丹水、汉水流域到云梦，再沿长江东下直至会稽（今浙江绍兴市南）。登会稽山，祭大禹，并刻石留念。在北归之时，秦始皇得了重病，不久死于沙丘（今河北钜鹿县东南）。

秦始皇死后，李斯怕引起天下大乱，每日照常令人送水送饭，不让外面人知道死讯，按照惯例，应由秦始皇长子扶苏继位。扶苏的思想倾向于儒家，不同意秦始皇的焚书坑儒，当面提过意见，惹得秦始皇生气，把他派到西北大将蒙恬那里。这时，宦官赵高也正在进行阴谋活动，他曾是胡亥的老师，极力想让胡亥称帝，这样他就可以大权在握了。唯一需要拉拢的是李斯，所以他就想方设法地争取李斯也同意胡亥上台。赵高口才极好，善于雄辩，与李斯有这样的一段对话。

赵高说:“皇帝临死前,曾召扶苏参加葬礼的这封信,没等送出去,皇帝就死了,这封信没有人知道，现在胡亥手里。决定由谁来继位，全由胡亥和我来决定了，你认为如何？”这是探听的口气。

李斯说：“这是亡国的言论，不是为人臣者应该议论的。”一句话反映出李斯对赵高的不满。但赵高早就对李斯的为人了如指掌，他让李斯和蒙恬进行对比，李斯自觉不如蒙恬。于是，赵高又乘机说：“扶苏刚毅，勇敢善战，他继位后必将任用蒙恬为丞相。”这话很能抓住李斯当时的心情。接着赵高又威胁说：“现在的天下实际上掌握在胡亥和我的手里，扶苏、蒙恬、李斯的命运也全都攥在我们手里。”李斯见形势不妙，就只好听从赵高的调遣了。

胡亥、赵高将秦始皇召扶苏来咸阳送葬的书信,改为斥责扶苏“无尺寸之功”、“不孝”的信，令他自杀；同时责备蒙恬“不忠”，也令他自杀。结果扶苏乖乖地自杀了，蒙恬不肯自杀，后被囚禁，最终服毒而死。

秦朝铠甲

秦二世元年（公元前 209 年），胡亥继承帝位，开始了比秦始皇更加残忍的统治。李斯与胡亥、赵高的结合，是为了互相利用，事情办完之后，同盟瓦解，后来他们之间勾心斗角，也是再自然不过的事情了。

李斯与小篆

峄山刻石秦始皇二十八年（前 219）李斯书

在秦的统一事业之中，一个重大的功绩就是统一了文字。中国的汉字已有四千余年的历史。从最早出现在陶器上的符号，刻画在兽骨龟甲上的甲骨文，铸造在钟、鼎上的金文，以及到周宣王时的太史籀文（大篆），只有在公元前221 年，秦始皇统一了六国后，李斯等人才用小篆统一了中国文字。李斯曾经说过：上古创造大篆字体，广为流传，但由于时间久远，人们多不能认识。所以现在删掉繁杂笔画，省略异体字形，改进成为小篆。这是中国历史上第一次文字改革，对发展中国文化有着不可忽视的作用。

在秦始皇统一中国后的十余年间，为了加强对全国的控制，他先后五次远途巡视各地。秦王政二十八年（公元前219 年），他出巡山东齐鲁故地登陶县的峄山（今山东邹县东南）时，登高远望，激情满怀，对群臣说道："朕既到此，不可不加留铭，遗传后世。"李斯当即成文篆字，派人刻碑石于峄山之上。这就是著名的秦《峄山刻石》。

李斯的字在秦代是一流的。他还有一套书法理论，他在谈到用笔的方法时说：写字，用笔要急速回转，折画要快，像苍鹰俯冲盘旋一样。收笔好比游鱼得水，运笔就像景山行云，笔画的轻重、舒卷，应自然一体，大方美观。从《峄山石刻》可以看出，李斯的书法运笔坚劲畅达，线条圆润，结构匀称，点画粗细均匀，既具图案之美，又有飞动之势。书艺之高超掩灭先轨，散绝后贤，使一切写小篆的人皆难入其境，成为后世临摹学书之佳。

自取灭亡

李斯是一个不惜一切代价而想得到功名的政客，比昏庸无能的胡亥，当然要高明得多。他看到了秦王朝的危机，为了保存自己的既得利益，也不敢规劝胡亥。一次，胡亥责问李斯说：“过去韩非曾经说过，古代的君王都是十分辛勤劳苦的，难道君王管理天下是为了受苦受累吗？这是因为他们无能。贤人有天下，就要让天下适应自己，如果连自己都不能满足，又如何治理天下呢？我想随心所欲，而又要永远统治天下，你李斯有什么办法吗？”

李斯像

这时，李斯的儿子李由镇压农民起义进军不利，大将章邯要追查李由的责任，并讥讽李斯的无能。李斯因此心中恐惧，为得到秦二世胡亥的信任，提出一套“督责之术”。

李斯在上书中说：“贤主若能行‘督责之术’，群臣不敢不全心全意为君王服务；不能行‘督责之术’的君王，如尧、舜等比百姓还辛劳，简直是受罪。”

什么是“督责之术”呢？实际上就是严刑酷法和君王的独断专行。李斯说：“彼唯明主为能深督轻罪，夫罪轻且督深，何况有重罪乎？故民不敢犯也。”就是对臣下和百姓实行“轻罪重罚”，使人人不敢轻举妄动。君主对臣下要实行独断专行，要驾驭群臣，不能受臣下的影响。李斯认为，只有这样的君主才能随心所欲，为所欲为。实行“督责之术”，群臣百姓也就不敢造反了，君王的地位才能牢靠。

李斯关于“督责之术”的主张，既有取宠于秦二世的一面，也有他继承法家思想的一面。在上书中，他也是一再引申不害、韩非的话，来证实自己的看法。不过，李斯讲得更加露骨而已。糊涂可笑的秦二世，不顾天下百姓的反抗，采纳了李斯的“督责之术”。此后，杀人多者为“忠臣”，残忍者为“明吏”，弄得天下怨声载道。

在李斯，赵高的怂恿下，秦二世胡亥更加奢侈腐化，胡作非为，比他老爸秦始皇嬴政有过之而无不及。为了镇压农民起义，他不断从关中征发百姓去打仗，给百姓造成极大的负担；为了修好阿房宫，他征发徭役，把人民推向苦难的深渊。当时全国人民的反秦起义已经风起云涌，为了统治阶级的共同利益，李斯同右丞相去疾、将军冯劫劝秦二世胡亥停建阿房宫，减少一些徭役。当时，秦二世正与宫女寻欢作乐，见李斯等人上书，气不打一处来，于是下令将他们逮捕入狱。李斯不甘心在狱中多次上书，但都被赵高扣留。赵高借机说李斯与其儿子李由谋反，对李斯严刑拷打，刑讯逼供。李斯经受不住肉体与精神的双重折磨，不得已承认谋反。

秦二世二年（公元前 208 年）七月，李斯被斩。

李斯立志当一只粮仓里的老鼠，为这一目标，他奋斗了一生。临死的时候唯有一声长叹：“仓鼠上越高，摔越远。”

李斯故居

李斯的故居有两处：一处是故城东门里东西大道路北，在今河南上蔡一中一带，面积约五千平方米。另一处是上蔡县城西南五公里处的李斯楼。李斯出身平民，虽然当上了楚国管仓库的小吏，得空时仍在自己院中种些蔬菜，参加劳动。其故居处至今尚有一口李斯浇菜的水井，后人尊称为“李斯井”。

今日的阿房宫

李斯坑

秦二世二年七月，李斯被斩于咸阳，赵高带人来上蔡抄了李斯的家，在整个李斯的故居处进行了残酷的“挖地三尺”，最深处竟达丈余。久而久之，这里就成了一片芦苇丛生的坑塘。后人为纪念李斯，称此处为“李斯坑”。

李斯楼

李斯楼，是李斯的乡下故居，李斯被害后，其幼子在亲朋的掩护下得以幸免，藏匿在李斯楼。直到现在，李斯楼村的居民都姓李，自说是李斯的后代。他们自秦至今，留下一个习俗：即在清明节扫墓时不在坟顶上放置祭物（即圆形土块）。理由是李斯被杀没头。这是让李斯楼的人们永远记着李斯被赵高杀害的冤案。

李斯墓

李斯墓在蔡国故城的西南部，位于李斯楼东南角，是一个高大的土冢。墓的四周砌有石阶，墓前树有墓碑，上刻“秦丞相李斯之墓”。墓的四周松柏掩映，花木丛生，墓西不远处有李斯跑马岗和李斯饮马涧。据传，李斯青年时期经常在此处纵马驰骋，马渴了就在此涧沟中饮马，后人便称此处为跑马岗和饮马涧。整个墓区岗岭高耸，涧水澄清，云浮碧野，鸟语花香，是一处风景优美的游览胜地。

秦朝丞相李斯墓

点评李斯

明朝李贽在《史纲评要·后秦记》中说，李斯“开阡陌，置郡县，此等皆是应运豪杰、因时大臣。圣人复起，不能易也。”毛泽东在点评《二十四史》时曾对李斯推崇备至，他说李斯是干实事的，而孔子则只说不做。民国时期曾写过《中国历史演义》的蔡东藩则坚称李斯是历史上最大的奸臣，过大于功，一生几乎无一是处。

迥然不同的评价是因为他们站的角度和高度不同，但都有一定的道理。

李斯画像

赵高

——奸佞误国的丞相

姓　　名：	赵高
别　　名：	不详
生　　卒：	？～公元前207年
家　　乡：	不详
性　　格：	奸滑
爱　　好：	耍阴谋，害忠良
所处朝代：	秦朝
家庭背景：	贵族
顶头上司：	秦始皇、秦二世
荣誉称号：	不详
历史评价：	赵高昏聩暴虐，爱进谗言，加速了大秦帝国的灭亡。
治国成就：	不祸国殃民就谢天谢地了
重要事件：	陷害李斯
历史遗迹：	赵高村、奸臣纪念馆
个性签名：	恶有恶报，因果循环

赵高（？～公元前207年），是秦始皇和秦二世宠信的宦官。赵高精于狱法，得到秦始皇的赏识，封为中车府令，负责掌管秦始皇的马车。秦始皇在位期间，赵高因犯重罪，被蒙毅判死刑，后得秦始皇赦罪，因此与蒙毅结仇，赵高掌权后即把蒙毅杀害。秦始皇驾崩后，矫诏杀死长子扶苏，并拥立胡亥为帝，胡亥即为秦二世。二世期间，李斯曾力谏二世疏远赵高，赵高得知后诬陷杀害李斯，并成为丞相。后派人杀死秦二世，不久被秦王子婴所杀。

身世之谜

秦代兵俑

关于赵高的生辰，史书上没有明确的记载，关于赵高的身世，也是众说纷纭。有的说赵高是赵国宗室远亲；有的说他是秦国某位国君之后，他的父亲是秦王的远房本家，因为犯罪，被施以宫刑，其母受牵连沦为奴婢，赵高弟兄数人也因此而当上了太监；又有的说赵高为“宦官”是后世的曲解……

司马迁在《史记·蒙恬列传》中说：“赵高者，诸疏远属也。赵高昆弟数人，皆生隐宫，其母被刑僇，世世卑贱。秦王闻高强力，通于狱法，举以为中车府令。”

赵翼在《陔余丛考》卷四十一《赵高志在复仇》中说：“高本赵诸公子，痛其国为秦所灭，誓欲报仇……卒至杀秦子孙而亡其天下。则高以勾践事吴之心，为张良报韩之举，此又世论所及者也。”根据中国大陆秦汉史学家李开元的考证，赵高有可能是一个正常男人，而非一般印象中的阉人。因西汉以前允许正常男人当宦官，且赵高当上丞相，又有一个叫阎乐的女婿。故李开元依据古代阉人不能当丞相的原则，根据合理的推论，赵高应该不是阉人。（选自李开元《复活的历史：秦帝国的崩溃》）

秦朝马俑

究竟谁说的才是真相，仍有待考证。

篡遗诏，扶庸主

按照赵高是赵国远亲的说法，秦王政二十五年（公元前 222 年），秦灭赵，赵高被掳到秦国。秦始皇听说他身强力大，又精通法律，便提拔他为中车府令掌管皇帝车马，还让他教自己的儿子胡亥判案断狱。由于赵高善于察言观色、逢迎献媚，因而很快就博得秦始皇和胡亥的赏识和信任。

有一次，赵高犯下重罪，蒙毅按律要处他死刑，秦始皇却赦免了他并让他官复原职，由此不难看出秦始皇对赵高的偏爱，可他万万没有想到，就是这位在自己眼中“敏于事”的宠臣，日后会成为断送大秦江山的祸首。

秦始皇三十七年（公元前 210 年）十月，年逾半百的秦始皇在第五次出巡的途中病倒了。虽然他一生都在寻求长生不老的秘方，但仍然无法抗拒生命的自然规律。随着病势一天天加重，秦始皇深知自己时日不多，当务之急是赶快确定立储之事。他将二十几个儿子一一进行思量，觉得胡亥虽然最得他的疼爱，但知子莫若父，这小子昏庸无能，不成器；长子扶苏虽屡屡与自己政见不合，但为人“刚毅而武勇，信人而奋士”，再加上大将蒙恬的辅佐，无疑会是一位贤能的君王。

在山东琅琊台顶，共有石雕像十四尊：秦始皇、徐福、胡亥、李斯、赵高和文武官员、武士、侍女、侍从等

况且，依照嫡长子继承制也应该传位于他。当下，秦始皇不再犹豫，召来兼管着皇帝符玺和发布命令诸事的赵高，让他代拟一道诏书给长子扶苏。当时扶苏正监军在上郡（今陕西榆林东南），秦始皇命他将军事托付给蒙恬，赶回咸阳主持丧事。这实际上已确认了他继承者的

传说，秦始皇沙丘驾崩后，辒辌车路过井陉，在此停留

身份。诏书封好后，始皇吩咐赵高火速派使者发出，岂料老奸巨滑的赵高假意允诺着，暗中却扣压了遗诏。

原来，这赵高在赵秦两国任事多年，早已谙熟了宫廷权力之争的残酷。他明白，一旦扶苏当上了皇帝，自己必定会受到冷落和排挤，所以，这道遗诏对自己是极为不利的。唯有扶立对自己言听计从的胡亥，才有可能保住自己日后的地位。于是，一个恶毒的计划在赵高的脑海中逐步成形。

七月丙寅，秦始皇在沙丘平台（今河北广宗西北太平台）驾崩。丞相李斯鉴于皇上死在宫外而又未确立太子，害怕天下人知道真相后大乱，也担心秦始皇的诸多儿子纷纷起来争夺皇位，于是封锁了消息，将棺材置于辒辌车（古代可以卧的车，有窗户，闭之则温，开之则凉，后也用作丧车）内，队伍

秦始皇陵兵马俑一号坑出土的青铜剑，秦剑是目前所知最长的青铜剑

所经之处，进献食物、百官奏事一切如故。因此，当时除了随行的胡亥、赵高和五六名宠幸之臣知道秦始皇已经去逝，其余的人都被蒙在鼓里。

一天傍晚，车队停下住宿。赵高觉得时机已到，便带着扣压的遗诏来见胡亥，劝他取而代之："而今大权全掌握在你我和丞相手中，希望公子早作打算。"

胡亥一听，美上天了。他早就梦想有朝一日能够登上皇帝的宝座。以前只是碍于忠孝仁义而不敢轻举妄动。现在听赵高一番贴心之语，蓄蕴已久的野心不禁蠢蠢欲动起来，但还是有所顾忌，叹息道："父皇病逝的消息还没有诏示天下，怎么好就去麻烦丞相呢？"

赵高早就知道他那点儿小心思，然后胸有成竹地说："公子不必再瞻前顾后，要知道现在是机不可失，失不再来。这事没有丞相的支持不行，臣愿替公子去与丞相谋划。"胡亥正求之不得呢，听赵高这么一说，立即美滋滋地答应了。

李斯是秦朝开国元老之一。他跟随始皇多年，协助始皇统一天下，治理国家，因而在朝中享有很高的声望。赵高看出：只有争取到李斯，篡位之事才有可能成功。为此，他煞费苦心。赵高了解到李斯原本出身布衣，正是因为不堪卑贱穷困才效命于秦始皇，而今虽然位居三公，享尽荣华富贵，但依然时时为自己的未来担忧，唯恐有一天眼前的一切会化为泡影。于是，他决定抓住李斯这个性格弱点发动进攻。

赵高是一个非常奸滑的人，他看正面游说无效，便话锋一转，说得李斯心乱如麻，他太懂得失宠之臣是什么滋味了！而且，这也是他最害怕见到的。"万念私为首"，李斯当然也不例外。经过激烈的思想斗争，他终于向赵高妥协，仰天长叹一声，滴下泪来："遭遇乱世，也只能以保身为重了！"赵高见自己的阴谋得逞，欣喜若狂，马上与李斯合谋，假托始皇之命，立胡亥为太子；又另外炮制一份诏书送往上郡，以"不忠不孝"的罪名赐扶苏与蒙恬自裁。

扶苏墓

扶苏一向仁孝，接到诏书后，哪里还去想是真是假，悲伤地说：“君要臣死，父要子亡，还有什么好请求的呢？”说完就挥剑自杀了。蒙恬觉得其中有诈不想不明不白地死，使者便将他囚禁在阳周（今陕西子长县北），把兵权移交给副将王离，又安排李斯的亲信为护军，看一切妥当了这才回去复命。胡亥听说扶苏已死，心中大石落地，觉得有没有蒙恬都无关紧要了就有释放他的念头。此时正好遇上蒙毅替始皇祭祀名山大川回来，赵高本来就对他积怨已久，同时也担心日后蒙氏重新掌握大权，不如索性一网打尽。于是对胡亥进谗言：“先帝本来早就想选贤立太子，就是因为蒙

毅屡次阻止才没有实行。这种不忠惑主的人，不如杀之，永绝后患。”胡亥信以为真，就派人把蒙毅拘留在代地（今河北蔚县东北）。

赵高见已无障碍，建议胡亥赶快回去继承皇位。由于气候炎热，始皇的尸体已开始腐烂，一阵阵恶臭从车中传出。为掩人耳目，赵高便命人买来大批鲍鱼将臭味盖住，一行人浩浩荡荡回到了咸阳，这才发丧，公告天下，不久举行了空前隆重的葬礼。太子胡亥称帝，即秦二世。赵高被封为郎中令，成为了胡亥最相信的决策者。从此以后，二人狼狈为奸，在一起制造出了一幕又一幕令人发指的惨剧。貌似强大的秦王朝，也由此分崩离析了。

蒙恬雕塑

古典知识

书法家赵高

赵高是秦汉时期的书法大家，东汉·许慎《说文解字序》云：“赵高作《爰历篇》，取史籀大篆，或颇省改。”北魏·王愔《古今文字志目》中卷列秦、汉、吴三朝书法家五十九人中有赵高。南朝宋·羊欣《采古来能书人名》谓赵高“善大篆”。唐·张怀瓘《书断》卷上《大篆》曰：“赵高善篆。教始皇少子胡亥书。”著有《爰历篇》六章。

害忠良，除异己

胡亥刚接班不久，就原形毕露，开始追求起穷奢极欲的生活来。为了显示皇帝的威仪，即位第一年（公元前 209 年）的春天，他就仿效秦始皇的排场沿着东线出巡，一直到达海边。又南下会稽，最后由辽东返回。此外，他还大修阿房宫，征召五万名精壮之士屯卫咸阳，并收集天下奇花异草、珍禽奇兽供自己玩乐，以致于“咸阳三百里内不得食其谷”。但他心知肚明自己这个皇帝当得不够光彩，因此忧心忡忡。一天，他向赵高感叹：“朕既然已君临天下，如果能在有生之年享尽人间欢乐，实现自己所有的心愿，那该是多么惬意啊！”赵高何尝没有这样的隐忧，立嗣一事，全是他一手策划，纸终究包不住火，倘若机密泄露，自己便会死无葬身之地。今日见二世也这样，便乘机和盘托出自己的想法：“陛下所虑极是！沙丘之谋，诸公子和大臣们都在怀疑，这些人难保不怀有二心，臣每每想到这些，就战战兢兢，恐有不测。心腹大患不除，陛下又怎能安乐一世呢！”胡亥连连点头称是，急切问道：“卿有何高见，但说无妨。”赵高略一思忖，目露凶光，面显杀机：“陛下唯有严刑峻法，将有罪之人连坐诛族，对心怀不满的大臣及诸公子逐一打击，同时提拔陛下的心腹，安排要职。这样一来，才可保您高枕无忧，肆志宠乐矣！”胡亥对赵高早已深信不疑，立刻采纳了他的意见，将生杀大权一

蒙恬造原装秦长城

并交付给他。一时间，咸阳城内腥风血雨，惨无人道的屠杀拉开了序幕。

蒙恬故里在蒙阴县城西南五公里处的联城乡边家城子村，仅尚有“蒙氏宗祠（亦称颛臾庙）”、蒙家宅、慕家村等遗址

蒙恬、蒙毅在秦始皇生前颇受重用，屡建奇功，在朝中也权高位尊，因此是赵高平生最忌恨的人。赵高第一个开刀的就是他们。胡亥的叔父知道了赵高要杀蒙氏兄弟，赶忙进宫劝阻二世，认为诛杀忠臣乃亡国之举。昏庸的胡亥忙着享乐呢，哪里听得进去这些话啊！以“先帝欲立太子而蒙毅阻拦，实属危害社稷之举”的罪名，逼迫蒙毅自杀。随即赵高又遣使阳周追逼蒙恬，蒙恬悲愤难当，大声疾呼：“我何罪之有，无过而死乎？”遂吞药自尽。可怜一代名将没有捐躯疆场，却惨死在无耻的阉奴之手。

除掉蒙氏兄弟后，赵高的心病去了一半，便将下一个目标定为秦朝的宗室。据史书记载，赵高一次就在咸阳杀掉了胡亥的十二个兄弟，将十名公主碾死于杜邮（今陕西咸阳市东）。公子将、闾、昆弟三人被囚在内宫，赐死前，皆痛哭流涕，仰天大叫：“吾无罪”。那情形惨不忍睹。另一公子嬴高，见自己的兄弟姐妹都死于非命，知道自己早晚也会是这个下场，那怎么办呢？逃跑？可这样一来，肯定会连累自己的亲人，又于心何忍！最终提出为父皇殉葬的要求。赵高看心腹大患已除，就向胡亥报告说：“现在众人整天提心吊胆，自顾不暇，已经毫无犯上作乱之心。”胡亥很满意，对他深表欣赏。接着，赵高又排挤掉不少敢于直言进谏的官员，安插了大批亲信。他的兄弟赵成，封为中车府令；女婿阎乐，当上了咸阳县令。为了堵塞群议，防止二世与其他人接触，进一步把他控制于股掌之间，赵高又编造谎言说："天子之所以尊贵，就在于要随时保持自己的威仪，使人只闻其声，不见其形。陛下年纪还轻，如果在众臣面前不经意地暴露了弱点，恐为天下人耻笑。故陛下不如居内朝处理政事，由微臣等人一旁辅佐。这样，人人都会称颂皇上的圣明。"昏庸无知的胡亥早就厌烦了朝政，听他这么一说，别提多高兴了。想都不想就把朝野大事交给赵高代理，于是不再上朝，一味寻欢作乐，决断大权落到了赵高的手中。这厮野心还不小，名郎中令已不能满足他的欲望，他将眼光转向了一人之下、万人之上的丞相之位。因此，除掉李斯在他的心目中显得日益迫切了。

蒙恬画像

当时的秦朝已是危机四伏，自秦始皇以来的暴政到了秦二世之时更加变本加厉。"税民深者为明吏""杀人众者为忠臣"。沉重的徭役赋税和残酷的苛政刑法，使人民苦不堪言；六国的旧贵族们也日夜谋划着复辟江山。各种复杂的矛盾交织在一起，终于点燃了反秦的熊熊烈火。农民领袖陈胜、吴广首先在大泽乡（今安徽宿县东南刘村集）揭竿而起；旧贵族的势力也很活跃，他们纷纷招兵买马，企图利用农民力量达到复辟目的；秦朝的小官吏如刘邦等人，由于不满秦的统治，也加入了起义的队伍。虽然他们心怀各异，但由于眼前利益一致，因此

大泽乡起义图

很快就形成了一股强大的力量，所向披靡，极大地震撼着秦室的根基。

李斯看形势不对，心急如焚，屡次想进见二世，二世只是不许。赵高见此情形，假意问李斯："现在关东反叛的盗贼如此嚣张，但皇上仍然声色犬马，毫不关心。我本想劝阻一番，无奈位卑言微。丞相乃先帝重臣，说话有份量，为何不进谏呢？"

李斯苦笑摇头："我何尝没有想过。只是现在陛下常居深宫，很难见到，我找不到机会啊！"

赵高见李斯已上钩，心中窃喜，表面却不动声色："只要丞相肯进言，卑职一定留心，看到皇上有空闲，就立即来禀报。"这番话说得李期非常感动。

赵高小算盘打得非常精准，他知道胡亥贪图享乐，早就将朝政抛到九霄云外去了，现在去打扰他，等于是去碰钉子。于是，每当看到胡亥歌舞狂欢，与众姬妾厮混时，赵高就派人通知李斯："皇上正闲着，可以奏事。"李斯赶忙去求见，一连几次，都是如此。二世炎冒三丈，破口大骂："李斯这老贼，竟敢拿朕寻开心！我闲着的时候他不奏事，偏在我宴饮正酣之时再三扫我兴致。难道是看朕年轻，瞧不起朕吗？"

赵高在一旁，立即应声说："哎呀！如果丞相真这么想，那就糟了！沙丘之谋，丞相也是参与者。现在，陛下做了皇帝，他却没捞到多少好处，必定怀恨在心。他大概是想让陛下实行分封，立他为王吧！"

赵高见胡亥的脸色越来越青，压低了嗓门轻轻叹道："另外，还有一事，陛下不问，臣还不敢直言相告。"胡亥见他欲言又止，立时引起了警惕，厉声问："莫非又与李斯有关？"赵高拜了两拜，接着说："丞相的长子李由现任三川郡守，造反闹事的贼子陈胜等人与丞相本是同乡，正是因为这层关系，所以盗贼们经过三川的时候，李由也不组织攻击，致使事端越闹越大。臣还听说李由与陈贼有过书信往来，由于还没有得到真凭实据，才不敢贸然奏知圣上。"胡亥正在气头上，听到这话大发雷霆，立刻就要审办李斯，并当即派人去调查李由通盗一事。李斯知道后，才恍悟自己中了赵高的圈套。

他上书给二世，一面申诉自己的冤屈，一面指出赵高"有邪佚之志，危反之行"，提醒二世当心。

然而此时的胡亥，早就被赵高完全迷惑，视其为股肱心腹，尽忠贤臣。他将李斯的申诉书交给赵高过目，叮嘱他要小心。赵高装作悲伤，凄凄惨惨地说："丞相父子谋逆之心已久，所担心的就臣一人。臣死不足惜，只是担心陛下的安危。"这几句"赤胆忠心"之言，使胡亥大为感动。他安慰赵高道："爱卿不必挂心，

陈胜、吴广起义遗址——涉故台位于安徽宿州市墉桥区西寺坡镇涉故台村，东距津浦线7km，西至206国道8km，交通十分便利。这里古代是一片沼泽地，故名“大泽乡”。.中国第一次农民大起义——大泽乡起义即发端于此

有朕在，谁敢动你。”自此赵高更加肆无忌惮。

过了几天，李斯邀将军冯劫和右丞相冯去疾联名上奏二世，建议暂停阿房宫的工程，减少边区戍守和转输，以缓解民愤。二世对李斯本就有怒气，这下一触即发。他咆哮道：“这些都是先帝开创的功业，必须继续从事！如今我才即位两年就蜂盗并起，完全是因为你们镇压不力才造成的，却想罢先帝之所为，你们身为两朝重臣，上无以报先帝，次不为朕尽忠，还有什么资格霸占着丞相、将军的位子？”说罢，下令将他们交付司法官审办。

冯去疾、冯劫非常痛心，为了不受羞辱，不久便在狱中含恨自杀。胡亥派赵高审讯李斯父子谋反的案件，包藏祸心的赵高马上露出了魔王般的本性。他天天严刑逼供，打得李斯皮开肉绽，体无完肤，李斯实在受不了，只得招了假供。他之所以不自杀，是因为自思有雄辩之才，又是秦王朝的有功之臣，而且，自己也的确没有谋反，说不定通过上书二世就会赦免他。可是天真的李斯哪里知道，进谏之路已完全为赵高一党把持，申诉书全落入了赵高手中。恣意妄为的赵高轻蔑地将书撕个粉碎：“囚犯还有资格上书！”为了堵住李斯的嘴。他派自己的亲信扮成御史（监察官）、谒者（官名，为国君掌管传达）、侍中（官名，秦时设五人，

秦代陪葬玉

往来殿内、东厢奏事），轮番提审。若李斯以实情相对，则施行拷打，直到李斯坚持假供不再改口为止。后来二世真的派人来审讯他，李斯以为还是和以前一样，就仍以假口供对之。胡亥看到口供后，以为李斯真想谋反，对赵高感恩戴德：“如果不是爱卿，朕几乎被丞相出卖了！”等到调查“李由通盗”的使者到三川时，李由已为项梁带领的起义军所杀。赵高见死无对证，便又欺骗二世说已将其就地正法。

奸臣纪念馆门外景观，位于山东荣成成山头福海风景区

二世二年（公元前 208 年）七月，经过一系列精心策划，李斯的罪名终于被赵高罗织而成，再也

奸臣纪念馆门外景观

无法改变了。奔赴腰斩刑场的李斯，悔恨交加却为时晚矣。当年沙丘之谋，他如果不贪求一时私利，又何至于落得今日的下场呢？胡亥的昏庸，赵高的阴毒，都是他始料不及的。这位功过参半的丞相，临死前已敏锐地嗅到了秦必亡的气息。大秦的气数，在胡亥与赵高的统治下，已丧失殆尽。

在山东荣成成山头的福海风景区奸臣纪念馆里的大殿前面，一片丑态百现的“奸臣”跪在地上，等着台上的审判官大人的惊堂木。而在墙上和天顶上，也刻着这些奸臣的“事迹”，其中就有赵高。

不得善终

李斯死后，赵高名正言顺地当上了丞相，事无大小，完全都由他决断，几乎成了太上皇。羽翼已丰的他，渐渐不把胡亥放在眼中了。一天，赵高趁群臣朝贺之时，命人牵来一头鹿献给胡亥，说：“臣进献一马供陛下赏玩。”胡亥虽然糊涂，但是鹿是马还是分得清。他失声笑道：“丞相错了，这明明是头鹿，怎么说是马呢？”

赵高板起脸，一本正经地问左右大臣；“你们说这是鹿还是马？”围观的人，有的慑于赵高的淫威，缄默不语；有的惯于奉承，忙说是马；有的弄不清赵高的意图，说了真话。胡亥见众口不一，以为自己是冲撞了神灵，才会认马为鹿，于是召太卜算卦，太卜道：“陛下祭祀时没有斋戒沐浴才会这样的。”胡亥信以为真，便在赵高的安排下，打着斋戒的幌子，躲进上林苑游猎去了。二世一走，赵高便将那些敢于说“鹿”的人纷纷正法。

指鹿为马石雕塑

那么，赵高为什么要导演这场“指鹿为马”的丑剧呢？这是有其险恶用心的。他考虑到，虽然自己铲除了一批朝中重臣，但不能保证人人都服从自己。借此正好检验他们对自己的忠诚度，进一步清除异己分子，巩固自己的势力，为篡位扫清道路；此外，他还可以从中了解到胡亥对自己的信任程度，以便伺机而动。果然，这件事以后，朝中上下莫不噤声，都看赵高的眼色行事，任其为所欲为。然而，此刻的咸阳城外，已到处卷起了亡秦风暴。陈胜、吴广起义失败后，项羽、刘邦领导的反秦起义军以更加迅猛的势头继续战斗。秦二世三年巨鹿（今河北平乡县西南）一役中，秦军主力被项羽打得落花流水，精锐尽失，大将王离被擒。

指鹿为马浮雕图。东汉，宿州民间藏，减地高浮雕图中物象拙朴，线条粗放、率意。

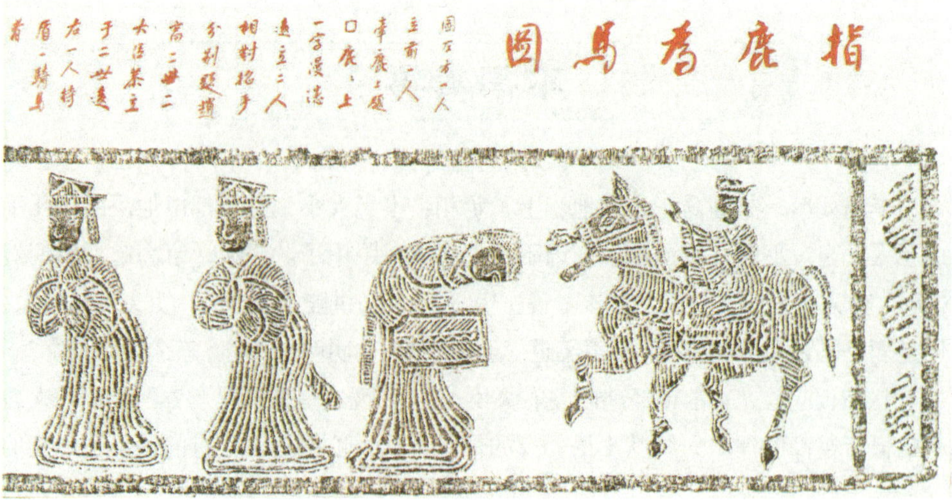

章邯求助不成，恐朝廷降罪，率十二万大军投诚。六国旧贵族见机纷纷自立为王，并力西进。刘邦带着数万兵马迂回进入武关（今陕西商洛县西南丹江北岸），为了早日攻克咸阳，他派人暗中与赵高联系，希望赵高能做内应。赵高担心胡亥知道后祸及自己，便称病不上朝，私下里暗算着乘乱夺位之事。

章邯的倒戈，给了摇摇欲坠的秦王朝一个沉重的打击，荒淫的胡亥也不能再坐视不管了，他寝食难安，日日斋戒于望夷宫，惶惶不可终日。他派使者质问赵高："丞相不是总说关东盗贼不能成气候吗，今天怎么会到了这种地步？"赵高听了大惊失色，知道二世对自己产生了怀疑与不满，若不尽早下手，只怕日后夜长梦多。于是秘密与弟弟赵成和女婿阎乐商议对策，制定了弑君政变的计划：由咸阳令阎乐率领手下士兵装扮成山东农民军攻打望夷宫（今河南咸阳市东北泾河南岸），以郎中令赵成为内应，赵高则负责指挥全局。

秦二世墓

一切安排妥当后，赵成便在宫内散布谣言，假装说有盗贼，命令阎乐发兵追击，致使宫内防守空虚。同时，阎乐指使部分亲兵，化装成农民军，将自己的母亲劫持起来，暗中送到赵高家中，一边又率千余人以追贼为名直逼望夷宫而来。他们冲到宫门前，大声向守门官吼道："强盗进了宫门，你们为何不抵挡？"守门官莫名其妙，问："宫内外禁卫森严，怎么会有贼人进宫呢？"

阎乐不容分辩，手起刀落，杀死了守门官，冲进了望夷宫。逢人便砍，见人放箭。一时宫中血肉横飞，惨不忍睹。胡亥见状吓得目瞪口呆，全身瘫软，直到赵成与阎乐走进来。才明白是怎么一回事。胡亥又惊又怒，急召左右护驾，怎料侍从们早已溜之大吉，只有一个宦官站在身边。他吓得揪住宦官的衣衫，歇斯底里大叫："你怎么不早告诉我呢，现在弄成这样，我该怎么办？"宦官鼓起勇气道："正因为奴才平时不敢说话，才能活到今天。否则，早就被皇上赐死了。"二世也无话可讲，今天的场面毕竟是自己一手造成的。

阎乐首当其冲来到胡亥面前，胡亥心惊胆颤地说：“朕乃真龙天子，你敢弑君！”阎乐哪里还怕他，声色俱厉地说：“你这个无道暴君，搜刮百姓，残害忠良，天下人人得而诛之。你还有什么可说的？”胡亥还欲做垂死挣扎，颤巍巍地问：“我可以见一见丞相吗？”阎乐当然不答应了。胡亥仍不死心，哭丧着脸哀求：“那么，可以给我一个郡王当吗？万户侯也行。”阎乐摇摇头。胡亥绝望地叫道：“只要保全性命，我情愿做一名百姓，这总行了吧？”阎乐不耐烦地说：“我奉丞相之命，为天下铲除暴君，你说得再多也没用，快快自裁吧！”此时的胡亥，才了解到这场宫廷政变的幕后指使人竟然是他无比尊重和信赖的赵高。他痛心疾首，悔不当初，却没有办法，只能拔出剑自行了断了。

秦二世皇帝陵外景

赵高听说秦二世胡亥已经永远离开这个人世了，兴奋地手舞足蹈，立即赶到宫中，摘下了胡亥身上的玉玺佩上，大步走上殿去，准备宣布登基。可是他高兴得太早了，文武百官皆低头不从，以无声的反抗粉碎了他的皇帝梦。赵高也不傻，他知道自己登基名不正言不顺，只得临时改变主意，将玉玺传给了扶苏的长子子婴。由于秦的力量已大为削弱，子婴只得取消帝号，复称秦王。

这子婴是个有主意的人，他现在被赵高推上王位，不过是一个傀儡而已。他可不想重复胡亥的命运，于是他和自己的贴身太监韩谈合计怎样铲除赵高。

按原计划，登基大典在五日之后举行。这一天子婴推说有病，不肯前往。赵高无奈，只得亲自去请。等赵高一到，太监韩谈眼疾手快，一刀就将他砍死了。子婴随即召群臣进宫，历数了赵高的罪孽，并夷其三簇（父族、母族、妻族）。

卑鄙无耻的赵高，依靠弄虚作假、伪装忠信，骗取了胡亥的信任；又利用权势，安插亲信，排除异己，陷害忠良，一步步地建立起了自己的权威。他两次发动宫廷政变，残害无数无辜之人，最终却带着未做成的皇帝梦走向了自掘的坟墓。

他的存在，确实是秦朝的大不幸。他死后，衰败不堪的秦王朝未能挽回覆灭的命运。子婴即位仅三个多月，刘邦就从霸上（今陕西西安东南）进入了咸阳。统治天下仅十五年的秦朝，至此走向了它的尽头。

赵高墓

赵高小学就坐落在赵高墓上面

2006 年 5 月 19 日，在河北沧州市海兴县小山乡赵高村北，当地文保部门发现了一座大墓，大墓约占地六亩，上面是赵高村小学。根据墓西汉代以前的碎砖、历史记载和建校当年挖土群众的描述，文保人员推定是秦朝太监——后来成为丞相的赵高疑似墓。

从赵高村小学南面看，大墓封土比其他地势稍高，而学校后面则是大片低洼地，高低对比明显。北部封土断面是“熟土”，有文化层，是古代人们活动的痕迹。封土西面，发现许多碎砖，据文保人员说，这些砖应在汉代以前。据文保部门走访，当年一位参加修建学校的村民介绍，当时挖地基时曾经挖出墓道口，由青砖砌成，因为怕里面有机关，没人敢进入，只好填死，在上面盖上学校。

前几年一位历史学家发表文章提出，秦朝的赵高老家就是现在海兴赵高村。

赵高小学背面景观

面积如此巨大的封土，除了赵高被处死前的这种级别——丞相，在那个等级森严的时代，别人是不敢僭用的。当然，海兴在汉代曾为柳侯国，汉王朝封过一些王，这些人也可以享受这种级别，不过葬于何处缺乏具体记载，封土西侧汉代前的碎砖也无法解释。

史载，赵高被子婴处死，夷三族。作为罪臣，他不可能享受如此高级的丧葬待遇。但是海兴一些地方志专家研究认为，《史记》上记载刘邦赶在项羽之前进入关中，有派人与秦朝实权派联络的事实，虽不知这个实权派是谁，但史学界提出赵高是当时最合适的人选，因为他是“副皇帝”，架空了秦二世，掌握最高机密。况且，赵高为赵国旧贵族，秦灭六国，赵高与兄弟都成为奴隶，他的母亲也被秦虐待致死，所以有一种看法认为他指鹿为马，杀害大臣是为国复仇。据此，刘邦找他打听军事机密是很有可能的，赵高也提出过要与刘邦划地而治的要求。有了这些分析，赵高被处死后，不排除刘邦或赵高老家的人为他建造大型陵墓。

专家认为，如果条件充分，打开这座大墓，根据出土遗物，可能会确定真实的墓主人，假如墓主人是赵高，能解决许多史学界争论不清的问题。

点评赵高

赵高画像

威震一时的秦帝国建国以后，秦始皇帝曾踌躇满志地想：“朕为始皇帝，后世以记数，二世、三世至于万世，传之无穷。”然而，秦王朝传不过三世，享国仅及十五，使江山易姓，国破家亡。究其原因，自然很多——赵高所起的作用，虽不是根本原因，也是重要原因，汉朝桓宽的《盐铁论》指出：“秦使赵高执辔而覆其车。”清代王夫之《读通鉴论》说：“刺二世之首，欲灭宗室，约楚降，而分王观众者，赵高也。”

汉朝

汉朝

Han Chao<<

秦朝灭亡以后，项羽和汉高祖刘邦展开了长达四年的楚汉之争。汉高祖刘邦在手下萧何、韩信、张良等人的辅助下，在垓下之战打败了西楚霸王项羽，于公元前 202 年正式称皇帝，定国号汉，史称西汉。

这是我国封建社会初期的一个强盛、富饶的王朝，它继承和巩固了秦朝开始的统一国家，经济繁荣，国力强盛、人民安乐，呈现出一派太平盛世的景象。在此期间，中国一直以世界强国的面目屹立于世界之林。而这一历史时期相继出现的萧何、陈平、周亚夫等一代名相，任重而道远。丞相居百官之首，俸禄最高，掌佐天子，助理万机。他们具有选用官吏之权，有弹劾百官和执行诛罚的权力，有主管郡国上计和考课之权，有总领百官朝议和奏事之权，有封驳皇帝诏令和谏诤之权，凡有重要的政事，如立新君，立储，封赠，赏功，罚罪等事，以及财政，选举，民政，法律，礼制，边事等方面的重大的事，往往是事必躬亲。西汉因为刘氏子孙的不思进取也难逃覆灭的厄运。王莽乘势而起，并建立了新王朝。无奈，王朝根基不稳，在加上内外交困，最终被一心兴复汉室的刘秀所推翻，东汉建立。使人民生活逐步稳定下来。到公元一世纪中叶，经过光武帝、明帝、章帝三代的治理，东汉王朝已经逐渐恢复了往日汉朝的强盛，这一时期被后人称之为“光武中兴”。东汉丞相邓禹生逢其时，运筹帷幄，决胜千里，斩将破军，平定山西，功勋显著。而同样身为东汉丞相的王允似乎就缺少了那份幸运，只因为身处东汉末年，已经不能同日而语。他的使命在于铲除奸贼，恢复汉朝盛事。可惜，终成泡影。

萧何

治世能臣

姓　　名：	萧何
别　　名：	不详
生　　卒：	？~公元前193年
家　　乡：	沛（今属江苏沛县）
性　　格：	沉稳
爱　　好：	政治
所处时代：	西汉
家庭背景：	不详
顶头上司：	汉高祖、汉惠帝
荣誉称号：	文终侯
历史评价：	忠君爱国，鞠躬尽瘁，死而后已。
治国成就：	辅佐刘邦建立汉朝，采摭秦六法，重新制定律令制度。
重要事件：	萧何月下追韩信
历史遗迹：	萧何故宅
个性签名：	这辈子最对不起的就是韩信老弟！

萧何（？~公元前193年），谥号“文终侯”，汉族，西汉初期政治家，汉初三杰之一，沛（今属江苏沛县）人。辅佐刘邦起义，劝说刘邦接受分封，立足汉中。刘邦为汉王，以萧何为丞相。楚汉战争时，他对刘邦战胜项羽、建立汉朝起了重要作用。汉朝建立后，封为“酂侯”，后被拜为相国。为避免高祖诛杀，他以“自毁其名”的方法逃避被杀的危机。高祖死后，他辅佐惠帝。

最亲密的战友

谈到萧何，他的家庭背景我们已无可考证，只知道他是秦末沛县人，年轻时任沛县功曹（负责县里某项事务的主要吏员）。他平时勤奋好学，思维敏捷，对历代律令颇有研究。不仅如此，他性格随和，为人仗义，结交了许多益友，其中有刘邦、樊哙、曹参、夏侯婴，还有周勃，这些响当当的名人当时还没有名扬四海，由于他们年龄相近，志趣相投，不久便成了莫逆之交。尤其是对刘邦，感情更不一般。他见刘邦器宇轩昂，风骨不凡，谈吐也有别于众人，一看就是干大事的“料儿”，所以对他格外佩服。

刘邦斩蛇雕塑

秦二世元年（公元前 209 年）七月，陈胜、吴广在大泽乡闹起义，造成天下大乱。此时的萧何仍在沛县当功曹，他和曹参、樊哙、夏侯婴、周勃等人时常聚会，密切注视着局势的发展，并暗中与在芒砀山中的刘邦保持着联系。

在陈胜、吴广起义的威慑下，许多地方官吏也感到秦的暴政不能长久，于是也想反叛朝廷，归附义军，保全自己。萧何所在的沛县与蕲州相近，沛县县令眼看烽火遍地，生怕丢了脑袋，于是找来萧何、曹参等人，密商起兵之事。

萧何给他出主意说："你是秦朝官吏，沛县百姓恐难听你的话，要想成就大事，非把逃亡的豪杰请回来不可。如此一来，沛县自可安如泰山了。"

县令听完后，觉得这个主意不错。萧何见缝插针保举刘邦，请县令赦罪录用。县令左思右想，勉为其难，最终答应请求。于是，县令便派刘邦妻妹吕媭的丈夫樊哙去芒砀山找回刘邦，共同起义。刘邦当然没有不答应的理由，立即率众奔沛县而来。不料，县令见刘邦带了这么多哥们弟兄前来，慌神儿了，担心这支队伍不服从自己的领导，立即反悔了，不但将刘邦拒之城外，还把萧何等人监禁起来。刘邦兵临城下，见城门紧闭，就知道这"老小子"变卦了，当机立断将城池团团围住，准备攻城。意想不到的是，萧何、曹参也穿越层层封锁逃出来了。刘邦眼见自己的好哥们儿安然无恙，大喜过望。三人商议一番后，刘邦在帛上写了一封告沛县父老书，用箭射入城内。书中说："天下百姓共同忍受秦苛政之苦已经很久了，如今父老兄弟们却在为县令守城。天下诸侯并起，马上就要攻破沛县城池了。如果沛城的百姓现在起来诛杀县令，响应诸侯，则家室能得以保全。否则，父子都将白白地惨遭杀戮。"沛县百姓看了刘邦的信，群情激奋纷纷聚集起来攻入县衙，杀了县令，打开城门迎接刘邦。

汉高祖刘邦像

刘邦受到如此拥护，不敢懈怠，立刻召集沛城父老共商大计。群龙不能无首，对于刘邦的能力，大家是心悦诚服的，都推举刘邦为县令。无论心中作何想法，刘邦总是要推辞一下的："现今天下纷扰，诸侯并起，县令一职应该选择全县最有声望的人。我并非自爱，实在是因为德薄能鲜，误了自己是小事，倘若误了全城父老，那就百死莫赎，还是快快另选贤能，以图大事吧。"

刘邦的谦逊深深地感染了全城百姓，大家对他更加悦服。于是坚决请刘邦担任沛令。刘邦仍是再三推让，萧何苦劝也无济于事。众人无奈，便选出九位全县最有声望的人，连同刘邦共计十人，把十个人的姓名写在纸上，谨告天地，拈出何人，何人即为沛县县令，不得推辞。

萧何宅纪念碑。据明版《丰县志》载：萧何故宅在县东门北城之下。相传是汉代酂侯的故宅。其地最僻。按《史记》云：何为不治垣屋，令“后世贤，师吾俭”。即此。《江南通志》载：萧何宅在县城东门北城下，现废

萧何觉得这个办法很好，众人也十分赞同，纷纷表示：“萧功曹在县办事多年，做事精细，这件事情理当请萧先生主持。”

萧何设下香案，将十个纸阄放在一只盘内，一切准备就绪后，又转身对众人说：“刘邦最为乡亲信仰，拈阄之事，我看就请他来担任，以昭郑重。”众人齐声叫好。刘邦只得对天行礼之后，抓出一阄，当众展开一看，上面恰好写着自己的名字，看一眼萧何，又要推辞。萧何连忙阻止，一把将盘中剩余的纸阄抓起，放入口中嚼碎，然后高声说道：“天意所归，还有何说。”众人听了，欢声雷动。刘邦无奈，只好答应。于是，他们便在县衙大堂举行了仪式，誓师起事，并按楚国旧制，称刘邦为“沛公”。事后，刘邦才知道原来萧何所写的十个纸阄全是刘邦的名字，深知用心良苦，内心十分感激。从此，萧何成为了刘邦最亲密的战友。

深谋远虑的“劳模”

刘邦起义之初，势单力薄，当然不能够孤军奋战。秦二世二年（公元前 208 年）九月，项梁叔侄杀了会稽郡守殷通，举起义旗。不久，便招兵买马，拥立楚王第十二皇孙十三岁的熊心为王，并与刘邦会师薛城。都知道一山不能容二虎。谁都想当王者，于是，众将约定：项羽北向救赵，解巨鹿之围后，从北路向西攻

秦，刘邦从南路西进向关中进发。两路人马在击败秦军后，谁先入秦都咸阳，谁当关中王。

为了让自己立于不败之地，刘邦率军勇往直前，凭靠张良等人的谋划，避实就虚，剿抚并用，一路夺关斩将，直抵关中。萧何被任命为“后勤部长”，坐镇地方，督办军队的后勤供应。公元前206年十月，刘邦率大军兵临咸阳城。秦王子婴设计杀了奸相赵高，交出玉玺，向刘邦投降。于是，起义大军浩浩荡荡地开进咸阳城。秦都宫殿巍峨，街市繁华，将士们哪里见过这种气派，顿时忘乎所以，纷纷乘乱抢掠金银财物，连刘邦这种镇定自若的人也把持不住，趁着空闲，跑到秦宫去东张西望有点儿流连忘返了。华丽的宫室，奢华的摆设，成堆的金银珠宝，猎狗骏马，珍奇玩物，还有一群群的美女，让他眼花缭乱，飘飘然起来。他神魂颠倒地拥着美眉们走进胡亥的寝宫，往龙床上一躺，便进入了温柔乡。眼看着刘邦被这种奢靡的生活所诱惑，一点点的自甘坠落。大将樊哙当然不能坐视不管，他厉声正言道：“沛公想取天下，还是想当富翁？这些奢华之物，正是秦亡的祸根，切勿迷恋于此！”与此同时，张良等人也来陈述利害，刘邦这才幡然醒悟。当下命兵士查封皇宫府库，然后率众将士返回灞上。

汉高祖刘邦雕塑

相较于刘邦，萧何出淤泥而不染，进入咸阳后，财富美色皆抛之脑后，却急如星火地赶往秦丞相御史府，并派士兵迅速包围丞相御史府不准任何人出入。然后让忠实可靠的人将秦朝有关国家户籍、地形、法令等图书档案一一进行清查，分门别类，登记造册，统统收藏起来，留待日后查用。因为，依据秦朝的典制，丞相辅佐天子，处理国家大事；御史大夫对外监督各郡御史，对内接受公卿奏事。除了军权外，丞相和御史大夫几乎总揽一切朝政。萧何做官多年，当然知道这些。对此，全军上下无不佩服，刘邦在惭愧之余，说：“萧何确实是异才，不枉我提拔他一场。”萧何收藏的这些秦朝的律令图书档案，使刘邦对天下的关塞险要、户口多寡、强弱形势、风俗民情等等了如指掌，为制定正确的方针政策和律令制度找到了可靠的根据，对日后西汉政权的建立和巩固，起到了巨大的作用，功不可没。这也足见萧何的深谋远虑。

独具慧眼的伯乐

项羽画像

刘邦一马当先，抢先攻占咸阳城。项羽也不甘落后，率军入关。棋高一着的是，人家自封为西楚霸王，占有梁楚东部九郡之地，建都彭城（今江苏徐州）。不仅如此，这小子背信弃义，只让刘邦做了个汉王，管理荒远偏僻的巴、蜀、汉中之地，建都南郑。为了阻止刘邦东进，项羽又把关中地区一分为三，分封给了三个秦朝降将——雍王章邯、翟王董翳、塞王司马欣。

刘邦也不笨，他看出了项羽的险恶用心，气得直冒烟，想与项羽决一死战，怎奈势单力薄，实难取胜。只好采纳萧何、张良等人的建议，隐忍入蜀，休兵养士，广招人才，待机再与项羽争个高低。

要说选招人才，萧何可是个行家。他能够慧眼识人，刘邦如此，韩信亦如此。韩信原是项羽的部下，他有勇有谋，是天下无双的军事家。但项羽眼拙，没看出这是一人才，于是投到刘邦麾下。起初，刘邦让他当了一个管理粮草的小官，韩信没受到重用大失所望。但他运气不错，一次偶然的机会，结识了萧何。在接触过程中，萧丞相发现韩信有胆有识，是个不可多得的人才，所以多次向刘邦推荐，但并未引起刘邦的重视。

转眼间两个多月过去了。韩信见自己久在汉营仍不受重用，一气之下离开了汉营。萧何得知后，马上放下尚未处理完的紧急公务，亲自策马追赶韩信，连向刘邦打招呼的机会都没有。刘邦正为军中公务而焦急，忽然有军吏来报告说："萧丞相跑了。"刘邦一听大惊失色，说："这还了得！我正要与他商议军中大事，怎么他就逃走了！"当下派人去找萧何。一连两天也不见萧何的影子，急得刘邦坐立不安。

再说萧何为追韩信，不辞辛苦，一路问，一路追，直到天黑了，还没追上韩信。正想下马休息一下，忽然远远望见有个人牵着马在河边徘徊。萧何顿时精神抖擞，快马加鞭，大声喊道："韩将军！"他策马赶到河边，气喘吁吁地下了马，说："韩将军，咱们总算相识一场，算得上是朋友。你怎么不说一声，就这么走了？"韩信仍不吭声。萧何又说了一大堆劝他回去的话。这时候，滕公夏侯婴也策马赶到，两个人苦苦地哀求非要韩信回去不可。他们说："要是大王再不听我们的劝告，那我们三个人一起走，好不好？"韩信只好跟着他们回去。

青花"萧何月下追韩信"小梅瓶，明初，高31cm，色料苏青料

说到"萧何月夜追韩信"中间还有一段小插曲，那就是"寒溪夜涨"，当晚，韩信离走途中，要渡过一条寒溪，谁料寒溪涨水，韩信无法渡过，只得停下来，也就有了萧何看见一个人在河边牵马徘徊的一

“相国萧何追韩信至此”石碑

“寒溪夜涨”石碑

幕。正是这个“寒溪夜涨”才成就了韩信传颂至今的英名，成就了萧何汉室忠臣良相的美名，也成就了刘邦的千秋伟业。否则，秦末以后的历史就有可能要改写。

萧何去见刘邦，刘邦见到萧何又惊又怒，说道：“你为什么要逃跑？”

萧何说：“我不敢逃跑，我是去追逃跑的人去了。”

刘邦很好奇地问他：“你追的是谁？”

萧何答道：“韩信。”

刘邦听后，很不以为然地说：“逃走的将军有十多个了，也没听说你去追过谁，怎么偏要去追韩信？这明明是在骗我！”

萧何语重心长地说：“那些将军都容易得到，可韩信却是不可多得且独一无二的人才，跑了就太可惜了。大王如果只想当汉王，没有韩信也就算了；如果要准备打天下，那就非用韩信不可。您到底准备怎么样？”

刘邦雄心勃勃地说：“我当然想打出去，怎么能老困在这里呢！”

萧何答道：“大王若决定出汉中，能重用韩信，他自然会留下；如果不重用他，他终究会离开的。”

“那么，”刘邦下定决心说：“就依着丞相，让他做个将军，怎么样？”

萧何摇了摇头说：“叫他做将军，他还得走。”“那拜他为大将军怎么样？”刘邦问道。萧何回答：“很好。”

刘邦当即让萧何去召韩信来，马上任命他为大将军。萧何直率地说：“大王平时太不注重礼仪了。任命大将军是件大事，不是小孩子闹着玩儿似的叫他来就来。大王真要任命韩信为大将军，先得命人造起一座拜将台，选个好日子，大王还得沐浴更衣，亲自戒斋，然后隆重地举行任命仪式。这样，才能让全体将士都能听从大将军的指挥，就像听从大王的指挥一样。”刘邦说：“好吧，我都听你的，请你去办吧。”

几天以后，韩信从一个军中不出名的小吏一下子成为大将军。后来，韩信果然不负众望，在楚汉战争中，韩信率汉军渡陈仓，战荥阳，破魏平赵，收燕伐齐，连战连胜，在垓下设十面埋伏，一举将项羽全军歼灭，为刘邦平定了天下。很显然，在楚汉战争中，韩信军事才能的充分发挥和运用，乃至汉王刘邦能够最终夺取天下，从一定程度上来说，与萧何的慧眼识才，倾力荐贤是密不可分的。

现在，在陕西省留坝县城南三十三公里马道镇北凤凰山下寒溪河畔，矗立着一座碑亭，亭内共立有三块石碑，其中两块石碑记载了萧何追韩信的故事。一块系清乾隆八年（公元 1743 年）知褒城县事万世漠立，咸丰五年（公元 1855 年）马道士庶人等重刻立，上刻“汉相国萧何追韩信于此”。另一块刻有“寒溪夜涨”四个大字，上款为：“汉鄼侯追淮阴侯，因溪夜涨至此，故及之。”下款为：“清

当年萧何月下追韩信在这里立下的碑

嘉庆十年（公元1805年）旅蒙赤备（乙丑）暮春吉日，马道驿丞黄绶立。”溪边原有萧何庙一座，1983年溪河涨水，山势坍塌，庙宇随之被毁。

做合格的“后勤部长”

万事俱备，刘邦不再坐以待毙。于汉元年（公元前206年）八月，挥师东进，临行前，留下萧何全权打理军中后勤供给事务。汉军将士入蜀后，个个如猛虎下山，奋勇争先，直杀得雍王章邯的兵马丢盔卸甲，落荒而逃。汉军一路势如破竹，不到一个月便占据了三秦之地。刘邦令萧何坐镇关中，安抚百姓，同时负责兵员和粮饷的筹措与补给，自己则率大队人马浩浩荡荡地向彭城进发。

因为战火连连，关中已失去往日的繁华，变得残破不堪。萧何留守关中后，立刻投身到经济建设和社会建设中去。安抚百姓，恢复生产，全力收拾关中的残破局面。他一方面重新建立已经散乱的统治秩序，另一方面对百姓施以恩惠，以定民心。他不仅颁布实施新法，重新建立汉的统治秩序和统治机构，修建宫廷、县城等等。另外又开放了原来秦朝的皇家苑囿园地，让百姓耕种，赐给百姓爵位，减免租税等等。他还让百姓自行推举年龄在五十岁以上、有德行、能做表率的人，任命他们为“三老”，每乡一人；再选各乡里的三老为县三老，辅佐县令，教化民众，同时免去他们的徭役，并在每年的年末赐给他们酒肉。萧何办事精明，施政有方，

西汉前期组玉佩

颁布利民法令，老百姓从中得到了实惠，搞好建设的积极性也提高了。同时也保障了前线的需要。

再说这刘邦，乘项羽大军东征之机，攻占了项羽的老巢彭城（今江苏徐州）。汉军进驻彭城后，被胜利冲昏了头脑，麻痹大意，放松警惕，不久便被项羽率三万精兵绕道杀回，将刘邦团团围困于彭城灵璧（今安徽濉溪市南）。幸亏陈平献“金蝉脱壳”之计，才得以带着数十骑残兵败将逃回荥阳。这时，关中的壮丁多数已被征发，危急情况下萧何调拨老弱及不到服役年龄的少年到荥阳增援，韩信也收兵与刘邦会师，刘邦这才得以重振旗鼓，与项羽大军相持于荥阳、成皋一带。

当时，萧何坐镇关中，配合军队全力做好后勤工作。有关事项每次报呈刘邦，刘邦看都不看总是同意。有时来不及报告，萧何也可以根据具体情况先行执行，等刘邦回来再作报告。刘邦几次战败，当时萧何若稍有二心，便可置他于死地。可萧何每次都征发关中兵，补足汉军缺额，刘邦也因此得以重新振作，多次转危为安。

西汉半两铜质母范

公元前203年，项羽终归抵挡不住刘邦的大军，陷入了兵尽粮绝的困境。而刘邦的部队，却兵强马壮。刘邦越战越勇，让项羽兵败垓下，自刎而亡。

开国第一侯

消灭项羽、平定楚地后，刘邦顺应民心，于公元前202年二月初三，即位称帝。为了庆祝这一盛事，他在洛阳南宫大宴群臣。席间，觥筹交错，君臣共饮。刘邦显得特别高兴，他说：“你们都说实话，我为什么能够夺取天下？项羽又为什么会失去天下？”群臣众说纷纭。刘邦最后说：“你们只知其一，不知其二。

运筹于帷幄之中，决胜于千里之外，我不如子房（张良）；镇国家、抚百姓、供军需、给粮饷，我不如萧何；指挥百万大军，战必胜，攻必克，我不如韩信。这三个人都是人中豪杰，我能用他们，所以能得天下。项羽只有一个范增还不能重用，因此最后败在我的手中。”

不难看出，刘邦认为张良、萧何、韩信是他最得力的功臣。其后，刘邦论功行赏，定萧何为首功，封他为酂侯，食邑最多。许多功臣很不服气，私下里议论不休。他们认为萧何也只不过一介书生，做个文字后勤工作而已，并没有将帅之才，不能统兵打仗，所以还轮不到他。

萧何雕像

刘邦却另有高论，对他们说：“你们知道猎人吗？打猎的时候，追杀野兽的是猎狗，而指示行踪，放狗追兽的是人。如今诸位只是能猎获野兽，相当于猎狗的功劳。至于萧何，他能放出猎狗，指示追逐目标，那相当于猎人的功劳。况且你们只是一个人追随我，多的也不过带两三个家里人，而萧何却是全族好几十人跟随我，这些功劳怎么能抹杀呢？”众人听罢，都无言以答。

诸侯分封完毕，接着是排位次。群臣都说：“平阳侯曹参跟随陛下南征北战，身受七十余处战伤，攻城略地，功劳最多，应排第一。”刘邦已经力排众议，给了萧何最高的奖赏，这次也不好再逆势而为，不过他心里仍然认为萧何应该排在第一位。当然，这样认为的还不止他一人，关内侯鄂君也有这种想法。他说：“在楚汉战争中，陛下有好几次都是全军溃败，只身逃脱，全靠萧何从关中派出军队来补充。有时，就是没有陛下的命令，萧何一次也派遣几万人，正好补充了陛下的急需。不仅是士兵，就是军粮也全靠萧何转漕

西汉骑兵图

关中，才保证了供应。这些都是创立汉家天下流传后世的大功劳，怎么能把像曹参等人只是一时的战功列在万世之功的前面呢！依臣之见，萧何应排第一，曹参第二。”刘邦一听，鄂君与自己政见相同，于是顺水推舟，把萧何排为第一，准许他穿鞋带剑上殿，并封了萧何的父子兄弟十多人。这样，萧何位列众卿之首，被称为“开国第一侯。”

西安最早的规划者

国家诸多大事尘埃落定，定都的问题被提上日程。经过综合考量，洛阳成为都城首选，戍卒娄敬却有不同的政见，他建议依借关中的险要形势，定都咸阳（今陕西长安县西北）。刘邦征求张良的意见后，当即决定定都咸阳，并封娄敬为奉春君，赐姓刘。于是，命丞相萧何营建咸阳。

萧何不敢懈怠，认真督建。公元前 199 年，皇宫竣工，萧何奏请御驾巡察。

刘邦知道后大悦，立即前往。萧何接驾，导入游观。只见殿宇规模，亦皆高敞，尤以前殿最为豪华壮丽。武库、太仓，分建殿旁，气象巍峨。刘邦巡视一番后，嫌宫室过于壮丽豪华，责备萧何道：“朕之起义，原为救民。现今天下初定，民穷财尽，怎将这座宫殿造得如此奢华？”

萧何见汉帝责怪，不慌不忙地说：“正因为天下刚刚安定，才好借机会多征发些人和物来营建宫室，况且天子以四海为家，宫室壮丽才能显出威严，也免得子孙后代再来重建。”

刘邦见萧何回答得如此得体，便转怒为喜道：“如此说来，朕未免错怪你了。”萧何听汉帝在安慰自己，接着说：“这件事微臣虽蒙陛下宽宥，但来日方长，难免有误，还望陛下多多赐教。”

汉帝微笑着说：“你做事颇有远见，朕记得当年攻破这里时，兵将们都乘乱入宫，未免有所携取，唯独你只拿了书籍表册，实在难得。”

萧何亦笑道：“臣没有什么长处，一生为吏，对于前朝典籍，视为至宝，平日得以借鉴。今为陛下一语道破。陛下天资聪慧，事事留意，臣真是不如您的万分之一啊。”汉帝听了大喜，便指着未央宫的四周，对萧何道：“这里可以添筑城垣，作为京邑，就叫长安吧。”从此，咸阳便更名为长安了。也就是今天的西

今西安城外景

汉朝未央东阁瓦

未央东阁瓦

该瓦砚长约十二厘米，宽约八厘米，高度和重量未测，背面有汉隶阴文，中央为：「汉未央东阁瓦」，左下角为「萧何制」，正面墨池中有墨迹。该瓦砚上没有被后人添加任何文字。该瓦砚可能是萧何为自己制的瓦砚，不是后人用萧何监造的未央宫瓦制作的汉瓦砚。现藏台北故宫博物院的“汉代未央宫东阁瓦砚西清砚”的大小为纵：二十三点八公分，横：十七公分，厚：三点九公分。未央宫瓦上的字为：「大汉十年」,「未央宫东阁瓦」以及「酂侯萧何监造」’这瓦砚坚硬而细润。体质细腻而坚如石，符合《文房四谱》的介绍，但是否“不费笔而发墨”，因未曾使用，不得而知。

安。萧何成为该城的最早规划和设计者。

成败萧何

人居高位，总会高处不胜寒。做了西汉皇帝的刘邦亦如此。公元前 202 年二月，为了巩固新兴的西汉政权，他开始铲除异己。韩信功高盖主，且握有兵权，恐养虎为患，便先拿他开刀。其实，早在韩信为大将军后，刘邦便对韩信有所疑忌。他一方面巧妙地利用韩信攻城略地，为汉王朝的开疆拓土；另一方面，积聚实力，一步步地排挤、贬低韩信。刘邦的高明之处表现在楚汉战争中，当韩信在北线破魏平赵，收燕伐齐后，虚抚韩信，封他为齐王；待汉军兵围楚军于垓下、最后消灭项羽后，刘邦旋即改封韩信为楚王，使其远离根基深厚的齐地；其后又借巡游云梦泽之机，设计擒住韩信，并以谋杀罪将其押回京都，软禁起来，同时削去了韩信的兵权，最后将其降为只有虚名的“淮阴侯”。

这样的不公待遇，必然引起韩信的逆反情绪。公元前 197 年，阳夏侯陈豨举兵谋反，自立为王。刘邦亲率大军前去征讨。韩信推说自己有病，没有随同前往。谁知，韩信手下的人上书告发，说陈豨造反是韩信怂恿的，而且早已秘密约定，里应外合，由韩信做内应，准备在一天夜里，假传圣旨，释放囚在牢里的所有奴隶和犯人，干掉吕后和皇太子刘盈，然后共取天下。吕后一听，这还了得！急忙秘密召见丞相萧何，商量对策。二人商定对策后，由萧何去执行。

韩信雕塑

事关重大，萧何心中百感交集，为了不打草惊蛇依计派出一名心腹，打扮成军人模样，偷偷绕到北边转了一圈，回来故意称是皇上派来报信的，说陈豨叛军已被缴灭，皇上大获全胜，就要班师回朝。众臣听到捷报，无不欣喜都来宫中贺喜，只有韩信称病不出。第二天，萧何就派人请韩信到相府赴宴，谁知韩信请了病假，婉言谢绝。萧何便亲自来到韩信府上，以探病为由，直接进入韩信的内室。韩信见萧何已经来了，再也无法推托，只得与萧何寒暄一番。萧何说："我和你向来是好朋友，请你去赴宴，是有话对你说。"韩信忙问有什么话。萧何说："这几天皇上从赵地发来捷报，说征讨大军大获全胜，陈豨已经逃至匈奴。现在朝中的王侯，都亲自进宫去向吕后祝贺。你自称有病不上朝，已经引起人们的怀疑了。所以我是来劝你同我一起进宫，向吕后道贺，消除人们的怀疑。"

萧何说得情真意切，再加上是他原保之人，所以对此他深信不疑，便跟着萧何来到长乐殿向吕后道贺。岂知宫里早已埋伏着刀斧手，吕后一见韩信中计。喝令刀斧手将韩信绑翻在地。韩信见事不妙，急忙呼叫："萧丞相快来救我！"他哪知这是萧何与吕后共同的计谋。吕后坐在长乐殿上，尽数了韩信如何与陈豨暗约谋反，如何欲害她和太子等罪，也不容韩信申辩，便令刀斧手把他拖到殿旁钟室中杀死。韩信死了，他的父、母、妻三族难逃厄运。

萧何辅助吕后诛杀韩信有功，刘邦因此对萧何更加恩宠，加封五千户。

伴君如伴虎

萧何计诛韩信，成就了功臣的美名，刘邦对他恩宠有加，高官厚禄接踵而至。为了庆祝自己荣升，萧何在府中大宴宾客。有一个名叫召平的门客，身着素衣白履，昂然进来吊丧。本来萧府内外一派喜气洋洋，这人一来完全破坏了气氛。萧何怒不可遏。

这位名叫召平的人，原是秦朝的东陵侯。秦亡后隐居郭外家中种瓜。萧何入关，闻知贤名，招至幕下，每有行事，便找他计议，获益匪浅。今天，他见萧何仍未领会他的意思，便说："相国不要高兴得太早，从此后患无穷啊！"萧何大惑不解，问道："我位居丞相，陛下恩宠有加，且我遇事小心谨慎，不敢稍有疏虞，你何出此言？"召平说道："主公没看见淮阴侯韩信的下场吗？"聪明的萧何一听，恍然大悟，猛然惊出一身冷汗。第二天早晨，萧何便急匆匆入朝面圣，力辞封邑，并拿出许多家财，拨入国库，移作军需。汉帝刘邦果然十分高兴。

同年秋天，英布谋反，刘邦御驾亲征。他身在前方，每次萧何派人输送军粮到前方时，刘邦都要问："萧相国在长安做什么？"使者回答："萧相国爱民如子，除办军需以外，无非是做些安抚、体恤百姓的事。"刘邦听

刘邦雕像

山河堰是西汉相国萧何所筑，曹参落成，世世代代浇灌汉中的肥田沃土

后，总是默不作声。

使者如实回报给萧何，萧何并不了解其中的缘由，于是，他就去请教自己的门客。一门客说："主公不久就要满门抄斩了！"听到此话，萧何大惊失色，忙问其中的原因。那门客接着说：

"主公位及百官之首，还有什么职位可以再封给您呢？况且您一入关就深得百姓的爱戴，到现在已经十多年了，百姓都拥护您，您还再想尽方法为民办事，以此安抚百姓。现在皇上之所以几次问起您的起居动向，就是害怕您借助关中的民望有什么不轨行动啊！试想，一旦您乘虚号召，闭关自守，岂非将皇上置于进不能战，退无可归的境地？如今您何不贱价强买民间田宅，故意让百姓骂您、怨恨您，制造些坏名声，这样皇上一看您也不得民心了，才会对您放心。"萧何很是无奈地长叹一声，说："我怎么能去剥削百姓，做贪官污吏呢！"门客说："您真是对别人明白，对自己糊涂啊！"

萧何何尝不明白，对于一般的小官吏，汉帝并不怕他们有野心。所以一有贪赃枉法行为，必遭严惩。对于自己这样的大臣，汉帝害怕他们功高盖主，威胁到他的统治。对于贪赃枉法那些小事，反不足轻重了。为了打消刘邦的疑忌，保全自己，萧何不得已违心地做些侵夺民间财物的坏事来自污名节。

好事不出门，坏事传千里。果不其然，萧何的所作所为就被人密报给了刘邦。刘邦听后，不做裁决。当刘邦从前线凯旋归来时，百姓拦路上书，控告萧相国强夺、贱买民间田宅，价值数千万。刘邦回到长安后，萧何去见他时，刘邦笑着把百姓的上书交给萧何，意味深长地说："你身为相国，竟然也和百姓争利！你就是这样'利民'啊？你自己向百姓谢罪去吧！"刘邦表面上让萧何向百姓认错，补偿田价，可内心里却暗自高兴，对萧何的怀疑也逐渐消失。

萧何违心地干了侵害百姓利益的事情，于心何忍，想方设法补偿百姓。这个机会终于来了。萧何看到长安一带耕地狭小，百姓缺衣少食，可是天子的上林苑中却有许多闲着的荒地用来放养禽兽。萧何觉得太浪费了，便上奏请皇上把这些荒地分给百姓去耕种，收了庄稼留下禾秆照样可以供养禽兽。

他这样做是聪明反被聪明误。汉帝刘邦当时正在病中，见此奏章，恨萧何取悦于民，一怒之下，下令将萧何逮捕入狱。文武百官见龙颜大怒，都不敢替他申辩。幸亏有一个名叫王卫尉的人，平日敬仰萧何的为人，在侍卫刘邦时顺便向刘邦探问："萧相国犯了什么大罪？"

西汉早期鎏金铜马

刘邦余怒未消，道："休要提他！提起他朕就生气。当年李斯为秦相时，做了好事都归君主，出了差错就揽在自己身上。现在萧何受了商人的许多贿赂，竟要求我开放上林苑给百姓耕种，这分明是想取悦于民，自己得个好名声！不知道把我看成是什么样的君主了！"

王卫尉了解了其中的缘由，便给刘邦找了一个台阶下，他说："陛下未免错疑丞相了。相国为百姓谋利，百姓感激，断不会只感激丞相一人，因为有这样的良相，肯定是贤明之君主选用了这样的人才所致。还有一层，丞相如有野心，

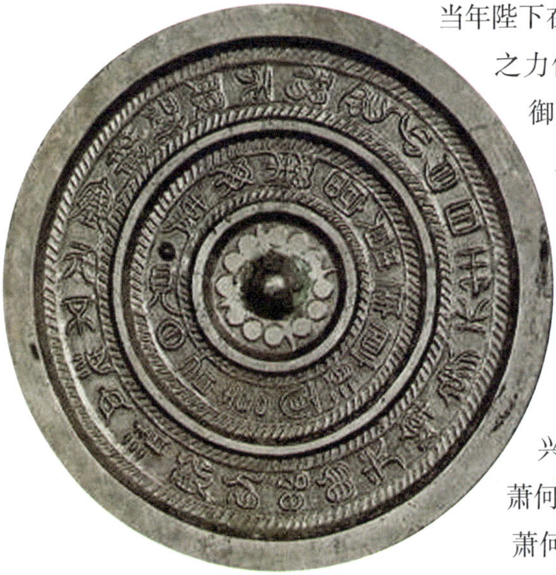

西汉双圈铭文镜

当年陛下在外征战数年，他那时候不费吹灰之力便可坐据关中，何至为了这区区御苑，讨好百姓，而去收买人心呢？”王卫尉见汉帝听后有所动摇，继续说道：“前秦灭亡，正因君臣猜忌，才给了陛下机会。陛下若疑忌萧丞相，不但小看了萧何，也看轻了陛下自己呀。”这番话切中要害，刘邦虽然还是不大高兴，但不再坚持，当天就命人放了萧何。

萧何当时已是六十多岁的老人了，见刘邦开恩释放了他，肯定是感恩戴德了。刚从牢里出来，也顾不得梳洗打扮，就急匆匆地上殿谢恩。刘邦见萧何如此狼狈，也觉得有些过意不去，便安抚萧何道：“相国不必多礼！这次的事，原是相国为民请愿，我不允许。我不过是夏桀、商纣那样的无道天子罢了，而你却是个贤德的丞相。我之所以关押相国，就是要让百姓知道你的贤能和我的过失啊！”刘邦的这段话虽然言不由衷，但还是可以看出他对萧何的勤政爱民是表示认可的。经过此事，萧何对刘邦更是诚惶诚恐，恭谨有加了。刘邦也照例以礼相待，但萧何从此对国事就只能保持沉默了。真应了那句话，伴君如伴虎啊！

古典知识

萧何定律

所谓“萧何定律”，是指萧何制定的《九章律》（《盗律》《贼律》《囚律》《捕律》《杂律》《具律》，增加《户律》《兴律》《厩律》），是汉政府治理社会的基本大法。但《九章律》不能涵盖所有社会领域，故叔孙通又制《旁章》十八篇，张汤定《越宫律》二十七篇，赵禹作《朝律》六篇，作为补充法。另外，还有由皇帝和各级政府下达的具有法律效应的各种“令”，共同形成了汉代律令的法制体系，是汉帝国维护社会秩序的主要手段，其中以《九章律》最为重要，对后世影响也最大。

鞠躬尽瘁

汉惠帝安陵

汉十二年（公元前 195 年）四月二十五日，汉高祖刘邦走完了他的一生，享年六十二岁。国不可一日无君，太子刘盈成了接班人，即汉惠帝。萧何并没有因为刘邦的去世而离开政治舞台，继续担任丞相。不过这时，萧何年事已高。这期间，萧何在“约法三章”的基础上，参照秦法，摘取其中合乎当时社会情况的内容，制定了律法共九章，这是汉朝制作律令的开端。萧何制定的汉律九章，删除了秦法的苛繁、严酷，使法令更为明简。

人算不如天算。公元前 193 年，年迈的相国萧何，由于常年为汉室操劳，终于卧病不起。病危之际，汉惠帝亲自前往探望，并趁机询问：“丞相百年之后，谁可代之？”接着惠帝又问，“曹参如何？”萧何听了，竟挣扎起病体，向惠帝叩头，道：“陛下能得到曹参为相，我萧何即使死了，也没有什么遗恨了！”

曹参像

萧何死后，曹参继任丞相，一切公务悉照旧章，照例而行，清静治民，乐在其中。长此以往，一些朝臣便在惠帝面前参奏他因循苟且，惠帝也疑心他倚老卖老，便召见曹参问其缘故。曹参反问惠帝道：“陛下自思圣明英武，能及先帝吗？”

惠帝被问得涨红了脸，答道：“朕年未成冠，且无阅历，如何比得上先帝！”

曹参又问：“陛下视臣及得萧丞相吗？”“朕看来似乎也不能及。”惠帝答道。“陛下说的正是！伏思先帝以布衣起家，南征北战，才有了天下。如果不是大智慧、大勇毅，怎么能有今天。萧丞相明订法令，中具规模，施行已久，万民称颂。

萧何墓

萧何墓在陕西省汉中市城固县小东门外二里杜家漕，坐西向东，长十五米，宽十米，高五米。墓东有萧何祠庙一院，今为莲花乡敬老院住所。墓前原有墓碑一道，被当地移砌于水渠溜漕下，尚未复原。

《城固县志》载："萧何墓在县东北二里杜家漕。"

《续修陕西省通志稿》载："汉丞相萧何墓在（城固）县西北（应为东北）二里杜家流（流应为'漕'）。"

《咸阳县志》："相国萧何墓在（咸阳）县东北三十五里王村西一里。"

《东观汉记》："萧何墓在长陵（刘弗墓）东司马门道北百步。"

《括地志》："萧何墓在咸阳东北三十里。"

旧志按，萧何陪葬长陵，则墓在咸阳信矣。

《城固志》：'萧何墓在（城固）县西二里杜家浇（应为县东北二里杜家漕）。岂因何在汉中日久，其民思之而起冢欤？"

据上引史料可知城固县的萧何墓，是因萧何当年在汉中开创水利，发展农业，对汉中人民做了好事，人民给他修了一座纪念墓。

萧何墓

今天陛下用臣为相，只要能够奉公守法，遵照旧章，能继旧业，已属幸事。若自作聪明，推翻成法，必会导致上下紊乱，要想再恢复太平之日，恐怕就难了！"惠帝恍然大悟。就这样，曹参位相三年，极力主张清静无为不扰民，遵照萧何制定好的法规治理国家，使西汉政治稳定、经济发展，人民生活日渐提高。

点评萧何

萧何，刘邦评价为"镇国家，抚百姓，给粮饷，不绝粮道"之人，汉朝建立封的第一人就是他"萧承相"。而无论从打天下还是治天下来看，萧何确实不愧是汉初一位具有卓越谋略的"镇国家、抚百姓"的治世能臣、一代名相。

萧何塑像

陈平

——六出奇计定社稷的谋臣良相

姓　　名：	陈平
别　　名：	不详
生　　卒：	？～公元前 178 年
家　　乡：	阳武（今河南原阳东南）
性　　格：	足智多谋，锐意进取
爱　　好：	谋略、用人
所处朝代：	西汉
家庭背景：	贫民家庭
顶头上司：	汉高祖、汉惠帝、汉文帝
荣誉称号：	曲逆侯
历史评价：	陈平“六奇既用，诸侯宾从于汉；吕氏之事，平为本谋，终安宗庙，定社稷。”
治国成就：	救纠纷之难，振国家之患。
重要事件：	白登解围、诛灭诸吕
历史遗迹：	陈平古庙
个性签名：	我可是三朝元老啊！

陈平（？～公元前 178 年），西汉阳武（今河南原阳东南）人。他足智多谋，锐意进取，屡以奇计辅佐刘邦定天下，汉初被封为曲逆侯。汉文帝时，曾升为丞相。陈平的一生充满了传奇色彩。

人穷志不穷

公元前200多年的一天夜里，月黑风高，黄河里浊浪排空，岸上树影摇曳，见此情景，摆渡的艄公料定不会有过客了，正准备躲进小舱喝壶热酒，忽闻岸上有人高喊："艄公，行个好，将我渡过去。"声音很是迫切。

原阳陈平祠门外景观

艄公抬头一望，黑影中只见来人身躯魁伟，气宇轩昂，像个将军。少时，客人走到船边，揖手行礼道："行个方便吧，艄公，我多给你些银两。"

陈平被艄公所救而脱险场景

艄公见此人仪表非凡，黑夜独行，必是私逃的将官，一准带着不少金银细软，待船到江心，敲他一竹杠。想到这儿，艄公忙解开绳，划动舟楫。船到江心，乘客发觉艄公神色不对，大有谋财害命之意。见情势危急，乘客急中生智，诡说船摇得太慢，恐误行程，索性脱去上下衣裳，往船板上用力一甩，便去帮艄公摇船。艄公见此人腰间别无一物，衣服落在地上也没有硬物撞击的声音，知道他行囊空空，大失所望，于是打消了害他的念头。

机灵的乘客死里逃生，他上得岸来，朝艄公施了个礼，便急如星火，朝前方走去。这乘客便是陈平。

陈平少年时父母双亡，同哥嫂一起生活。他家境贫穷，只有三十亩薄地。可陈平并不把心思放在种地过日子上，而是一心一意地读书，犹喜钻研黄帝、老子之学。他的哥哥陈伯是个忠厚人，看到自己的弟弟如此聪明好学，就心甘情愿地挑起全家生活的重担，不让弟弟在学习上分心，还支持他到外地求学。

几年以后，陈平便成了当地闻名遐迩的饱学之士，而且长得一表人才，身体高大魁伟，肤色白润而微胖。一天，陈平在家正同嫂子一起吃麦饼。正巧邻居有人前来闲聊，见陈平面色丰腴，便打趣地问陈平："你家那么穷，你究竟吃了什么好东西，长得这么白胖？"他嫂子刻薄地说："也不过是吃些麸糠粗粮罢了。"他嫂嫂对陈平不干活，早就不满意了，所以在人前人后，就免不了发泄几句，可是陈平的哥哥极偏爱自己的弟弟，听到妻子经常这样数落弟弟，很生气，竟把妻子给赶走了，继续支持陈平读书求学。

陈平长到该结婚的年龄了，却迟迟未能婚配。有钱人家看到陈平这样穷，没有人愿意把女儿嫁给他；穷人家的姑娘，陈平还看不上，他的婚事就这样耽搁着。但事有凑巧，乡里有个富人叫张负，他的孙女先后嫁了五次人，五次都是不久就死了丈夫，因此再没有人敢娶她，可陈平却很想娶她。张负知道了陈平的心意，倒并不嫌他穷，而想了解一下他的人品怎样。这时正碰上乡里有一户人家办丧事，陈平来给这家帮忙。他每天总是早去晚归，特别勤快。张负也来参加丧礼，他对

西汉前期玉三凤饰璧

陈平特别注意。陈平知道张负在注意自己，也就故意走得晚些。张负觉得这个小伙子外表既高大英俊，又懂事勤快，第一印象是好的。为了加深对陈平的了解，张负又悄悄来到陈平家门口，看看他居住的地方。发现陈平家的房屋虽然简陋，门口却有许多尊贵者车马往来留下的辙迹，因此他觉得陈平决不是凡夫俗子，将来定会有大出息，心里的主意便拿定了。

这天，张负回家后，召来儿子张仲，说："我想将孙女许配给陈平。"

张仲愕然道："陈平是个穷人，何以与他提起亲来？"

张负道："世上像陈平这样的奇伟男子，岂能长久贫穷！"

张仲仍不太愿意，便回房间问自己的女儿。他的女儿虽然一直低头不语，但看她那种神情似乎很愿意。正巧陈平的朋友前来说亲，张负便一口应允了。又暗地送给陈平许多银两，作迎娶之资。陈平喜出望外，不久便成了亲。娶亲这天，张负又叮嘱孙女，叫她谨守妇道，切勿倚富欺贫。孙女唯唯听命应允。到了陈家，洞房花烛，万分如意。这时，陈平的哥哥陈伯也另讨了一房亲事，陈平夫妇待兄嫂如同父母。妻子温柔贤惠，很难能可贵，陈平从此去掉了建功立业的后顾之忧。纵然是处理婚娶这种家庭事务，也可见陈平智谋非寻常人可比。

陈平自从娶了张负的孙女，用度自然宽裕，交游也就更广泛了，就是邻里乡亲，也早已另眼相看了。有一天，里中社祭，大家便一致推举陈平为社宰。陈平本有大才，社中分肉小事，自然不在话下。肉分得均匀公道。那些里中父老，交口称赞道："好一个陈平孺子，不愧社宰！"听了这样的赞美之词，陈平却叹息道："假若让我主宰天下，也会像分肉这样公平。"年轻的陈平，早已立下了均平天下的壮志。

弃项投刘

陈平告别了自己的兄长亲友，先是带领一帮年轻人来到临济（今河南长垣县南），投奔被陈胜立为魏王的魏咎。陈平很想为魏咎出谋划策，干一番事业。魏咎虽用陈平做了太仆（九卿之一，掌车马），可是当陈平向他进献天下大计时，他却并不怎么感兴趣。这时又有人在魏王跟前说陈平的坏话。陈平觉得在魏王这里很难实现自己的抱负，便悄悄地离开另寻出路去了。

公元前 207 年，秦将王离、章邯率兵进攻赵王歇，将赵王歇包围在巨鹿城（今河北平乡县西南），形势万分危急。赵王歇向楚怀王求援。楚怀王于是任命宋义为上将军，项羽为次将，范增为末将，北上救赵。当项羽抵达黄河时，陈平前往归附，并跟随他一起救赵，入函谷关。楚汉战争爆发以后，殷王司马印于汉二年春背楚降汉。项羽封陈平为信武君，率兵进击殷王，并不费一兵一卒收降了司马印。

三月，刘邦率大军再取殷王领地，司马印战不利，只能向项羽告急。项羽派陈平率兵救援，谁知援兵未到，司马印已被汉将樊哙活捉，

江苏徐州世界刘氏总会会馆里的刘邦挂像

韩信、刘邦、陈平、张良四人画像

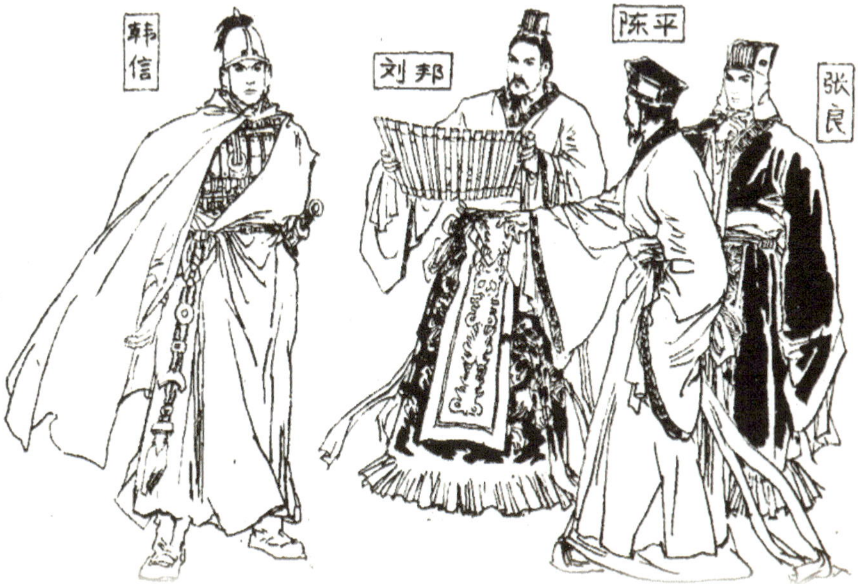

解交汉王。刘邦从座位上走下来亲自为司马印松绑，司马印感念刘邦的不杀之恩，便又归降了汉王，仍去镇守原地。项羽闻知此事后，恼恨司马印反复无常，以致迁怒陈平，要尽斩昔日陈平收降殷王的将士。陈平见项羽无道伐能，难成大事，便挂印封金，连夜逃离楚营。再说汉王刘邦厉兵秣马，志在大略。这一天，汉军部将魏无知正在帐中议事，忽有一军吏来报，说有一美男子前来投谒，自称是魏将军的故人。魏无知出帐迎接，见是陈平，行礼后道："听说你投奔了项羽，今天怎么会到这里来？"陈平顿首答道："小弟险些没命再见你。"魏无知惊问原因，陈平道："之前因为殷王司马印谋叛，项王派我引兵征讨，我因不想使兵马劳顿，便向殷王陈说利害，殷王谢罪了事。近日，汉王攻打殷，项王又命我率兵救援，谁知我行至途中，司马印已经投降了汉王。项王怪我延误军情，便要加罪于我，我只好举身西走，逃到这里。"魏无知听罢，说道："汉王豁达大度，知人善任，远近豪杰，接踵来归。今天你弃暗投明，我定当代为举荐。"陈平拱手相谢。

第二天，魏无知带陈平面见刘邦，两人纵论天下大事，十分投机，真是相见恨晚。当谈到对楚用兵方略时，陈平详说路径，了如指掌。他说："目前项王正带兵伐齐，楚地空虚，我军当迅速东进，捣其巢穴，如果能进入彭城，截断楚军归路，那时楚军心乱，容易溃散，项王虽然勇猛，也无济于事了！"

一席话正中下怀。只见刘邦眉飞色舞，询问陈平在楚军官授何职。陈平说："都尉。"汉王道："我也任你为都尉，掌握护军如何？"陈平拜谢而去。

谁知跟随刘邦起义的一些将领，不满于陈平刚来即受重用，纷纷对刘邦说："陈平刚来，心迹未明就如此重用，恐怕不妥。"汉王听后，一笑置之，而且更加厚待陈平。

陈平自从担任护军后，急切筹备，限令极严，众将一时布置不及竟有的想去向陈平行贿，乞求宽限时日。一来二去，有些人便隐约抓住把柄，推举周勃、灌婴出面，晋见汉王道：

"陈平虽美如冠玉，恐怕徒有其表，没有真才实干。我们几个人听说他在家时，与其嫂通奸，如今他掌管护军，又喜欢受贿。这样的品行，不可不察。主公不要被他的言辞所迷惑呀。"

刘邦听罢，心中也不免生起疑来，于是召魏无知责问道："你向我举荐陈平，我今天才知道他以前曾与其嫂通奸，现在又受贿，你为什么向我举荐这么一个无行之人？"

魏无知并非真的"无知"。他见汉王责怪自己，便应声答道："我向主公推

寿县古城石栏桥

荐的是能出奇谋安天下的人，主公指责其品行，其实并不是当前军事要务。如今楚汉相争，全仗奇谋，以资佐助。即使有信如尾生、贤如孝己的人出来，如果没有奇谋异计，也是于军事无补。主公只问陈平所献计策能否管用，何必追究其盗嫂、受贿等事呢？如果陈平果真没有什么真才实学，我甘愿受罪”。

魏无知的一席话，说得刘邦半信半疑。于是，刘邦又召陈平责问道：“先生仕魏不终，仕楚又去，如今又与我共事，难道不令人疑心你的信义吗？”

陈平答道：“我离开魏王、楚王，是因为他们不能用人。听说您能重用人才，这才冒死前来投靠。我在楚军时，因项王怀疑我，所以离开项王而归汉，封金还印，只剩得我孑然一身，来投靠主公。我如果不受贿，衣食难济，还有什么时间为主公筹划大事呢？至于我的家事，纯属无稽之谈。主公如果认为我还是个有用的人，不妨听臣行事，不然我可以立即离去。”汉王听罢，微笑着说：“你若能帮助我成就大业，我也一定能让你衣锦还乡！”说罢，便重赏陈平，又升陈平为护军中尉，监护诸将。从此以后，诸将再也不敢妄言陈平之短了。

后来，陈平在辅助刘邦的过程中不负信任，在关键时刻六出奇计，功劳显著。

巧施反间计

在楚汉战争最激烈的时刻，汉王刘邦听从陈平的计策，趁项羽伐齐之机，率领五十万大军攻占了项羽的巢穴彭城。进驻彭城之后，刘邦耽于酒色，一味享乐，又自恃兵多，麻痹轻敌，放松戒备，加上汉军虽号称五十万，却多是临时归顺的诸侯军，联盟不牢，军心不齐。项羽听了从彭城逃出来的虞氏兄妹哭诉后，立即命大将龙且和钟离昧带二十万人马平定各国，自己带范增、项庄、季布、桓楚、虞子期等大将率三万精兵回师彭城，杀得汉军猝不及防。联盟解体，汉军死伤二十余万，刘邦带着少数残兵落荒逃到荥阳城，结果又被乘胜追击的楚军团团地围在城内达一年之久。刘邦请求割荥阳以西以求和，项羽又不允，面对这危机的形势，刘邦情绪低落，沮丧地对陈平说："天下纷纷扰扰，何时可得安宁？"

陈平不慌不忙，胸有成竹地说："主公不必忧虑，眼下情势正在发生变化。

项羽塑像

只要主公扬长避短，天下顷刻可定。”刘邦欲问其详，陈平道：“项王主要依靠范增、钟离昧、龙且和周殷几个人。主公如能舍得几万斤黄金，可施反间计，使他们君臣相互猜疑。项羽本来就好猜忌信谗，必然引起内讧而互相残杀。

到那时，我军乘机反攻，势必破楚。”刘邦深信不疑，便给陈平四万两黄金，任其支配。

陈平于是就开始用这笔钱积极在楚军中施行他的反间计。他一面派使者入楚，致书项羽，一面又用重金收买了一些楚军将士，让他们四处散布流言，说范增、钟离昧等大将为项王带兵打仗，功劳很多，却始终得不到项王分封土地给他们，也得不到侯王的爵号，他们心里有怨气，打算同汉军联合起来，去消灭项氏，瓜分项氏的土地而自立为王。

项羽见过汉王的求和书信，自然不肯答应。但对那些流言，却疑心顿生，于是便派使者进城探听虚实。

范增墓

楚王使者进入荥阳城，陈平带人列队出迎，并把使者请进客厅，摆下丰盛的酒席。陈平假意作陪，殷勤问道：“范亚父派贵使前来有何见教？范老先生和钟离将军一切都好吧？他们有书信吗？”楚使者被问得莫名其妙，不知如何回答，只好说：“我是霸王派来的使者，怎么会有范老先生和钟离将军的信札？”陈平听罢，故意皱起眉头说：“噢！原来你不是范老先生和钟离将军派来的。”

陈平说罢，白了楚使一眼，刷地放下手中的酒杯，站起身大步走了出去。楚使者看着这一切，心里十分纳闷，正在发愣，进来一些侍从，七手八脚就把满案饭菜撤掉了。一会儿，进来一个侍女给他换上一碗菜汤，一个馒头。楚使者一见，十分恼火，心想，他们把范增、钟离昧看得如此尊贵，而把项王视同草芥，这其中必有奥秘，说不定范增、钟离昧早就和他们串通一起了。

楚使者受到羞辱，不胜其忿，一返回楚营，便把详情一五一十地向项王禀报了。项羽听罢顿时大怒，自语道："怪不得近日营中议论纷纷，说亚父和钟离将军私通汉王，心存异志，看来是无风不起浪呀……"项羽起了疑心，对钟离昧渐不信任，对范增也日益疏远。范增是不主张与汉军谈判的，希望楚军能一鼓作气，攻下荥阳，捉住刘邦。他越劝项羽进攻荥阳，项羽就越是怀疑他在与刘邦要什么花招。范增非常气愤，请求退隐山林。项羽也不阻拦，竟然准其请求。

范增解甲归田，在回老家居巢（今安徽桐城南）的路上，又气又恼，背生痈疽，一病而死，终年七十五岁。项羽闻知范增死讯，方知中了反间计，十分懊悔，但为时已晚，一个屡立奇功的唯一谋士，竟被陈平略施小计便除掉了。这便是陈平"六出奇计"的第一计。

金蝉脱壳

汉三年（公元前 204 年）五月，项羽中了陈平的反间计，气死谋士范增后，懊丧万分，盛怒之下猛攻荥阳城，要活捉刘邦。守城汉军连日抵抗，已经筋疲力尽，形势十分危急。陈平又为刘邦巧设了"金蝉脱壳"之计。经过一番紧张准备后，到了半夜，荥阳东门突然大开，两千名女子身披铠甲，手执仪仗，护卫着一辆黄盖车，车前插着汉王的大旗，从城里徐徐而出，边行边有人高呼："城中粮食吃光，汉王出城来降。"

西汉·鎏金银竹节铜熏炉

楚营将士顿时狂喜万分，高呼万岁，喧声如雷。再有戎装女子，扭捏作态，更是新奇。各门守军，纷纷拥到东门围观。项羽手擎火把，一看车中，并不是刘邦。

项羽厉声喝道："你是何人，敢来诈降？"车中人应声答道："我乃大将军纪信！”项羽暴跳如雷，大骂不止。纪信反哈哈大笑道：“项羽匹夫，我主岂肯降你？今已冲出西门，前往关中招集各路人马，与你再决雌雄，你如果快些撤走，还可免于一死！”

项羽气急败坏，命人纵火烧车，将纪信活活烧死了。

陈平的第二计使刘邦脱险回到汉中，重新组织人马，南下武关，从南阳再次东进。

踢脚封王

韩信画像

汉三年（公元前 204 年）五月，刘邦率数十骑残兵逃出荥阳城后，进入汉中。六月，又被围在成皋，形势十分危急。而此时，韩信在北线却捷报频传，先后略定赵、燕、代诸地。随着军事上的节节胜利，韩信的政治野心也逐渐膨胀起来。汉四年（公元前 203 年）十一月，韩信率汉军平定齐地。齐地南有泰山天险，西有滔滔的黄河，地理位置十分显要。齐地方圆两千里，兵民百万之众，城池七十余座；天下十之有二，这样一块“肥肉”，使韩信垂涎三尺。于是，他便派使者上书汉王，说齐国一向反复无常，难以镇抚，齐国南面又和楚国接壤，如不立一个齐王，恐怕很难巩固。因此，请求立自己为假（代理）齐王。

此时，刘邦刚由成皋养伤回到广武，恰巧韩信的使者也到了广武，于是将书信呈上。刘邦看后不禁大怒道：“我困守此地，日日望他率兵来救，他非但不来相助，还要自立为王！”刚骂到这里，忽觉得被人踩了一脚，便连忙住口。原来张良、陈平二人正坐在刘邦身边。二人深知韩信手握重兵，又远在三齐，汉王根本无力阻止他称王。倘若处理不当，一旦激成兵变，韩信独立于齐，与楚、汉形成三足鼎立之势，汉军便又树一敌，成败更难意料。张、陈二人心同此念，不约而同地各自用脚踩了刘邦一下。

刘邦顿时心领神会，感到前言有失，忙把话锋一转，反改口骂道："大丈夫南征北战，既定诸侯，就要做个真王，何必要做假王！"刘邦原本爱骂人，这一骂不足为怪，况且前后两语衔接不错，竟也没露出什么破绽。于是，刘邦顺水推舟，派张良携印使齐，为韩信授印册封，从而安抚住了这支十分重要的力量，避免了汉军的分裂。陈平这第三计使汉军统帅韩信深感刘邦对自己的信任和器重。

后来，韩信拒绝了项羽拉拢他叛汉三分天下，和英布、彭越如约发兵与刘邦会合，形成了楚、汉的最后决战。

张良画像

穷寇宜追

汉四年（公元前 203 年）五月，刘邦率数十骑残兵从荥阳逃往汉中后，重整旗鼓，从南阳再次东进。楚、汉两军在荥阳、成皋、广武一带展开了旷日持久的拉锯战。楚军君臣猜疑，兵疲粮少。加上韩信、彭越分别在齐、梁等地不断骚扰，使楚军供应困难，形势对项羽越来越不利。而汉军方面，萧何不断从汉中运送兵员和粮草，支援前线，刘邦兵足粮足，在荥阳以西稳住了阵脚。八月，刘邦为换取被楚军掳去的父亲和妻子吕雉，请求项王罢战言和。项羽正当腹背受敌、内外交困之际，自然乐于议和。于是，楚汉以鸿沟（从荥阳以北，向东折至今开封附近，折向南流，至今淮阳东南入颍水）为界，西属汉，东属楚，中分天下。

同年九月，项羽拔营东归，向都城彭城而去。刘邦也打算西还汉中。陈平、张良以其谋略家的敏锐洞察力，再次不谋而合，一致看到项羽已到了捉襟见肘的地步，便一起向刘邦谏道："纵观天下大势，我们已得了大半河山。四方诸侯又

汉代马

多归附，而项羽兵疲粮尽，众叛亲离，正应穷追猛打，趁势歼灭。主公切勿养虎为患，让其从容东去啊。”

刘邦听罢，频频点头，表示赞同。于是马上调整布置，准备向东进攻。

汉五年（公元前 202 年）十二月，刘邦依计亲率韩信、彭越等诸路大军，在垓下合围项羽，采取韩信的“十面埋伏”之计，一举围歼了楚军，项羽被迫退至乌江自刎。陈平这第四计能够因敌制变，“宜将剩勇追穷寇”，以刘邦的彻底胜利而结束了将近四年的楚汉战争，也弥补了“穷寇勿追”之韬略的不足。

计缚韩信

刘邦消灭项羽后，于汉五年（公元前 202 年）二月，正式登基，史称汉高祖，为了巩固刚刚建立起来的西汉政权，刘邦旋即开始筹划消灭异姓王。在楚汉战争中，为了分化瓦解项羽的势力，拉拢并承认项羽所封的诸王，刘邦迫不得已曾先后封了韩信、英布、彭越等八个异姓王。如今天下已定，刘邦越发感到这些跨州连郡而又拥有重兵的强大异姓王的存在，对刘氏政权的巩固是很大的威胁。于是，他开始腾出手来铲除这些心腹之患。他选择的首要目标，便是功高盖世、智勇兼备的大将军韩信。

汉六年（公元前201年），有人密告韩信收留了楚将钟离昧，蓄意谋反。刘邦听说后，命令韩信交出钟离昧，韩信没有理睬，这成了刘邦的心腹大患。众将一致要求高祖发兵征讨，唯独陈平一言不发。

此时，张良已借口有病，功成身退，刘邦身边最得力的谋臣首推陈平。于是，刘邦召见陈平，问计于他。陈平道：“此事只好缓一缓。”

刘邦见陈平如此回答，有些发急：“造反大事，怎好缓？”

陈平又问：“告韩信谋反，外人知道吗？”刘邦摇了摇头。只见陈平故意问道：“陛下手下所有将士，有人能敌得过韩信吗？”

韩信在功成名就之时，没有忘记当年舍饭的漂母，曾以千金相报，然漂母拒收，后人在萧湖湖畔的“韩侯钓台”附近建有“漂母祠”

汉帝回答：“这倒没有。”陈平见时机已成熟，便道：“兵不如楚精，将难敌韩信，反而要举兵强攻，必然是轻启战端，我很为陛下担忧啊！”

刘邦不住点头，但心中又万分着急，一再求问万全之计。陈平踌躇半晌道：“古时天子巡狩，必大会诸侯。臣闻南方有一云梦泽，陛下何妨传旨出游其地，遍召诸侯令集陈地。陈与楚邻，那时韩信自来进谒，只要一二武士，便可将其拿下。此计较为妥善。”刘邦听罢，连称妙计。便于汉六年十月遣使者遍告诸侯到陈地朝会，宣称“我将南游云梦泽。”随后，汉高祖刘邦便率队出发了。

其实，韩信对于刘邦那种畏己、恶己的心理也早有察觉，因此他也时刻提防刘邦算计自己。但自忖没有什么地方可让汉帝疑忌，只是收留钟离昧似有不妥。权衡利害，只得如实向钟离昧说不能再加庇护。

钟离昧恨恨地说：“我不该误投至此！我今日死，明日恐怕就轮到你了！”说

当年韩信韩淮侯成名前垂钓的遗迹"韩侯钓鱼台"

罢自刎而死。

韩信取了钟离昧的首级，献于汉帝，借此表明心迹。谁知一见面，便被汉帝喝令拿下，载在后面的车中。韩信既已被绑，方长叹一声道："果然如人们常说的，'狡兔死，走狗烹；飞鸟尽，良弓藏；敌国破，谋臣亡。'天下已定，我是该死了。"

汉帝说："有人告你谋反，故而将你拿下。"韩信听了，也不多辩，任其缚之，带回洛阳。大约是查无实据，不久就马马虎虎地将韩信降为淮阴侯，控制在京城。韩信深知刘邦忌恨他的才能，便托病不出，直到被吕后杀死。陈平这"伪游云梦，实击韩信"的第五计，使高祖不费一兵一卒就避免了一场大灾，消除了再度分裂割据的祸根，维护了新建王朝的统一安定。

白登解围

汉六年（公元 201 年）秋，韩王信投降匈奴，引匈奴大军进攻太原（今晋中地区）。第二年冬，汉帝刘邦亲率三十余万大军冒寒亲征，讨伐匈奴。

最初，汉军进展顺利，不久便打到了平城（今山西大同东北）。

但后来由于刘邦求胜心切，轻敌冒进，便中了匈奴的埋伏，被冒顿四十万精兵围在白登山上。时值隆冬，天气严寒，雪深数尺，汉军不惯耐冷，苦不堪言。

白登之围图

三十余万大军困于山上数日，形势十分危急。刘邦君臣看着汉军粮草越来越少，伤亡的将士不断增加，急得就像热锅上的蚂蚁，坐立不安。连日来，陈平也无时不在苦思瞑想着突围之计。

这天，他正在山上观察敌营中的动静，看见山下敌军有一男一女指挥着匈奴兵。一打听才知道，这一男一女正是冒顿单于和他的夫人阏氏。陈平忽生一计，急忙面告汉帝。汉帝听后大喜，急命依计而行。

陈平派了一名胆识兼备且能言善辩的使臣，准备了一幅美人图，还有许多金银珠宝，暗中下山，买通番兵，指名要见冒顿单于新立的那位阏氏（正妻）。阏氏听得汉使指名要拜谒她，不知何事，便瞒着冒顿，私将汉使传入内帐，问他有何话说。这位汉使见了阏氏，先将金银珠宝献上，然后说道："汉帝被围白登山，想与单于议和，知道阏氏对于单于很能尽言。汉帝的意思，是两不相犯，永修旧好。因恐单于不允许，特将这些金银珠宝孝敬您。若能就此言和，最好不过。若是单于不让，现有一幅图画在此，这是中国的第一美人，因为不在军中，先将图像送来，再令人回去，将这位美人接来，奉赠单于。"

阏氏打开图画一看，心中大吃一惊。图中所画美人，果然天姿国色，花容月貌，比较自己，真是天壤之别，暗忖道："这样的美人，如果被我家单于看到，一定娶入宫中。那时候，这位美人擅宠专房，必夺自己的恩爱。"想到这儿，不觉冲口说道："这位美人你们万万不可送来。"汉使者见阏氏落入圈套，便道："汉帝本不忍让美人来此，只因情势所迫。阏氏若能设法解救，汉帝自然不会再将美人送来。回去之后，情愿将更多的金银珠宝孝敬您。"阏氏满口答应道："你且回去报知汉帝，我会设法，请他放心好了。"

汉使走后，阏氏心想，汉帝若不脱险，必定要将美人送来。思前想后，事不宜迟，只得赶紧进言，以解自身之危。于是，阏氏只用了一夜的枕上功夫，便把单于说动了心，再加上冒顿与王黄、赵利相约会合，但王、赵的军队迟迟未到，冒顿怀疑这二人与汉军有密谋，便答应下来。果然，在汉军被困的第七天，匈奴大军撤开包围，放汉军人马南归。高祖经过七日的苦楚，侥幸逃生，便引兵南还。

大军走到曲逆县（今河北保定西南），刘邦见城池高峻，屋宇连绵，感念陈平劳苦功高，召过陈平指着那城池说："朕遍行天下，很少见到这样壮阔的城池。你助朕脱围有功，朕特封你为曲逆侯！"陈平谢恩。陈平这第六计不仅使高祖和几十万大军死里逃生，自己也加官晋爵。

智救樊哙

汉十二年（公元前 195 年）二月，燕王卢绾谋反。此时刘邦已经六十二岁了，加上去年秋天征讨黥布时不幸中箭受伤，伤口一直未愈，无法亲征，便命樊哙前去平叛。谁知出师不久，有人就在刘邦面前说樊哙图谋不轨。刘邦闻言大怒道："樊哙见我病重，想必是盼我速死。"决定临阵换将。汉帝将陈平召来计议之后，决定以陈平的名义前往樊哙军中传诏，车中暗载大将周勃，待到军中，宣旨立斩樊哙，由周勃取而代之，继续伐燕。

周勃像

陈平、周勃奉命出发。在路上，陈平私对周勃说："樊哙是主公的故交，且是至关重

要的亲戚。平楚之功，他功劳最大。不知主公听了何人谗言，忽然有此举动。一旦主上气消，肯定会后悔的。再加上吕后和吕须从旁搬弄，难免归罪你我二人。以我之见，你我不如拿住樊哙，绑赴朝廷，或杀或免，听凭皇上自己处置。”

周勃道：“我乃一介武夫，君是智谋之士，连张良也服你，你说怎么办就怎么办吧。”

周勃墓

陈、周二人来到樊哙军中，命人筑起一台，宣樊哙接旨。樊哙并无多虑，独自赶来接诏。不料，台后突然转出大将周勃，喝令将樊哙拿下，钉入囚车。樊哙正要喧闹，陈平忙走到樊哙身边耳语几句，樊哙不说话，听任陈平押返京师。行到途中，汉帝刘邦便已病故。陈平暗自庆幸先前没有斩樊哙，否则怎么向吕后交代。原来，当时的西汉中央政权内部权争异常激烈，以皇后吕雉为代表的外戚吕氏，力图取代开国老臣，控制军国大权。汉高祖刘邦年老多病，将不久于世。在此情况下，有心人首先要考虑如何在这种复杂的环境中存在下来，然后才能谈到其他方面。陈平之所以不杀吕后的妹夫樊哙，便是基于这样的考虑。

再说陈平押解囚车，一路直奔长安，还在途中，就遇使者传诏，命他与灌婴一同屯戍荥阳。陈平想到樊哙的事尚未来得及辩白，再远离朝廷，自然凶多吉少。于是，他心生一计，让囚车照常行进，自己则先策马星夜飞驰长安。

那时汉帝棺木尚未安葬，陈平一至宫中，伏在灵前且哭且拜，几乎晕死过去。果然不出陈平所料，吕后一见陈平来到，急忙从帏中走出，怒询樊哙下落。陈平暗自得意，表面上却边拭泪边答道：“臣知樊侯本有大功，不敢加刑，仅将樊侯押解来都，听候主上亲裁。不料臣已来迟一步，主上驾崩，臣不能临终一见主上，真是可悲啊。”

吕后一听陈平未斩樊哙，心中一喜，便将怒容收起。又见陈平涕泪交流，忠君情意溢于言表，顿生哀怜之心，便说道："你沿途辛苦，回家休息吧！"

陈平答道："现值宫中大丧，臣愿留充宿卫。"

吕后道："你须担任大政，守卫的事就交给那些武士去做吧。"

陈平听了，又顿首固请道："新立储君，国事未定，臣受先帝厚恩，理应不离储君左右，事无巨细，臣必须亲侍储君饮食起居等事才放心。"

吕太后听陈平口口声声顾念嗣君，既感动于他未斩樊哙之恩，又喜欢他忠于儿子之意，于是不绝于口的嘉奖道："忠诚如你，举世罕有。现在嗣主年少，处处需人指导，先帝临终时曾说过你是最佳人选，就命你出任郎中令，辅相侍主，使我释忧。"

陈平一再叩首谢恩，真的没有回家，而是随伴惠帝去了。

陈平在极其复杂激烈的宫廷权力斗争的漩涡中，以其谋略家的敏锐洞察力，违旨智救樊哙，并成功地防范了政敌的种种陷害。因此，后来吕须虽然屡进谗言，都未能加害于陈平。

辅刘灭吕

汉十二年（公元前195年）四月二十五日，汉高祖刘邦在长安城的长乐宫里永远闭上了眼睛。刘邦死后，惠帝刘盈即位。刘盈性格懦弱，在位仅七年便死掉了，死时年仅二十四岁，吕太后独揽大权。从这时起，吕太后正式"临朝称制"，史称"高后元年"（公元前187年）。

吕后像

这年冬，吕太后为了巩固自己的统治，想封吕氏子侄为王，便先征询右丞相王陵的意见。王陵性格耿直好

直言，答道："高皇帝临终前曾召列侯君臣，宰杀白马，歃血为盟，说：'非刘氏而王，天下共击之。'如今要封吕氏为王，岂不是违背了原来的盟誓！"吕太后不悦，再问左丞相陈平和太尉周勃，二人忙交换一下眼色，齐声答道："昔日高帝平定天下，曾封子弟为王；今太后临朝改制，分封吕氏子弟，有何不可呢？"吕太后听了，变嗔为喜，眉开眼笑。

罢朝以后，王陵责备陈平和周勃："从前高帝歃血为盟，你们二位不在场吗？如今高帝驾崩，太后做了女主，欲封他们吕家人为王，你们阿谀奉承，背盟违约，将来在九泉之下有何面目见高帝呢？"

刘邦像

陈平坦然说道："现在与朝廷上当面力争，我们不如你有胆量，将来安社稷、定汉裔，也许你也不如我们明智。"

不久，吕太后就罢免了王陵的右丞相职务，贬为太傅。右丞相一职由陈平担任，擢升心腹审食其为左丞相。陈平眼见主弱臣强，且吕后又机诈阴狠，素性多疑。他觉得像他这样的人难避震主之嫌，招来杀身之祸。于是，他故意装得胸无大志，整日耽于酒色，对于朝事则不闻不问。有人暗地里向吕太后告陈平的状，吕太后听罢大喜道："我正好用这样的人当丞相。"从此，再不疑心陈平。

吕太后专权，加紧迫害刘氏，并封诸吕为王、侯、将，陈平无不听命。高后七年（公元前 181 年），诸吕权势日炽，已引起了一些开国大臣的强烈不满，刘氏家族更是恨得咬牙切齿。陈平忧虑长此下去，终将祸及国家，害及己身。大中大夫陆贾因痛恨吕氏专权用事，托病在家隐居，这一天，他偷偷地来到陈平的丞相府，与陈平密商，打算联络周勃等人，共同对付诸吕。

且说陈平、陆贾见到周勃，开口便说起朝中之事。周勃一下明白过来。他紧握拳头，在桌上狠击一下，说："太后专擅，吕氏骄盈，刁难高祖皇帝，残害戚夫人，谋杀赵王如意，逼死刘氏王侯，满朝文武多有怨声，天下百姓早已不堪忍耐了！”

陈平说：“高祖皇帝有言在先，安天下者必是太尉。太尉一身系天下之安危，责任重大啊！”三人越说越投机，于是预先安排。同时约定联络朱虚侯刘章，故相国曹参之子御史大夫曹烛、颍阴侯灌婴等人，准备伺机动手。

公元前180年七月，吕太后病死。汉廷中央政权的重心立即倾斜，平衡失控，争夺最高统治权力的斗争达到了不可调和的地步。同年八月，斗争到了最关键时刻。陈平与周勃审时度势，商定了一条“翦灭诸吕”的计策。

曲周侯郦商之子郦寄是赵王吕禄的好友，而吕禄是吕姓家族中最有权势的一个。陈平、周勃派心腹劫持郦商，以此要挟郦寄去计赚权臣吕禄，劝其将兵权交给太尉周勃，回自己封地就任。

当夜，周勃派了十名武士，秘密闯进曲周侯府，将郦商和他的儿子郦寄绑了过来，押到周勃府邸的办事阁里。天亮以后，周勃来到办事阁，命人给郦氏父子松绑。陆贾、陈平也来了。郦商怒气冲冲，对着周勃说：“我犯有何罪？你们没有皇上的符节，竟敢擅自绑架高皇帝的老臣？”

西汉时期玉蝉

陈平说：“郦将军，请原谅我们无礼，我们向你谢罪了！想当初，将军与令兄一同追随汉王，为大汉的创立立下了汗马功劳，而当今之势，吕氏必欲将高皇帝老臣一一铲除，刘、吕两家，势不两立，将军希图自保，实是保吕；明则中立，实则祖贼。将军既口称是高皇帝的老臣，眼见刘氏江山倾危，难道丝毫无动于衷吗？”郦商听此，把头高高昂起，长吁了一口气。周勃、陆贾见他已有转意，又详陈了一番利害，最后郦商表示愿与众老臣合力，共除诸吕。

就在周勃、陈平、陆贾劝说郦商的同时；陈平早已派人做郦寄的思想工作。郦寄被感动得痛哭流涕，发誓道：“我等若妄毁了先辈打下的江山，愿死于沟壑之中，任虎狼吞食尸骨！”

周勃等见郦氏父子回心转意，愿合力并除诸吕，心里十分高兴。当下派郦寄前去诱使赵王吕禄交出北军军权。

这郦寄倒也机灵，他借助平日与吕禄交情甚厚之便，立即赶到剑匕军营中。见到吕禄，先谈了些斗鸡走狗吃喝玩乐之类的俗事，之后找了个空隙，装作关心的样子，对吕禄说：“足下也该仔细想想了，吕太后晏驾，主上年幼，尚不能自主朝政，而足下佩带起王印信，不赶快回到封国镇抚一方，却乐当什么上将，带兵留在京城，大臣们岂不怀疑足下图谋不轨？眼下外有齐王发难，内有周勃、陈平等大智大勇的老臣，一旦他们里应外合，势必兵不血刃而破京城，到那时足下一人一家一族岂能自保？何不把将印归还朝廷，把兵权交给周太尉，同诸臣盟誓归国呢？诚如此，大臣们也就心安了。足下安安稳稳做千里之土的大王，岂不是万世福祚？”

吕禄对郦寄向来信从，郦寄的一番话他一下就听进去了。

汉文帝陵墓

周勃大喜，当夜，他全身披挂，带大谒者（古代官职名）携符节直入北军，进入军门，宣诏夺过吕禄的兵权，然后高声宣布道：“北军将士，吕氏主权，阴谋篡位，我奉命讨逆。现在拥吕氏者袒露右臂，拥刘氏者左袒袒露左臂！”北军将士，都袒露左臂，表示助刘。就这样，周勃掌握了警卫皇宫的北军，控制了西汉政权的中枢。接着，周勃一面命令北军将士静守待命，不得轻动，一面派刘章领导千余人，以入宫保护皇帝为名，伺机捕杀统领南军的相国吕产。战斗在未央宫正殿大门外的广场上展开。吕产凭借有利地形，负隅顽抗，但终因军心涣散，力竭智穷，被刘章一剑刺死。随后，周勃又派兵分头捕杀了吕禄、吕通等人，将吕氏一族诛杀殆尽，完全控制了首都的局势。君臣在陈平、周勃等人的率领下，拥立刘邦长子刘恒即位，史称汉文帝。

追谥献侯

汉文帝即位后，仍任陈平为右丞相。陈平请求道："高帝时，周勃功不如臣；及至诛灭吕氏，臣功不及周勃。我愿将右丞相之职让与周勃。"

汉文帝像

对陈平的谦让，文帝予以嘉奖，考虑到周勃为人确实忠厚，便任周勃为右丞相，位次第一；任陈平为左丞相，位次第二；又恩赐陈平千金，加封三千户封邑。

周勃是个忠厚质朴的人。他当了右丞相之后，却不知道丞相该怎样当。一天，文帝问他一年判多少案子，收支多少钱粮，他回答不出，急得直冒冷汗。文帝又问陈平，陈平也不熟悉此事，只好说二事各有专门机构管。

文帝不悦，说道："照此说来，你究竟主管什么事？"

陈平说："我为陛下主管群臣！陛下不嫌我的才能低下，让我做了宰相。宰相的职责，上佐天子理阴阳，顺四时；下则化育万物，使之各得其宜；对外镇抚四夷，统御诸侯；对内使百姓亲附，使卿大夫各自恪尽职守。"

陈平墓

文帝听了，点头称喜。站在一旁的周勃大为惭愧，身知能力不及陈平，借口称病，请求辞职，文帝同意。从此，文帝就独任陈平一人为相。

汉文帝二年（公元前 178 年）十月，陈平病逝。消息传出，朝野上下无不哀悼，就是薄太后和汉文帝也为之叹息不已，下诏追谥陈平为“献侯”。

陈平墓位于陕西省户县电厂南面，顺电厂东侧道路行至电厂南围墙外，向西便可看到一大墓冢，这便是汉丞相陈平之墓，现为省级重点文物保护单位。陈平墓原有边长三十米，高十七米左右的覆斗型封土，因长年取土损坏，形状已不甚规则，封土现存高度约三点二米，墓前原有清代毕沅书“汉曲逆侯陈公平墓”墓碑一通，现已无，只有 1981 年县政府和 1992 年省政府立的“汉陈平墓”各一通。

点评陈平

司马迁在《史记·太史公自序》中，对陈平的功绩作了高度的评价，说陈平“六奇既用，诸侯宾从于汉；吕氏之事，平为本谋，终安宗庙，定社稷。”的确，纵观陈平的一生，无论在辅佐刘邦成就帝业，还是历任惠帝、吕后、文帝三朝丞相时，他都能在异常复杂激烈的社会、政治矛盾的漩涡中，审时度势，巧妙地驾驭各种矛盾，“救纠纷之难，振国家之患。”显示了一个谋略家卓越的政治才能。

陈平墓现为省级重点文物保护单位

周亚夫

——高风亮节「真英雄」

姓　　名：	周亚夫
别　　名：	不详
生　　卒：	公元前 199 ~ 公元前 143 年
家　　乡：	沛（今属江苏省沛县）
性　　格：	耿直
爱　　好：	军事
所处朝代：	西汉
家庭背景：	名门之后
顶头上司：	汉文帝、汉景帝
荣誉称号：	绛侯
历史评价：	周亚夫是一位有着浩然正气，治军严谨的真英雄。
治国成就：	防御外敌
重要事件：	智平七国之乱
历史遗迹：	周亚夫陵园
个性签名：	老夫一生正气，死而无憾！

周亚夫（公元前 199 ~ 公元前 143 年），西汉时期的著名将军，汉族，沛（今属中国江苏省沛县）人。他是名将绛侯周勃的次子，在历史上也是非常有名的军事家，在“七国之乱”中，他统帅汉军，三个月平定了叛军。后死于狱中。

天上掉下的爵位

元代青花周亚夫故事图罐
（日本安宅美术馆旧藏）

与别人不同，周亚夫没有完整的职业规划，甘愿安于现状，乐得做一个河内郡守，这是因为自己的条件没达到那种级别，做王侯、当丞相那是痴心妄想。直到遇到一个名叫许负的看相的老太太，他的命运有了一个很大的转变。有次，周亚夫请她到自己的官府中，为自己看相。许负对他说："您的命相比较尊贵，三年之后可以封侯，再过八年，就可以做高贵的丞相了。但您再过九年，就会因饥饿而死。"

周亚夫听完这话，觉得简直就是痴人说梦，完全不予取信。他说："我绝对不可能被封侯的，因为我的哥哥已经继承了父亲的侯爵，即使他死了也会让侄子继承，哪能轮到我啊？说我饿死更是笑谈，如您所说我尊贵了，又怎么会饿死呢？"

许负也说不出个所以然来，只说她是根据面相得出的结论，她还指着周亚夫的嘴角说："您的嘴边缘有条竖直的纹到了嘴角，这是种饿死的面相。"周亚一笑置之，很不以为然，换做是谁也不会信的。

风水轮流转，过了三年，周亚夫的哥哥周胜之因杀人罪被剥夺了侯爵之位。这算是轻的，是文帝念在他爸爸周勃对汉朝建国立下战功，所以不愿意就此剥夺了周家的爵位，于是下令推选周勃儿子中最有能力的来继承爵位，周亚夫高票当选。

从严治军

汉文帝执政以来，勤政爱民，继续执行与民休息和轻徭薄赋的政策，使得国家合乐安康。公元前 158 年，即汉文帝二十二年，匈奴进犯，北部边境重燃战火，文帝急忙调边将镇守防御。为了保卫京师，文帝派三路军队到长安附近抵御守卫。宗正刘礼驻守在灞上，祝兹侯徐厉驻守在棘门，河内太守周亚夫则守卫细柳。

作为国家的君王，他亲自到三路军队里去犒劳慰问。文帝比较低调，他先到灞上，再到棘门，这两处都不用通报，见到皇帝的车马来了，军营无一例外都主动放行。因为没有得到事先通知，文帝的到来，让他们措手不及，慌神走板。送文帝走时也是亲率全军送到营寨门口，但这并没有让文帝龙颜大悦。

视察了前面两个营寨，文帝稍有失望。到了周亚夫的营寨，却有不同。按说国家元首到来作为主将应该高规格接待才是。现在，不仅不出寨迎接，还让军门的守卫都尉说："将军有令，军中只听将军命令，不听天子诏令。"这简直岂有此理！文帝派使者拿自己的符节进去通报，周亚夫这才命令打开寨门迎接。守营的士兵还严肃地告诉文帝的随从："将军有令，军营之中不许车马急驰。"没办法，车夫只好控制着缰绳，不让马走得太快。到了军中大帐前，周亚夫一身戎装，出来迎接，手持兵器向文帝行拱手礼："介胄之士不拜，请陛下允许臣下以军中之礼拜见。"身为皇帝，文帝最喜闻乐见的就是在国家危难之际臣子为他分忧解难，而周亚夫做到了。文帝大为感动，欠身扶着车前的横木向将士们行军礼。

劳军完毕，出了营门，文帝感慨万千，于是对群臣说："这才是真将军啊！那些霸上和棘门的军队，简直是儿戏一般。如果敌人来偷袭，恐怕他们的将军也要被俘虏了。可周亚夫怎么可能有机会被敌人偷袭呢？"可以看出，文帝对周亚夫赞誉有加。

汉文帝霸陵

有这样从严治军的将军，任他匈奴再强大，恐怕也要畏惧三分。果不其然，一个月后，匈奴兵退去。文帝大喜，作为奖励，提升周亚夫为中尉，掌管京城的兵权，负责京师的警卫。后来，文帝病重弥留之际，嘱咐太子刘启也就是后来的景帝说："以后关键时刻可以用周亚夫，他是可以放心使用的将军。"景帝给了周亚夫另一个头衔——骠骑将军。

智平七国之乱

英雄不能无用武之地，做了骠骑将军的周亚夫还真是不得清闲。公元前 154 年，即汉景帝三年，吴王刘濞勾结楚王刘戊、胶东王刘印等七国发动叛乱，为了使自己的叛乱合理化，煞有架式地打出“诛晁错、清君侧”的大旗。景帝当然不会坐以待毙，升周亚夫为太尉，领兵平叛。

周亚夫不愧是一代军事家，做事有分寸，打仗有韬略。他知道叛军正在猛攻梁国，但并不想直接救援，于是向景帝提出了自己的战略计划：“楚军素来剽悍，战斗力很强，如果正面决战，难以取胜。我打算先暂时放弃梁国，从背后断其粮道，然后伺机再击溃叛军。”景帝觉得计划可行，所以点头同意了。

于是，周亚夫绕道进军。到了灞上时，遇到一位名叫赵涉的士人，赵涉建议他再往右绕道进军，以免半路受到叛军的袭击。周亚夫听从了赵涉的建议，走蓝田、出武关，迅速到达了雒阳。

此时的梁国正处于千钧一发之际，梁王向周亚夫求援。周亚夫却派军队向东到达昌邑城（在今山东巨野西南），坚守不出。梁王再次派人求援，周亚夫还是

拜将台

古典知识

周亚夫庙

唐朝初年，为了开发福建漳州，打通闽粤通道，唐王朝派陈元光父子带兵到闽南开疆拓土。陈元光父子随带汉朝战将周亚夫香火随军为保护神。当时，大本营设在漳江上游的云霄县西林村，陈氏建周亚夫庙供奉。有一年，漳江发洪水，周亚夫神像被洪水冲到云霄县下坂村。此后，周亚夫神像就留在下坂村供奉。每年正月十五元宵节，下坂村民都要举行祭祀和游神活动，十分热烈壮观。

西汉联体双龙佩

不发救兵。没办法梁王只好写信请示景帝，景帝又下诏要周亚夫进兵增援，这个面子可够大了，不能不给吧！周亚夫还是不为所动。原来另有谋略，他暗中派军截断了叛军的粮道，还派兵劫去叛军的粮食。叛军只好先来攻打周亚夫，但任凭你怎么挑衅，周亚夫就是坚守不出。

由于战事持久，叛军事先没有做精心部署，导致军粮短缺，只能败下阵来。周亚夫取得了空前的胜利。叛军头领刘濞的人头也被越国人割下送来。这次叛乱经三个月就很快平定了，这不得不说是周亚夫的功劳。战争结束后，大家这才纷纷称赞周亚夫的用兵之道。

正途末路

景帝喜欢选贤任能，对于周亚夫这种才华出众的人，他总想适时提拔一下。公元前 152 年，丞相陶青因病辞职，景帝觉得时机成熟了，就任命周亚夫为丞相。这也成了周亚夫人生悲剧的开始，起初景帝对他恩宠有加，但周亚夫生性耿直，不会变通，经常顶撞景帝，后来自然备受冷落了。

有一次，景帝要废掉栗太子刘荣，刘荣是栗姬所生，所以叫栗太子。但周亚夫却反对，这不等于在老虎嘴里拔牙嘛！当然碰钉子了。再加上在平叛七国之乱这件事上与他结仇的梁王每次到京城来，都在太后面前煽风点火，使别人对他的印象大打折扣。

后来，有两件事导致了周亚夫的悲剧。一件是皇后的兄长封侯，一件是匈奴将军封侯的事。窦太后想让景帝封皇后的哥哥王信为侯，但景帝不愿意，说窦太后的侄子在父亲文帝在世的时候也没有封侯。窦太后说她的哥哥在世时没有封侯，虽然侄子后来封了侯，但总觉得对不起哥哥，所以劝景帝封王信为侯，景帝只好推脱说要和大臣商量。

尽管之前周亚夫没少得罪景帝，但景帝都念在他为朝廷效力多年，并没追究，并且，有疑难问题，还是喜欢向周亚夫求教，这次也不例外。景帝认真倾听周亚夫对这件事的意见，周亚夫倒很爽快，直言不讳，他说："高祖说过，不姓刘的不能封王，没有功劳的不能封侯，如果封王信为侯，就是违背了先祖的誓约。"景帝自然是无话可讲。

后来匈奴将军唯许卢等五人归顺汉朝，景帝非常高兴，想封他们为侯，以鼓励其他人也归顺汉朝，周亚夫很没眼色地反对说："如果把这些背叛国家的人封侯，那以后我们如何处罚那些不守节的大臣呢？"如此不识大体景帝很是窝火："丞相的话迂腐不可用！"皇帝毕竟是皇帝，言出必行。然后将那五人都封了侯。周亚夫自讨了一个没趣托病辞职。与以往不同，景帝不再念及旧情，马上批准了他的要求。

此后，景帝又把他召进宫中设宴招待，想试探他脾气是不是改了，故意在他的面前不放筷子。周亚夫不高兴地向管事的要筷子，景帝笑着对他说："莫非这还不能让你满意吗？"周亚夫羞愤不已，不情愿地向景帝跪下谢罪。景帝刚说了

西汉帝陵

个“起”，他就马上站了起来，不等景帝再说话，就自己走了。景帝叹息着说：“这种人怎么能辅佐少主呢？”

亚夫陵园外景

事情还没结束，年迈的他又遭祸事。儿子见他已到花甲之年，就偷偷买了五百甲盾，准备在他去世时发丧用，这甲盾是国家禁止个人买卖的。周亚夫的儿子给佣工期限少，还拖欠工资，佣工心里气不顺，一怒之下向国家有关部门检举揭发他私自购买国家禁止的用品，要谋反。景帝盛怒，派人追查此事。

负责调查的人叫来周亚夫询问原因。周亚夫一直被蒙在鼓里，毫不知情，对问的问题一问三不知。负责的人以为他在赌气，便向景帝报告了。景帝很生气，将周亚夫交给了最高司法官廷尉审理。

廷尉问周亚夫：“君侯为什么要谋反啊？”周亚夫答道：“儿子买的都是丧葬品，怎么说是谋反呢？”廷尉讽刺道：“你就是不在地上谋反，恐怕也要到地下谋反吧！”周亚夫受此屈辱，无法忍受，更是难以忍受，于是绝食抗议，五天后，吐血身亡——最后的这个结局果真是饿死的。

周亚夫死后，军民撮土成冢，以志怀念。墓顶建有祠庙，墓旁有亚夫村。

周亚夫墓位于河北省衡水市景县县城西一点三公里处，底周长六百米，高约十六米，占地面积七亩。

周亚夫墓

周亚夫死后，景县的百姓和他的部卒，不惧牵连谋反的罪名，冒着杀头的危险，为自己爱戴的人立起了这座墓冢。历代官府对周亚夫墓的管护都十分重视，以此来慰藉这位历史人物在天之灵。

明正统年间（公元1436~1449年），知州刘某重修周亚夫祠，到了成化年间（公元1465~1487年），张本知景州事，委托州判杨文奎再次重修周亚夫祠，故城人马中锡为重修后的周亚夫祠作记。

为修好周亚夫祠，他们选了上好的材料，征集技术高超的工匠。杨文奎还亲自对工匠们说，这是为一位千古流芳的名臣修祠，是受到上下关注的重要工程，不得偷工减料，不得铺张浪费，一定要精心组织，尽心竭力；周亚夫在天之灵将住在这里，他会保佑你们，保佑景州的百姓，给我们送来吉祥和幸福。由于组织得力，材料供应及时，两个月就完成了修葺工作。张本看了重修后的周亚夫祠说，周亚夫祠美轮美奂，流光溢彩，足以告慰周亚夫的在天之灵，满足观瞻者的精神需求。他亲率景州士林人物，在周亚夫祠聚会赋诗作文，追念这位历史名人。

周亚夫冢景观

建国后，周亚夫墓一直保护完好。1956 年 7 月 9 日定为河北省重点文物保护单位。1974 年，重新立了标志牌。墓周有树木围绕，远远望去，青绿壮观。

点评周亚夫

周亚夫塑像

周亚夫曾事文帝、景帝两朝。文帝劳军细柳，称周亚夫为“真将军”。其“英风直节，濒死不衰”，以至祸患加身，冤屈而死。周亚夫“高名卓行，足以为万世委质者训”，是可以彪炳后世的榜样。

司马迁在《史记》中对周亚夫的军事才能称赞的同时，也为他惋惜，说他因为过于耿直，对皇帝不尊重，结果导致悲惨的结局，令人感慨。

邓禹

——东汉第一相

姓　　名：	邓禹
别　　名：	仲华
生　　卒：	公元 2 ~公元 58 年
家　　乡：	南阳新野（今河南省新野）
性　　格：	成熟稳重
爱　　好：	识势知人，选将略地
所处朝代：	东汉
家庭背景：	不详
顶头上司：	汉光武帝、汉明帝
荣誉称号：	高密侯、元侯
历史评价：	仲华之功，在诸将之右
治国成就：	为东汉的建立立下汗马功劳
重要事件：	辅助刘秀
历史遗迹：	邓禹故里、邓禹草堂·司徒庙、紫阳宫
个性签名：	嘿嘿，我同意有人说我是“最优秀的战略投资大师”。

邓禹（公元 2~ 公元 58 年），字仲华，南阳新野三泉陂（现新野县城郊乡板桥铺村）人，东汉光武中兴的元勋，“云台二十八将”之首。刘秀称帝后，邓禹成为东汉的首任大司徒。他识势知人，大有相国之器；选将略地，又有统帅之风；他平定山西，功勋卓著，名震关西；他多次受光武的赐书褒美，封侯授印，食邑万户。

远见卓识的伯乐

汉光武帝刘秀

成功人士的童年总会是卓而不凡的，邓禹就是一个最好的例子。他小时候很聪明，十三岁时就能出口成章。新王莽天凤年间（公元 14 ~ 公元 19 年），邓禹曾经在京城长安学习。当时，刘秀也在京城游学。邓禹虽然年纪不大，却有当伯乐的潜质。经过交往沟通，他觉得刘秀是个难得一见的人才，日后必能成大器，便主动接近他，也等于是为日后做战略投资吧。

王莽末年，纷争不断，农民起义风起云涌，各地豪强纷纷拥兵自立，为的是抢夺地盘。公元 23 年二月，刘玄登上帝位，是为更始帝，他求贤若渴，众豪杰都觉得邓禹很有能力，纷纷推荐他，邓禹很有个性就是不肯追随。更始帝很赏识刘秀的才华，提拔他为破虏大将军，封武信侯，不久命刘秀前往河北镇抚州郡。当邓禹听说刘秀已经在河北安定下来，立刻北渡黄河，携带着干粮徒步而行，冒着天下的纷乱行至邺县（今河北邯郸临漳县西）去投奔他。

刘秀知道邓禹来助自己一臂之力，非常高兴，亲自将他迎进军营，说："久闻先生贤名，今日先生不辞辛劳、远道而来，真令刘秀受宠若惊。我尚还有承制封拜的权力，不知先生是想在不才手下谋个官职吗？"

邓禹回答："不是。我来投奔萧王（指刘秀）若只是为了功名利禄，那直接应承更始皇帝不是更好？"

刘秀一听大窘，红着脸说："小子狭隘，请先生见谅。不知刘秀这里有什么可以使先生不远千里，远奔而来？"

邓禹说：“我只希望您能威名扬于天下，恩德惠于四海。我能在您的帐下效犬马之劳，为您的大业立尺寸之功，垂显功名于青史，就心满意足了。”

邓禹的一番话说得刘秀心里暖烘烘的，感动之余，更多的是荣幸，因为像邓禹这样拥有雄才大略又对领导忠心耿耿的人才太难能可贵了！于是留他同宿秉烛夜谈。

邓禹进言说：“更始虽都关西（泛指函谷关或陕西潼关以西地区），但是如今的山东（秦汉时代通称崤山或华山以东为山东）地区还不安宁，赤眉军、青犊军的部队，数以万计，三辅（汉朝把长安及附近分为三个行政区划：冯翊、扶风和京兆，号称三辅，在今陕西渭南华阴市、西安高陵和宝鸡眉县一带）地区，自立名号的人，也往往一群一群地聚在一起。更始帝对他们还没有加以挫伤，而又不能听取意见，作出决定。他那些将领，不过是庸人崛起，用心在钱币财物，争相使用各自的力量，图一时的快乐而已。他们之中，并没有忠良明智、深谋远虑、想辅佐皇帝安定百姓的人。天下分崩离析的形势已经可以看到了。您虽然对更始帝已有辅卫的功劳，但恐怕还不能自立。现在的计策，不如招纳英雄，致力使民心愉悦，建立像高祖那样的事业，挽救百姓的命运。让您来谋划天下，天下还不够您平定呢。”

汉光武黄帝陵

听完邓禹的话，刘秀茅塞顿开，感激之情，溢于言表。为了表达对邓禹的敬重，他令左右称呼邓禹为“邓将军”，每遇到大事，必定要与邓禹商讨。

邓禹既善于识鉴人物，又能够正确分析天下大势。他看准了刘秀是个非同一般的大人物，在更始政权摇摇欲坠的时候，他不为一时的利禄权位所引诱，毅然辞绝其他豪杰权贵的举荐招聘，杖策北渡，奔赴邺城投奔刘秀。从这件事上可以映射出邓禹身上独有的气质和远见。

名扬四海

汉代青铜器

封建时代，总是分久必合，合久必分，这下，河北割据势力王郎也想趁乱闹出点动静来，分得一杯羹。为了将叛军扼杀在摇篮里，邓禹随刘秀从蓟县（今北京市西南）到达信都（在今河北省邢台市西南），征集兵马。随后，刘秀让邓禹亲自带领这批勇士，另行攻打乐阳。邓禹随从刘秀到广阿（今河北邢台隆尧县东）。刘秀站在县城楼上，打开地图，指着地图对邓禹说："天下郡图这样多，现在才得到一处。您以前说让我来谋计天下，天下不够我平定，有什么根据？"

邓禹说："现在海内混乱，百姓希望圣明的皇帝像婴儿思念慈母；古代能成就事业的，在于恩德的多少，不是凭借地方的大小。"刘秀听到他这么说，心里喜滋滋的。

因为邓禹才能出众，刘秀在任命和调整将领等事宜时，大多都询问邓禹的意见。为了帮助刘秀早日成就霸业，刘禹经常充当"人力资源部长"，为他选拔优秀人才并做到才尽其职。后刘秀派盖延攻击清阳（今河北邢台清河县）不下，为敌所困，邓禹率军破敌解围，生获其大将。继而又随刘秀连克邯郸及诸州郡，河北略定。

更始朝刘玄更始二年（公元 24 年），赤眉军向西进入函谷关。更始帝派定国上公王匡、襄邑王成丹、抗威将军刘均及诸将抵抗赤眉。赤眉军人多，王匡抵挡不住。刘秀估计长安将来必为赤眉所破，想乘机夺取关中，而自己刚在山东地区从事攻战，不知并取关中的大事应当托付给谁。因邓禹深有远虑，度量大方，所以委任他西征之重任，即封他为前将军执持节符，率精兵两万西入函谷关，并让他自己挑选征西的偏将和稗将以下将佐。邓禹以韩歆为军师，李文、李春、程虑为祭酒，冯愔为积弩将军，樊崇为骁骑将军，宗歆为车骑将军，邓寻为建威将军，耿欣为赤眉将军，左于为军师将军，引兵西进。

光武帝建武元年（公元25年）正月，邓禹率军越太行山，出箕关（今山西运城垣曲县和河南省济源市间），进取河东。河东都尉闭关拒守，经战十日，大破守军，夺获大批军资粮秣。继而又率军围安邑（今山西运城夏县西北），但数月未能攻下。更始大将军樊参率数万人，渡大阳欲攻邓禹，邓禹派诸将迎战，大破敌军，斩樊参。于是王匡、成丹、刘均等合军十余万，共击邓禹。邓禹迎战不利，骁骑将军樊崇阵亡。天黑后双方停战，军师韩歆和诸将见气势已挫，都劝邓禹乘夜逃走。邓禹却临危不乱，决不退师。第二天是忌日，王匡迷信，深信忌日出兵必败，因而不敢乘胜继续进击邓禹。邓禹则乘机重整旗鼓，部署兵力。隔日凌晨，忌日已过，王匡倾全部兵力进攻。而邓禹早已做好了准备，下令军中不可轻举妄动。等到敌兵进至营前，邓禹一声号令，诸将齐出，一鼓作气，大败王匡。王匡、成丹弃军而逃，邓禹率轻骑急追，俘刘均及河东太守杨宝、持节中郎将弭强，将其斩杀，平定河东。然后，奉刘秀之命，任命了河东太守，更换所属县令，稳定治理河东。

司徒安定邦国

公元25年六月，刘秀如愿以偿地在鄗邑（今河北邢台柏乡县北）圆了他的皇帝梦。自己坐了龙椅，当然不能忘记了跟他出生入死打天下的好兄弟了，于是派使者持节拜邓禹为大司徒。并说："制诏前将军邓禹，极有忠孝之心，与我谋划营帐之中，而能决定千里之外的胜负。孔子说：'自从我有了颜回，弟子们对我日益亲近了。'临阵杀将，攻破敌军，平定山西，功效万为显著。百姓不亲爱，五常不和顺，你作为司徒，要慎重地施行五常之教，而五常之教的实行又在于宽待。如今派遣奉车都尉授予印绶，封你为酂侯，食邑万户，谨慎其事。"这话说得面面俱到，邓禹对刘秀的封赏欣然接受，那时候他没不到二十四岁。

邓禹位高权重，事业可谓如鱼得水，他没有因此而过上骄奢淫逸的生活，而

赤眉古镇，因东汉末年赤眉军曾在这里筑寨驻扎而得名，古寨遗址尚存

邓禹草堂远景

是深感责任重大。本来作为司徒的邓禹应该治理朝政，可是面对时局，只好先定国安邦。

邓禹一向雷厉风行，他在平定河东后，又率得胜之师从汾阴（今山西运城万荣县）渡河，入夏阳（今陕西渭南韩城市东南）。先在衙（今陕西渭南白水县）地击溃更始中郎将左辅都尉公乘歙所率领的十余万军队，接着与进攻长安的赤眉军展开激战。邓禹深知与赤眉军争夺关西，不光是武力的较量，更是政治策略的竞争。因而他特别注意申明军纪，约束部下，所过之地，秋毫无犯，这对饱经战乱的关西人民来说，无疑产生了一种巨大的政治感召力，与赤眉军“所过残贼”“数暴掠吏民”，致使“百姓不知所归”的状况形成了鲜明对比。一时间，邓禹的威名传遍关西，这也是邓禹一生中最精彩的一笔，光武帝也是非常高兴。

取得了一定的胜利之后，部众都劝邓禹入关，直接进攻长安。但邓禹在胜利面前没有被冲昏头脑，还是冷静客观地分析敌我双方势态，策划下一步行动方案。他先分析和比较了敌我双方的优势和劣势，他认为：“不能盲目进攻，现在我们虽然兵多将广，但是真正独当一面者较少，并且粮草物资相对匮乏。然而，赤眉军刚刚占领长安，财富殷实，锋锐不可抵挡啊！”赤眉军队军纪败坏，大失民心，领导缺乏远见，部下将领又都是些乌合之众，因此，赤眉军难以长期固守长安。据此，邓禹制定了休养生息的方针，于是率军北向栒邑（今陕西咸阳旬邑县），所过郡县，陆续归附。

从当时的实际出发，邓禹的“休兵北道”的方针是最有利于当前形势的，但不是每个人都深得其意，诸将不能理解，光武帝刘秀也不能理解，不仅如此，还一再催促他尽快出兵。虽然如此，邓禹还是坚持自己的看法，一面分遣部将攻打上郡（今陕西省榆林市东南）各县，留将军冯愔、宗歆坚守栒邑。一面征集兵员，调运粮草，屯军大要（今甘肃庆阳宁县）。就在此时，冯愔、宗歆二人搞内斗，窝里反争权互相厮杀，冯愔杀死宗歆，反击邓禹。邓禹也拿不定主意，就派遣使者向光武帝寻求建议，光武帝问使者冯愔最要好的人是谁，使者说是护军黄防。光武帝猜冯愔、黄防的关系不能永远这么好，就派人回报邓禹说：“能够制服冯愔的人必定是黄防。”果不其然，一个月后，黄防果然抓住冯愔，并率领自己的部下前来认罪。刘秀念他诚心归服，就赦免了他，让他逃过一劫。

三河坝东门部下村望头东溪公祠。建于明朝，距今五百多年，建成即有此堂联，说的是邓禹事迹

邓禹辅佐光武帝安国兴邦，光武帝自是非常感激，封赏当然少不了。光武帝建武二年（公元26年）春，光武帝派使者又封邓禹为梁侯，食四县的赋税。当时，邓禹已经到达长安，驻军昆明池（故址在今陕西西安市西南）。大摆宴席，犒劳三军。然后，率领将士们斋戒，选择良辰吉日，准备厚礼到高庙拜祭，收集十一个帝王的神位，派使者敬奉到洛阳。于是巡查帝王墓地，设官吏士卒守护。

赤眉军也没闲着。此时，他们向西进入扶风，刚好给了邓禹乘虚而入的机会，所以，邓禹毫不犹豫地南入长安。不久，率军与延岑在蓝田交战，可惜的是这次战役没有传来捷报，为了保存实力，休兵养士，他又回到有粮食囤积的云阳（今陕西咸阳淳化县西北）。汉中王刘嘉再也无心恋战，于是到邓禹处投降，但是刘嘉的丞相李宝傲慢无礼，邓禹很是反感，将他杀掉了。但事情远远没有结束。为了替自己的兄长报仇，李宝的弟弟收集李宝的旧部攻打邓禹，并杀了他手下的大

将军耿沂。

自冯愔反叛以后，邓禹威信稍损，再加上缺乏粮食，最初归附的人又相继离开了他。赤眉军看准时机再次进入长安，与邓禹交战。

此时，邓禹内外交困战败是在所难免的。无奈之下，只有逃到高陵，士兵饥饿，只能食枣子和蔬菜充饥。光武帝看到如此情景，就让邓禹回来，告诫邓禹说："赤眉军没有粮食，自然要东还，我用折断的鞭子就可以抽打他，这不是将领们忧虑的事，不要再随便进兵了。"

东汉青玉雕金蟾摆件

邓禹因西征失利总是耿耿于怀，为了一雪前耻，建立功勋，多次率饥饿的士兵请战，却适得其反。光武帝建武三年（公元27年）春，邓禹急功近利，与车骑将军邓弘攻打赤眉军，被赤眉军大败。士卒死亡无数。邓禹、邓弘率部至湖县（今陕西渭南潼关东），邀请冯异共同攻打赤眉军。冯异认为赤眉军力量强大，应放他们过去，东西夹击才能获胜。邓禹又不听冯异的劝阻和建议，一意孤行与赤眉军连续作战。邓弘率部与赤眉军大战整日，赤眉军佯败弃辎重退走，车上装满泥土，仅用豆子覆盖在表面，邓弘军士卒争相取食。结果被赤眉军打得大败，死伤三千多人，邓禹逃回宜阳。邓禹对自己西征的失败感到十分痛楚，认为愧对国君。于是他辞去了大司徒之职和梁侯的封号，上交了印绶。

不朽丰碑

战乱年代，天下总是不太平。光武帝建武四年（公元28年）春，延岑与秦丰野心不死，合兵再次侵扰顺阳一带。光武帝大为恼怒，为了早日平叛，便下诏令归还邓禹梁侯印绶，又任命他为右将军，派他出征。在他的率领下，复汉将军邓晔、辅汉将军于匡在邓县（今湖北襄樊市北）击败延岑，延岑见大势已去，落荒而逃。逃到武当，再次被打败。延岑逃奔汉中，余部全部投降。

光武帝像

光武帝很不够意思，他看到仗打完了，便不再重用邓禹，罢免了他的后将军、左将军和右将军的职务，让他用特进的身份行朝拜之礼。好在邓禹为人淡泊名利，待人敦厚，极有孝心，精心侍奉母亲。天下已定，他常想远离名誉和权势。

邓禹的家教颇受人们的赞赏。他有十三个儿子，却没有因此忽视对他们每个人的教育，他经常修整家庭伦理，教养子孙。他并不是指使儿子去争权夺利，而是让他们各自掌握一种技艺。他的生活费用取于食邑，不置产业。

邓禹的功勋和美德颇受光武帝的重视。光武帝建武十三年（公元 37 年），天下平定，光武帝加封功臣，封邓禹为高密侯，食邑高密、昌安、夷安、淳于四县。光武帝因邓禹功高，又封其弟邓宽为明亲侯。

光武帝中元元年（公元 56 年），邓禹再次出任司徒职务，随光武帝巡视并参与祭泰山的仪式。

光武帝中元二年（公元 57 年）二月，东汉的开国皇帝汉世祖光武皇帝刘秀驾崩于南宫前殿。太子刘庄登上皇位，即东汉明帝。邓禹作为光武帝的第一功臣被封为太傅，晋见皇帝时可以坐西向东，皇帝对他十分尊敬和爱护。不久，邓禹卧病不起。汉明帝多次上门慰问，还任命他的两个儿子为侍从官。

汉明帝永平元年（公元 58 年）五月，高密侯邓禹病逝，终年五十七岁，谥号为元侯。邓禹作为东汉的首任司徒，戎马一生，为东汉刘秀政权的建立和巩固做出了巨大的贡献。他的功绩更多地体现在军事上。

邓禹故里碑

东汉二十八宿之首邓禹，河南新野三泉陂村人（今名板桥铺，属城郊乡），村边有其后人所立之“汉高密侯邓元公故里”碑楼，至今犹存。近年来回新野寻根祭祖的海内外邓姓传人，无不亲临祭吊，追怀先祖。

邓禹故里外景

邓禹故里碑是记载东汉云台“二十八宿”之首邓禹故居地的重要实物资料。该碑高二点五六米，宽零点九七米，由整块青色大理石克制而成。碑正面中间刻“汉高密侯邓元公故里”九个大字。碑文曰：“公讳禹，字仲华。东汉中兴，功盖诸将。始封梁侯，继封高密侯。永平元年薨，谥曰元。其故里在新野东北乡三泉陂，厥裔蕃昌，世守勿替，邑之人恒景慕之，标公爵氏，特建木坊于道旁。余公馀诣访，得晤其五十八世孙广东候补吏目前署香山司巡政名坤载，述坊年久倾欹，愿立碑以垂不朽，余掭笔立书，永成文献之——证云。清咸丰六年新野知县倪正钧立”。

1979 年新野县文化部门访得此碑，遂由县政府于 1980 年 11 月 20 日在原址重修。重修后的牌楼为砖混结构，坐北向南，高四米，中间嵌入原碑，东西两面有汉代青龙、白虎图案。背面为《东汉开国元勋邓禹故里碑重修记》，简述了邓禹生平及古碑失而复得重修事宜。

邓禹草堂外景

邓禹手植古柏

司徒庙

苏州光福镇司徒庙庙名的来历是，东汉邓禹平叛王莽有功，封为大司徒，邓禹后来在这里隐居，是为邓禹草堂，后为纪念邓禹，建立了这座司徒庙，现存庙宇是清代所建。邓禹手植的四株古柏，树龄已有一千九百年。其中一株屹然挺立，另三株因受雷击，或劈成两半，或卧倒在地，因而造型怪异，仍然存活，表现出顽强的生命力，表现出一种不不屈不挠的抗争精神。清乾隆下江南来此一游，为四柏题了“清、奇、古、怪”四字。从此这一组古树闻名江南。

邓禹楼

邓禹楼

邓禹楼，原是东汉大将邓禹屯兵神垕（神垕位于河南省禹州西南三十公里禹、郏、汝三县市交界处）时的住处，一进三的宅院。前院很小，有门楼一间，临街三间，西厢房一间。二门为垂拱门。进二门后，西厢房是青砖灰瓦，石雕窗棂；东厢房是一座红石炮搂，高三层，每层均有砖雕石窗；上房是高台阶，三层楼。保存完好，经明代重修。

紫阳宫

紫阳宫在江西南昌湾里区梅岭镇店前村紫阳峰顶，为一全石料仿斗拱明代建筑，为当地人纪念邓禹修建的道观。古屋古拙质朴，有石柱八根、主梁十根。屋前岩石上刻有“万历二年开山”字样，因知石屋建于公元 1574 年，门前正中刻有“紫阳宫”三字。宫内供奉东汉开国元勋、大司马邓禹。全部采用花岗岩砌成，石屋巍峨，建筑华丽。门前横梁正中刻着“紫阳宫”三字，宫内供奉邓禹石像。两侧石柱之上刻有对联一副：“一窍道通冲北极，万年仙境镇西山”。石室下方有邓仙洞、邓真君墓、起居石室。

邓禹墓

邓禹墓位于河南济源溴水河畔（御驾村在溴水河南二百米），冢高八米，呈圆形，直径十六米，占地约三亩；冢上有一柏树，直径一米许；墓前有一碑，高一点四米，宽零点八米，厚零点二米，碑文楷书：“汉先贤仲华邓禹之墓，康熙二十四年知济源县令尤应选立。”据传说：“邓禹死后，汉明帝亲自送葬，御驾村由此得名。”墓冢在“文革”时期取土挖去一部分。

紫阳宫门前

据考证：民间广为流传的“二十八宿葬怀庆”之言，是因怀庆（现焦作地区）是京城洛阳近地，分布在温县、沁阳、孟县、济源，其中济源葬邓禹、马武等十一人。这些大将生前帮刘秀打天下，死后葬在刘秀坟后陪葬（没回原籍安葬），因刘秀坟在洛阳孟津白合乡铁谢村，坐北向南，紧靠黄河南岸边，二十八宿只好葬在黄河北岸护卫刘秀，这是邓禹葬在济源的原因之一。

点评邓禹

邓禹是光武的首席参谋和军师。他给予光武皇帝最大的支持；他的人品高尚，淡泊名利，待人敦厚，孝敬父母；天下已定，他常思远离名誉和权势；他教子有方，他不引导他的十三个儿子贪图高官厚禄、追名逐利，而是让他们各掌握一种安身立命、养家糊口的技艺；他修整家庭伦理，教养子孙，食封邑，不置产业……后来，他的子孙皆称名天下。邓禹自己也说：“吾将百万之众，未尝妄杀一人，其后世必有兴者。”

邓禹像

总之，邓禹是东汉时期著名的政治家和军事家。他及他的后代在东汉的历史上产生过重大影响。纵观邓禹的一生，他称得上东汉时期的一位名相。

王允

计诛董卓的功臣

姓　　名：	王允
别　　名：	子师
生　　卒：	公元 137 ~公元 192 年
家　　乡：	太原祁（今山西祁县）
性　　格：	刚烈、刚愎自用
爱　　好：	文韬武略
所处朝代：	东汉
家庭背景：	官宦世家
顶头上司：	汉献帝
荣誉称号：	不详
历史评价：	王允才华横溢，足智多谋，为铲除奸贼董卓立下了不朽的功劳。
治国成就：	除乱臣于朝堂，缓危局于一时
重要事件：	计诛董卓
历史遗迹：	不详
个性签名：	晚节不保啊！

王允（公元 137~公元 192 年），字子师，太原祁（今山西祁县）人。汉献帝初年任司徒、尚书令。当时皇帝只是一个傀儡，董卓大权在握。王允成功策划了对董卓的刺杀，但是没有逃过董卓余党的反扑，和他的家族一起被处死了。

不平凡的职场生涯

东汉末年，政治腐化，战祸不断。皇帝昏庸无能，致使奸臣董卓大权在握。但这样并没有让整个国家为之振作。相反，董卓弄权误国，祸国殃民，其行径令人发指，因此，激起了满朝文武和普通百姓的极度愤慨，人人欲诛之而后快。在人们热切期盼之中，这一天终于到来了。汉献帝初平三年（公元 192 年）四月，董卓终于被朝廷诛杀，受到了应有的惩罚。人们不禁好奇，是谁肩负起历史的重任，让如此嚣张的董卓走向了灭亡呢？这个人就是王允，他是铲除董卓的主要策划者和组织者。

王允出身于山西的名门望族，祖辈世代担任州郡的重要官职，在当地影响很大，威望颇高。王允天资聪颖，独具慧质，深受长辈们的喜爱和赏识。在他们的影响和熏陶下，王允自小意气非凡，立志长大后不仅要继承和发扬父辈的传统，而且还要心忧国家，有益于东汉社会。为了实现这一远大理想，王允时时刻刻注意自身素质的修养。虽出身豪门世族，但他并不迷恋骄奢淫逸的生活，而是充分利用家里的优越环境，饱读诗书和泛阅经传。少年时期，王允就已经成为满腹经纶、学富五车的才子，远近文人墨客都对他刮目相看。学习之余，王允还坚持习武强身。他崇拜卫青、霍去病的威猛和气度，同时也佩服他们誓死卫国的精神。正因为他严于律已，日后才成为一名文韬武略无不精通的全才。

汉代征辟竹简，征辟是两汉时期选拔官吏重要途径，也是入仕的正途

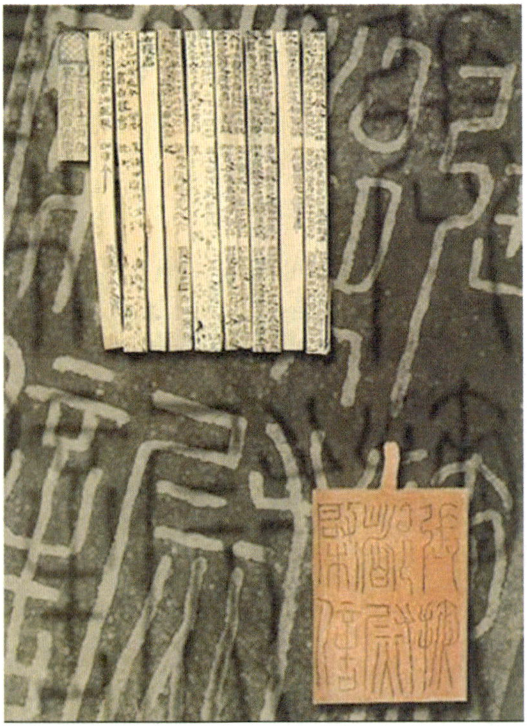

为了培养自己的社交能力，平日除了习文练武之外，王允也经常跟随父辈们出入官场，结交许多世

家名士。当然，他同样愿意与下层人民接触，因为这样更能接近生活，体验生活，积累丰富的经验。一时间，少年王允不仅在同辈中间脱颖而出，而且在整个山西威名远扬。

一次，同郡名士郭林宗因事拜访王允的父亲，正好赶上父亲有事外出，王允便以主人身份招待客人，他讲究礼节，大方得体。随后，又与客人谈文论武，商讨切磋，口若悬河，滔滔不绝，不仅条理清晰，而且见解深刻。在与王允短暂的接触过程中，郭林宗见他举止有度，谈吐非凡，不禁深深赞叹，对他如此年纪便具有如此非凡的学识和涵养而大感吃惊，当场拱手称赞王允说："王相公可谓是一日千里，旷世奇才啊！今后一定能成为天子的肱股、国家的栋梁！"之后，郭林宗还主动与王允交好，结为朋友。

东汉时期波斯绿釉陶瓶

像这样年轻有为的才俊当然不能被埋没。十九岁那年，王允被推举为郡吏。任职不久，便遇上一件非常棘手的事情：山西晋阳地区有一名叫赵津的小黄门，因为自己的主子是朝廷当权宦官，便在当地横行霸道，为所欲为，简直是狗仗人势。百姓慑于赵津的淫威，敢怒而不敢言。只有王允不畏强权，表现出一副初生牛犊不怕虎的气魄，当他得知这一情况后，气愤地对手下衙吏们说："王子犯法，与庶民同罪，如此为非作歹，贪赃枉法，格杀勿论！"说办就办，他随即下令逮捕赵津，并立即将他解押东市，斩首示众，以慰民心。晋阳百姓看到此情此景，无不拍手称赞，他们还纷纷前往王允所在官署，对王允表示感谢，称赞他是为民作主、不畏强暴的好父母官。王允得到众人的称赞和拥护，由衷地感到高兴，更坚定了秉公为官的信心。

东汉末年，由于朝廷腐败，导致中央和地方卖官鬻爵的现象十分严重。特别是地方官僚权钱交易极为普遍。与王允同郡的同乡中有一个名叫路佛的游混无赖，从小娇生惯养，既没文化，也无德行，他仗着家里有钱，向太守王球行贿，要王球给他个官当。财迷心窍的王球是个见钱眼开的昏官，收下路佛的贿赂后，便给了他一个补吏的职位。王允对这种肮脏交易十分愤恨，当然是忍无可忍，当众揭露路佛的“丑陋嘴脸”，并与王球争辩得面红耳赤，指责他贪赃枉法，徇私舞弊。看到王允如此不给面子，王球恼羞成怒，利用手中权力，立即将王允捉拿起来，投入牢中，准备随时杀掉。刺史邓盛很早就听说过王允的事迹，很是钦佩他的才识和品行。当他得知王球要杀掉王允的消息后，为了保住这位有为青年的小命，立即亲自骑上快马，前往太守衙门，保释王允，并且请他做自己府中的别驾从事。王允很感激邓盛的救命之恩，同时也为邓盛的正义行为所感动，于是一心一意为邓盛效劳，兢兢业业，任劳任怨，邓盛深感满意。在邓盛的提拔和宣扬下，王允名扬四海，为他日后步入朝廷做官奠定了坚实的基础。

十年河东，十年河西

王允有如此才学，而且为官又清廉奉公，深受州郡官吏和百姓钦佩和爱戴，如果不引起朝廷注意是不可能的。鉴于他的才能和表现，王允不久便被朝廷三公同时征召，以司徒高第征为侍御史。从地方小官转变中央要员，这是王允人生道路的重大转折。

时逢乱世，朝廷重臣责任重大。中平元年（公元 189 年），即王允征为侍御史不久，全国各地便爆发了声势浩大的黄巾军农民起义，这让皇帝甚为头痛。为了将起义之火快速熄灭，东汉政府特别选派王允为豫州刺史，征辟尚爽、孔融等名士担任王允的从事，率领重兵讨伐黄巾军。王允初次领兵打仗，便充分展示了他非同一般的文韬武略。预先，王允广泛征求从事和普通官兵的意见，设计了周密的作战方案；战斗过程中，王允身先事卒，毫不退缩，大显身手，彻底击溃豫州一带的黄巾军。之后，王允和左中郎将皇甫嵩、右中郎将朱儁共同受降数十万黄巾起义军。在受降过程中，细心的王允从农民军中搜查到一封中常

沛县汉魂宫

侍张让的宾客所写的书信，信中涉及一些与黄巾军有关的内容。

张让是当朝的大宦官，可别小看了他，权势很大，只手遮天，这都得益于皇帝对他的宠爱。如果是别人，可能惧他三分，可是王允才不会顾忌这些呢，他得到张让与黄巾军私通的消息后便一查到底，还写成奏折上奏皇帝。汉灵帝大惊，立即召张让进宫，并要他老实交待。张让一向在朝中自以为是，指手画脚，也没想到有谁敢在皇上面前揭露他，因此见到王允的奏章后吓得半死，急忙叩头谢罪。可张让也不是容易对付的，他在回答皇帝时，当然不能承认自己所犯之罪，不仅如此，还反咬一口说王允忌妒陷害他，然后一番说辞，说自己对陛下，对朝廷是如何如何忠心耿耿，没有丝毫与黄巾军私通和背叛朝廷之意。灵帝本来就有意偏袒张让，加上被张让的花言巧语所迷惑，这件事当然也就不了了之了。

张让并没有因为这件事而有所收敛，而肆意妄为了。他对王允充满了愤恨，总想找机会对王允进行打击报复。第二年，张让终于找到一个借口，将王允逮捕下狱。可是没办法，人家王允运气好，恰逢朝廷大赦天下，王允不但无罪释放，还官复原职。可是，气得冒烟的张让并没停止他报仇的步伐，没出十天，他又以另一个“莫须有”的罪名将王允治罪，王允再度入狱。

张让画像

真是好人有好报，司徒杨赐平素了解王允的为人和品性，知道张让是有意想置王允于死地，为了替王允开罪，让他免受痛苦和屈辱，杨赐派手下人劝告王允说:“你因事得罪宦官张让，一月之内，两次下狱，很明显他是有意和你过不去。如今你是凶多吉少，性命都难保。为了成就自己的志向，你又何必不先退让一下，忍一忍呢？大丈夫能屈能伸，如果只一味好强，恐怕他不会放过你，请你仔细思量思量吧！”

王允手下的从事也对王允的再次入狱深感忧虑，他们想方设法营救王允。有一名好斗气的下属去狱中探望王允时，痛哭流涕，劝王允向张让认错赔罪，求他网开一面，王允当然不愿卑躬屈膝，怒斥拒绝。下属找来一杯酒，气愤地对王允说：“你既然如此保全自己，不如喝下这杯毒酒算了，又何必还在狱中受别人的折磨呢？”

出乎意料的是，王允一把夺过酒杯，厉声说道：“我是堂堂天子的臣民，君王赐罪于我，我应当接受惩罚，按照王法在街头斩首示众，而且天下人都应以我为戒，不再违反法律，维护社会的安定，哪有私自吞喝毒药，以死逃避法律制裁的道理？你们不用再劝我了，我意已决！”说完，便把酒泼倒在地上，自己走近囚车，又重新被关进监狱。

由于王允一直没有向张让赔罪认错，张让又进一步夸大其辞所谓的罪行情节。不久，王允的案件被提审，王允的手下官员和朋友以及朝中许多官员都十分着急，想制止张让对王允的陷害。大将军何进、太尉袁隗、司徒杨赐联名向皇帝上书，替王允求情，希望皇上网开一面赦免王允。他们在奏章中写道：王允严于律己，宽以待人，为官尽忠尽诚，宽宏贤能，具有君子的风范和气节。过去晋悼公和先朝孝文皇帝能明辨是非，赦免大臣的罪行，陛下就不能仿效吗？如此王允受命于朝廷，诛讨逆贼，安抚良民，本应论功行赏，加官晋爵；难道就因如此微不足道的小事情，就定他死罪吗？陛下如此不公平地给予他处罚，恐怕有负众望，百官有所不服吧。”

人多力量大。灵帝刘宏看完奏章后，感触颇深，便赦免了王允的死罪，但仍下狱重新定罪。

这年冬天，又恰逢朝廷大赦。但由于张让这卑鄙小人从中搞破坏，王允便与幸运之神擦肩而过。公道自在人心，何进、袁隗、杨赐等三公要员为了给王允洗刷冤屈，继续上书皇上，要求赦免他。时间飞逝，转眼间到了第二年，在众人的努力下，王允终于如愿以偿，被免罪释放。当时，朝中宦官当权，张让阉党凭借权势横行霸道，为所欲为。刚刚出狱的王允虽对张让等人的行径深恶痛绝，但无奈自己力

东汉白玉杯

量有限，只得改名换姓，离开都城洛阳，辗转于河内、陈留之间。

不久，灵帝驾崩，王允急忙赶赴洛阳吊丧。此时，朝廷局势极度混乱，以何进为首的外戚势力大增，阉党张让随着灵帝的离去而失去了对中央政权的控制权，面临四面楚歌的境地。大将军何进利用各地方官吏奔丧的机会，大肆结交和拉拢亲己势力，以达到铲除张让的目的。何进对王允与张让的恩怨早有耳闻，王允一到洛阳，就被他紧急召见，并说明意图。王允对何进的救命之恩感激涕零，便满口答应，并担任从事从郎一职。后来情况发生急变，张让集结党羽，用何太后召见何进的名义把何进骗入宫中，趁机伏杀。最后一线希望也熄灭了，王允不得不迁任河南尹，暂时逃避张让的嚣张气焰。张让伏杀何进后，曾奉密召的董卓、袁术等人立即领兵进京，讨杀张让。张让、段挂等人挟持少帝刘辩和陈留王刘协半夜出逃。当时，朝中公卿大夫被如此紧急局势吓得不知所措，他们都不敢护卫少帝。王允立即派遣一部分士兵跟随尚书卢植一起保护少帝，事后，又奉迎少帝回宫。

智除国贼

董卓画像

少帝即位以后，并没有就此安享快乐时光，因为他很清楚朝政大权早已落入董卓之手，自己稍有忽失，帝位将不保。虽然他期盼这一天不要到来，但天不随人愿，这一天还是来了。永汉元年（公元189年），董卓废掉少帝，将献帝刘协扶上皇帝的宝座，王允被任命为太仆，不久荣升为尚书令。初平元年（公元190年），王允攀上了他职业生涯的高峰，担任司徒职务，同时兼任尚书令。

司徒一职虽然带给王允无限荣耀，但也带给他诸多重责。献帝登基后，外戚、宦官斗争无止无休，黄巾军起义风起云涌，如火如荼，各地割据豪强也趁机插上一脚，打着讨伐宦官的晃子，纷纷问鼎中央政权，内忧外患使整个东汉政权摇摇欲坠。面对如此严峻的形势，王允没有退缩，毅然决然地承担起恢复和革新东汉政权和社会的重任。为了稳定政局，消除混乱，王允和朝中其他忠臣良将一道出谋划策，重新树立皇帝的绝对权威。

董卓在进驻洛阳过程中，迎立少帝，挟天子以令诸侯。进驻洛阳后，董卓又多次赤裸裸地表现出对权力的贪婪欲望。他废旧立新，毒杀太后，广植党羽，培养亲信，统收兵权，控制朝廷。从董卓的种种倒行逆施中，大有谋朝篡位的迹象，王允已经敏锐地意识到他将成为威胁东汉政权的最大隐患，必须采取必要措施遏制和除掉董卓。可是，董卓手中掌握有强大的军事力量，党羽众多，而且董卓本人凶残毒辣，如果主动出击，肯定是以卵击石。

于是，王允装出一副顺势而为，曲意逢迎的姿态，实际上却在细心计划，精心布署。董卓进入洛阳后，为了站稳脚跟和扩大势力，曾极力拉拢朝中有影响的官员。王允不动声色，顺势归顺，尽量迎合。有时，王允不惜矫情曲意，偏违原则，来换取董卓的信任。董卓见王允不但具有才识，而且对自己忠心耿耿，毫无二心，于是便把王允当作自己的心腹亲信，对王允不生丝毫疑心，无论朝政大小事务，都托付给王允处理。

东汉玉熊形器

王允虽然表面上多有曲迎董卓之意，但他并没有因此而丧失原则。杨勋是当时朝廷的正义之士，自从董卓乱政以来，杨勋不畏强权，一直与他进行尖锐的斗争。他曾与左将军皇甫嵩一起密谋诛杀董卓，后因皇甫嵩升迁，杨勋势力弱小，而不了了之。一次，董卓问王允:“不知谁最适合担任司隶校尉？”王允想也不想地回答:“只有杨勋最适合。”这显然是明知而为，对于董卓与杨勋之间的矛盾他再清楚不过了，推荐杨勋确实不是明智之举，但是，出于正义，王允还是推举了他。

在与董卓表面敷衍的同时，王允暗中积极组织和筹备反董卓的斗争。王允首先与司隶校尉黄琬、尚书郑公业等人共同商议诛杀董卓的计策。为了控制一定武装力量，王允等人极力向皇上推荐、保举羌校尉杨瓒行使左将军的权力；同时还举荐执金吾士孙瑞担任南阳太守，掌握一定的地方势力，并且命令他借讨伐袁术为名，带领兵马出道武关，实则为多路夹击董卓作准备。士孙瑞的行动引起了董卓的怀疑，他决定把士孙瑞留在都城。王允听说后，便顺从董卓的意思，擢升士孙瑞为仆射。另外又擢升杨瓒为尚书，为最后反击董卓做准备。

初平二年（公元 191 年），董卓封王允为温侯，食邑五千户。依王允的性格很不想接受，士孙瑞适时提醒了他："在大事未成之前，不能露出丝毫破绽，您被董卓加官晋爵，朝廷百官都瞻仰您的崇高品节，何乐而不为呢？不要因意气而误了大事！"王允一听恍然大悟，便受命听封。

初平三年（公元 192 年）春天，天下遭受严重的自然灾害，连续几个月都没下雨。王允和士孙瑞、杨瓒等人借登台祭祀乞神降雨之机，紧急研究谋杀董卓的行动方案。士孙瑞严肃地对他们说："自从去年岁末以来，太阳阴晦不照，淫雨连绵不断，这种暗无天日的日子应该有个尽头。现在我们时机已基本成熟，如果不把握天机，先发制人，恐怕后患无穷啊！请你们认真考虑考虑。"王允很赞同士孙瑞的意见，决定看准时机尽早下手。可无奈，董卓探子非常之多，难保情报不外泄，而且他本人凶狠残暴，如果计划不周密，有所疏失，后果将不堪设想。王允提议，可以安插卧底，里应外合，杀他个措手不及。王允获悉董卓与他的心腹吕布之间早有芥蒂，便秘密会见吕布，欲与他结成联盟，共同铲除董卓。

放在以前身为董卓义子的吕布断不会答应，保不准还会将王允处死，但当下，他对董卓恨得牙根儿痒痒，便毅然同意了。当然，这之中是有一定缘由的。

貂蝉像

作为古代四大美女之一的貂蝉是王允的歌女，有倾国倾城之貌。见东汉王朝被董卓操纵，貂蝉在月下焚香祷告上天，保佑主人平安无事。王允看到貂蝉，便心生一计。他先认她为义女，再设下连环计，暗地里将貂蝉许给好色的吕布，明里把貂蝉献给董卓。二人都是好色之人，都对貂蝉爱不释手。从此以后，貂蝉周旋在此二人之间，对吕布暗送秋波，对董卓加以妩媚。把二人撩拨得神魂颠倒。两父子为了一个女人产生了矛盾。就在这个时候，王允便把诛杀董卓的计划向吕布和盘托出，

东汉玉枕

并让他做内应，王允怕吕布没有痛下决心，会反悔，就在一旁煽风点火："你姓吕，奸贼姓董，父子只是名义上的，并非骨肉亲情，况且董卓现在已是众叛亲离，你难道还认贼作父吗？你当他为父亲，平时他待你是儿子吗？"吕布听到这番话，顿时怒气冲天，不再犹豫，于是答应了。

时机刚好，这年四月，正当王允等人准备采取行动的时候，正好天子大病初愈。朝廷百官在未央宫集合，恭祝天子龙体安康。事前，吕布派同郡骑都尉李肃等人带领十多名心腹亲兵，穿上宫廷侍卫的服装，潜伏在宫殿侧门两边。当董卓大摇大摆地出现在侧门外时，立即遭到潜伏在门后的李肃等人的突然袭击。董卓急呼吕布，吕布却手捧圣旨，大喊："奉旨杀贼！"董卓在绝望中被乱刀杀死，并且株连三族。

董卓专权的时代随着他的灭亡而得到终结。朝廷内外顿时一片欢腾。董卓祸国殃民的行径，激起了天下人们的极度痛恨，铲除董卓，不仅顺应时代潮流，而且合乎天下民心。司徒王允，凭借碰上自己对朝廷的赤胆中心和一身凛然正气赢得了最后的胜利，同时赢得了美名。

"双面"王允

诛杀乱臣贼子，为朝廷立下了赫赫战功。一时间，成为了热门人物，自然少不了朝廷的嘉奖和广大人民的称赞。人都是有些虚荣心的，受到如此礼遇，态度转变也是可以理解的，但似乎有些过了头，他想："连董卓这样不可一世的大奸贼都死于我的手下，我还有什么可惧怕的呢？"他愈发自我膨胀了，对任何人都是趾高气扬的，每当群臣集会，王允很少像以前那样和大家推心置腹，共同商讨权宜之计，而是正襟危坐，面无和悦之色。看到他这种姿态，群臣也渐渐开始疏远他了。

除了嚣张跋扈他还刚愎自用，不听人言。当朝文学家蔡邕曾是董卓的旧臣，当听到董卓被杀的消息时，蔡邕正好和王允在一起。当时，蔡邕感到事发突然，不禁脸色大变，不由自主地发出一声叹息。王允听到勃然大怒，严厉指责蔡邕：“董卓是国家的罪人，祸国殃民的罪行不可饶恕，你身为天子臣民，应该从大局考虑，从国家出发，共同声讨国贼，不想你念及他对你的一点私人恩惠，竟然为他感到痛惜，这难道不是与董卓同一鼻孔出气吗？”说完，他不给人家机会解释，就立刻将蔡邕押至廷尉处问罪。

遭此突变，蔡邕陷入矛盾之中，因为他并不想因此失去性命。身为男子汉大丈夫，他并不怕死，可作为文学家和史官，他有未完成的事业，为了写完汉史，他陈辞谢罪，表示愿意承受刺剑削足的酷刑来保全性命。士大夫们都十分同情怜悯蔡邕的遭遇，设法营救蔡邕，可毫无结果，太尉马日蝉专程前往王允住处，替蔡邕说情：“伯昭（蔡邕字）是难得的旷世奇才，学问渊博，见多识广，特别是对本朝故事了解颇多，应当给他机会，让他继续写成史书；况且伯昭以忠孝闻名于士大夫之中，现在以莫须有之名给他判罪，恐怕有失众望，不服人心吧！”

蔡邕像

这样感人至深的一番话并没有打动王允。他不听劝告，一意孤行，反驳马日蝉说：“先前汉武帝不杀司马迁，让他写成谤书，流传后世，现在国事衰败，社会上缺乏时代精神，不能让蔡邕像司马迁那样，毁谤和诬蔑幼小的天子，因为这既对神圣的道德教化毫无益处，而且还使我们这些人遭到批评和指责！”

看到事情无回转的余地，马日蝉只得退出，感慨地对别人说：“王允这种作法恐怕不行吧！善待人才，这是一个国家得以维持和发展的命脉；而让国家经典得以流传，则是重视国家制度和创作的保障。如今，像王允这样不重视贤才，切断国家的命脉，阻碍国家经典的流传，难道能维持久远吗？”可怜蔡邕最后冤死狱中。之后，文武百官和士大夫对蔡邕的死议论纷纷，王允这才真正明白蔡邕的确罪不及死，后悔莫及。

英雄悲歌

再英明神武的人也会犯错误，这话一点儿也不假，因为他是人不是神，同样，王允不例外。董卓死后，王允成功上位，虽没有篡权专政的野心，但握有重权是个不争的事实。这时的他没有了先前的精明果断，反而变得犹豫不定了。特别是在如何安排和处理董卓旧部的事情上，立场不鲜明，反复无常。他先是想全部赦免董卓的部下，可后来又出尔反尔。为了安抚群臣，他这样解释道："本来，他们是没有罪的，只是身不由己跟随董卓，所以不得已听从董卓差遣，犯了错误。现在如果给他们突然加上恶逆的罪名，而且特定赦免他们，恐怕反而使他们猜疑恐惧，心理承受不了，所以，赦免他们无罪不是使他们安心的上之策，还不如让他们承受惩罚。"

东汉玉环

作为董卓的嫡系部队，凉州兵战斗力强，而且对董卓忠心耿耿。对他们如何处置成为王允最为忧虑的事情。为了防患于未然，王允打算削剥凉州兵将领的兵权，取缔全部凉州兵，并且计划利用关东兵去控制他们。但是这一想法并没有得到群臣的支持，有人发表了不同的见解。"凉州兵一向害怕袁绍，畏惧关东兵，如果派关东兵去解散他们，凉州兵人人自危，这样，很容易引起兵变和混乱，还不如任命皇甫义真为将军，去担任凉州兵的统帅，并让他长期留在那儿，以便安抚军心。"

这番话虽然说得在情在理，但王允还是一意孤行，断然拒绝地说："这样绝对不行，关东兵是反董卓的义兵，与我们是同一条路线，现在董卓已死，如果继续把他们屯驻在险恶之地，虽然安抚了凉州兵，但是关东兵将领会疑心我们不重视他们。"

好事不出门，坏事传千里。听到王允想解散凉州兵的消息，凉州百姓人心惶惶，一时间流言四起，说王允要杀掉所有凉州人，凉州兵将领本来就成了惊弓之鸟，对自己的前途深感忧虑，当他们得知王允要剥夺他们的军权，解散凉州兵的消息后，更是惶恐不安。狗急也会跳墙，绝望的凉州兵寻思：反正横也是死竖也是死，不如死个痛快。于是他们迅速召集军队，严阵以待，准备见机起事，并且互相传告：蔡邕只不过受了董卓的一点厚遇而已，王允便不分青红皂白地把他杀了。对于我们，不仅没有丝毫赦免的意思，反而想剥夺我们的兵权，置我们于死地。我们除了联合起来，别无选择。

当时，凉州军中最有影响和实力的将领是李傕和郭汜。他们将所有凉州兵集合起来，誓师进攻都城长安。东汉官兵不堪一击，不久，李傕、郭汜的部队便攻陷长安。吕布慌忙领兵出逃，在青锁门停住，招呼王允一同逃走。王允大义凛然地对吕布说："如果天子祖先在天有灵，能赐福社稷，保佑我们的国家平安无事，我就心满意足了。如果这一愿不能实现，我愿意献出自己的生命，以死来报效朝廷。皇上年纪幼小，还不懂事，只能靠我们来辅助他。国家遭受如此灾难，如果弃下皇上，只顾自己逃命，我实在是不忍心。况且，我身为宰相，不仅不能使国家平安无事，反而导致逆贼的反叛，我有不可推卸的责任。请你出城以后，多多鼓励关东豪杰，要常常念及皇上！"说完，便扶着献帝逃到宣平城楼。

慑于皇帝的龙威，李傕、郭汜也不敢造次，追到宣平门下，叩头便拜。汉献帝看见他们对自己还算恭敬，便壮了壮胆儿询问道："你们目无王法，作乱京城，到底打算做什么？"李傕回答说："董太师对陛下忠心耿耿，却无缘无故地遭人杀害，我们只想替太师讨回公道，不敢造反。等到捉拿处决凶手后，我们愿意接受审判。"王允早已做好了赴死的心理准备，二话没说，向汉献帝行了最后的君臣大礼，便随士兵走下了城楼，英勇就义。

王允画像

王允虽然死了，但是天子和百姓并没有因此而忘记他。迁都许昌后，汉献帝感怀他对朝廷的的忠贞，便为他举行了隆重的葬礼，还特意派虎贲中郎将"奉策吊祭，赐东园

秘器，赐以本官受绶，送还本郡”。后来，他的孙子也得到妥善的安排，被封为安乐亭侯，食邑三百户。

王允一生坎坷，但为东汉立下了不朽的功勋，比如说他对汉代图书、档案等文化典籍的收集和保护，董卓迁都长安时，王允特意把兰台、石室两个藏书馆所藏的图书和档案全部收集整理，用箱子运往长安。“诸藏典策文章，竟共部散，其缣帛图书，大则连为帷盖，小乃制为滕囊。”后来，王允又收集了汉朝其他书籍，一律上奏珍藏，“经籍具存，允有力焉”。

古典知识

王允墓

王允墓位于河南省许昌市北郊清潩河西大堤上，该墓高大，四周草木茂盛。墓顶有一株古柏，郁郁葱葱，苍劲挺拔，墓前是缓缓南流的清潩河。

东汉王朝的最终灭亡是不可逆转的历史必然趋势。处于这一历史时期的王允，满怀挽救危难的壮志雄心，并不断努力奋斗。他诛杀董卓有功：稳定了政局，救国救民于水火。然而，在继续兴复汉室的过程中，王允刚愎自用，独断专行，最终付出了惨痛的代价。虽然东汉王朝最终逃脱不了倾覆的命运，但是，王允在力图改变这一命运的过程中所做的贡献，却是不容质疑的。

点评王允

王允虽有除乱臣于朝堂，缓危局于一时之壮举，却无挽狂澜于倾倒，救百姓于水火之伟略，他刚烈的个性曾经让人无比感慨，又令人无比叹息，读圣贤书的他，似乎忘记了《礼记》中的那句“水至清则无鱼，人至察则无徒”的至理名言。当硝烟散尽，尘埃落定之后，王允的一生，留给后人的只有无限的感慨和叹息。

王允与貂蝉画像

三国

三国

San Guo<<

三国（公元220 ~公元280年）是中国历史上东汉与西晋之间的分裂对峙时期，有曹魏（魏国）、蜀汉（蜀国）、东吴（吴国）三个政权。三国时代波澜壮阔，充满生机，常引起后人追思。

这一时期的丞相之中，诸葛亮和司马懿功绩最为耀眼。诸葛亮原本布衣，躬耕于南阳，为报答刘备三顾茅庐之恩，精辟地分析了天下形势，提出了统一天下应走鼎足三分，联吴抗曹的道路，也称“隆中对策”。这是诸葛亮为刘备提出的一条正确的政治路线和军事路线，也是诸葛亮一生的行动纲领。从此，刘备的事业才出现了转机。后遇曹操率三十万大军南下荆州，诸葛亮以其大智勇出使东吴，说服东吴抗击曹操，取得赤壁之战的胜利，为刘备取得立足之地。刘备死后，他尽心竭力辅佐刘禅。当政期间，励精图治，赏罚严明，抑制豪强，任人唯贤，推行屯田政策，改善民族关系，东和孙权，南平孟获，六出祁山以攻魏，力图收复中原，可谓鞠躬尽瘁，死而后已。

司马懿是三国时期杰出的政治家和军事家，其成就丝毫不逊色于曹操、刘备、孙权诸人。早期，他为曹操、曹丕祖孙出谋划策，曾解樊城之围，破孙刘联盟，后期他更成为魏国三代的托孤辅政之重臣，败蜀军，破襄平，诛曹爽，全权掌控魏国朝政，在与诸葛亮的对峙中，他表现出了智慧、冷静、宽容、沉着、机变、忍耐和审时度势的优点，最终棋高一着，大获全胜。司马懿病逝后，魏国政权仍由其儿子把持，多年后导致晋朝代魏的发生。司马懿被后代追封为晋朝皇帝。

诸葛亮

——鞠躬尽瘁的能臣

姓　　名：	诸葛亮
别　　名：	孔明、卧龙
生　　卒：	公元 181 ~公元 234 年
家　　乡：	琅琊阳都（今山东临沂市沂南县）
性　　格：	沉稳
爱　　好：	计谋、治国
所处朝代：	三国
家庭背景：	干部子弟
顶头上司：	蜀汉昭烈帝、蜀汉后主
荣誉称号：	忠武侯
历史评价：	博学多思，为国为民居功至伟。
所在国家：	蜀汉
治国成就：	辅助刘备建立蜀国
重要事件：	五次北伐
历史遗迹：	武侯祠、襄樊诸葛亮广场
个性签名：	士为知己者死！

诸葛亮（公元181~公元234年），字孔明，号卧龙（也作伏龙），汉族，琅琊阳都（今山东临沂市沂南县）人，蜀汉丞相，三国时期杰出的政治家、外交家、发明家、军事理论家。辅助刘备建立蜀汉、治理蜀汉，鞠躬尽瘁，死而后已。在世时被封为武乡侯，谥曰“忠武侯”。

帅哥配丑妻

诸葛亮的家庭环境还算不错的。他的祖上诸葛丰曾经是汉朝司隶校尉，他的父亲诸葛珪是东汉末年的泰山郡丞。

诸葛亮故里景观

但不幸的是，诸葛亮的母亲章氏在他九岁的时候就去世了。十二岁时，他的父亲诸葛珪也追随他母亲而去。兴平元年（公元194年），十四岁的诸葛亮与弟弟诸葛均和妹妹由叔父诸葛玄收养，诸葛亮的哥哥诸葛瑾则同继母去往江东。一年后，诸葛亮叔父诸葛玄出任豫章（现江西南昌）太守，他和弟弟妹妹随叔父便奔赴豫章。命运多舛，不幸的事再次降临，建安二年（公元197年），诸葛玄病逝，十七岁的诸葛亮和弟弟告别了以前锦衣玉食的生活，留在隆中（在今湖北襄樊市）务农。但一代天才并没有就此被埋没。两年后，诸葛亮与友人徐庶等从师水镜先生司马徽。

据陈寿《上诸葛亮集表》记载，诸葛亮身长八尺（约184cm），容貌甚伟，与当时的人有明显的区别。

诸葛亮平日好念《梁父吟》，又常以管仲、乐毅比拟自己，当时的人觉得他过于自恋，对他都不屑一顾，只有好友徐庶、崔州平、孟建、石韬相信他的才干，人称“卧龙”。当然，他与当时的荆州名士庞德公、黄承彦等也有往来。特别是黄承彦对诸葛亮欣赏有加，对他说：“闻君择妇；身有丑女，黄头黑色，而才堪相配。”意思是说：“听到你要选妻，我家中有一丑女，虽然头发黄、皮肤黑，但才华可与你相配。”换作是别的

古典知识

宋·苏轼《隆中》

诸葛来西国，千年爱未衰。今朝游故里，蜀客不胜悲。谁言襄阳野，生此万乘师。山中有遗貌，矫矫龙之姿。龙蟠山水秀，龙去渊潭移。空馀蜿蜒迹，使我寒涕垂。

帅哥，怎么能接受一个奇丑的老婆，但诸葛亮不同。他很快地应许了这门亲事，立即迎娶黄承彦的女儿黄月英。当时的人都以那这件事当做笑话来取乐，乡亲们甚至专门为此作了句谚语：“莫作孔明择妇，正得阿承丑女。”

诸葛出山

再说这刘备忙活了半辈子，仍没有立足之地，只能依附于刘表，屯兵新野。后来在一次拜访司马徽时听闻：“那些儒生俗士都是些见识浅陋的人，岂会了解当世的时务局势？能了解当世的时务局势才是俊杰。此时只有卧龙（诸葛亮）、凤雏（庞统）。”当然，向他推荐诸葛亮的还不止一个人，后来徐庶也极力推荐。刘备很好奇，想让徐庶带他来引见，但徐庶却说：“这人可以去见，不可以令他屈就到此。将军最好屈尊去拜访他。”

刘备三顾茅庐图

为了寻得人才，刘备便亲自前往拜访，去了三次才见到诸葛亮，刘备便叫其他人避开，向诸葛亮提问道：“现今汉室衰败，奸臣假借皇命做事，皇上被迫多次迁都，蒙受风尘。我没有衡量自己的德行与能力的能力，想以大义重振天下，但智慧、谋略短小，所以时常失败，直至今日。不过我志向仍未平抑，你有没有计谋可以帮助我？”

诸葛亮成竹在胸，答道：“自董卓已来，豪杰并起，跨州连郡者不可胜数。曹操比于袁绍，则名微而众寡。然操遂能克绍，以弱为强者，非惟天时，抑亦人谋也。今操已拥百万之众，挟天子而令诸侯，此诚不可与争锋。孙权据有江东，已历三世，国险而民附，贤能为之用，此可以为援而不可图也。荆州北据汉、沔，利尽南海，东连吴会，西通巴蜀，此用武之国，而其主不能守，此殆天所以资将军，将军岂有意乎？益州险塞，沃野千里，天府之土，高祖因之以成帝业。刘璋暗弱，张鲁在北，民殷国富而不知存恤，智能之士思得明君。将军既帝室之胄，信义著

三顾茅庐皮影

于四海，总揽英雄，思贤若渴，若跨有荆、益，保其岩阻，西和诸戎，南抚夷越，外结好孙权，内修政理。天下有变，则命一上将将荆州之军以向宛、洛，将军身率益州之众以出秦川，百姓孰敢不箪食壶浆，以迎将军乎？诚如是，则霸业可成，汉室可兴矣。”

长长的一段话，诸葛亮向刘备陈说了三分天下之计，分析了曹操不可取（挟天子以令诸侯），孙权可作援的形势；又详述了荆、益二州的君主懦弱，只有拥有此二州才可争胜，既说明了此夺取二州的必要性及可能性，更向刘备讲述了攻打中原的战略。

张飞庙外景

这篇论说以后便被称为《隆中对》，刘备听后更加大赞，于是请他出山相助。这一年诸葛亮二十七岁。

刘备常常和诸葛亮议论，关系也日渐亲密。关羽、张飞这些平日里的好哥们、好战友都大感不悦，为了安抚他们的情绪，刘备向他们解释道：“孤之有孔明，就好像如鱼得水一样。希望你们不要有怨言。”关羽、张飞等便不再抱怨。

赤壁献良策

公元 208 年八月，荆州牧刘表病逝，他的二儿子刘琮继位，这小子才能平庸，听到曹操南下的消息，吓得半死，立刻派使臣去投降。刘备在樊城听说了这个消息，知道形势迫在眉睫，便率军队和百姓南逃，可惜的是，曹军还是在当阳长坂追上了他们，一场恶战在所难免。危急情况下，诸葛亮自荐到柴桑作说客，说服孙权施以援助。到达柴桑后，诸葛亮面见孙权，先用二分法给孙权两个选择，一是“若果能以吴、越的大民众与中原之国抗衡，不如早和曹操断交”；另一个则是激将法，“如果认为不能抵挡，为何不停止军事行动，向北方称臣呢！”

诸葛亮像轴

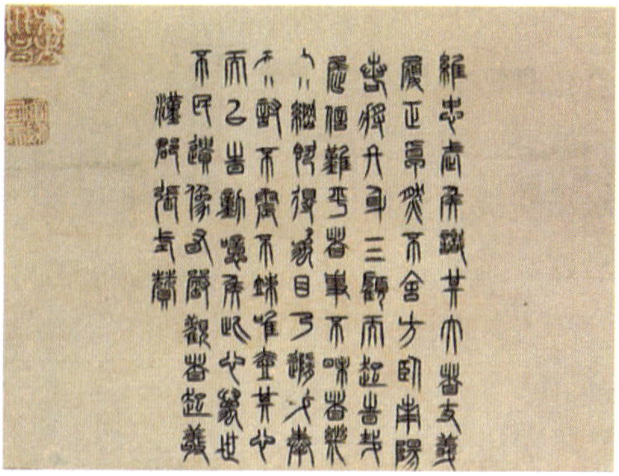

诸葛亮像轴

孙权反问诸葛亮：“刘备为什么不投降？”诸葛亮便借此提高刘备身价，说刘备有气节，绝不投降，以向孙权显示刘备的决心。孙权大怒，誓言不会向曹操投降，但却有所担心，便问刘备还有多少兵力战斗。诸葛亮最后才分析两军的情况，刘备这方，逃散归来的士兵和关羽水军有万人，刘琦凡江夏士兵亦不下万人，而曹军虽然人数众多，但远来疲弊，追刘备时，又用轻骑一日一夜行了三百多里，正是“强弩之末，势不能穿鲁缟”；而且北方人不习水战，荆州百姓又是被逼服从曹操，不是心服；最后肯定地说曹操必定可打败。孙权十分高兴，后又受到鲁肃、周瑜的游说，决定联刘抗曹。

草船借箭

即使赤壁大战在即，周瑜和诸葛亮还是不忘“才子”相轻。周瑜看到诸葛亮挺有才干，心里很妒忌。

南阳卧龙岗诸葛祠模拟的草船借箭场景

有一天，周瑜请诸葛亮商议军事，说：“我们就要跟曹军交战了。水上交战，用什么兵器最好？”

诸葛亮说：“用弓箭最好。”

周瑜说：“对，先生跟我想的一样。现在军中缺箭，想请先生负责赶造十万支。这是公事，希望先生不要推却。”

诸葛亮说：“都督委托，当然照办。不知道这十万支箭什么时候用？”周瑜问：“十天造得好吗？”诸葛亮说：“既然就要交战，十天造好，必然误了大事。”周瑜问：“先生预计几天可以造好？”诸葛亮说：“只要三天。”周瑜说：“军情紧急，可不能开玩笑。”

诸葛亮说：“怎么敢跟都督开玩笑。我愿意立下军令状，三天造不好，甘受惩罚。”

周瑜很高兴，叫诸葛亮当面立下军令状，又摆了酒席招待他。

诸葛亮说：“今天来不及了。从明天起，到第三天，请派五百个军士到江边来般箭。”诸葛亮喝了几杯酒就走了。

鲁肃对周瑜说：“十万支箭，三天怎么造得成呢？诸葛亮说的是假话吧？”

周瑜说：“是他自己说的，我可没逼他。我得吩咐军匠们，叫他们故意迟延，造箭用的材料，不给他准备齐全。到时候造不成，定他的罪，他就没话可说了。你去探听探听，看他怎么打算，回来报告我。”鲁肃见了诸葛亮，诸葛亮说：“三天之内要造十万支箭，得请你帮帮我的忙。”

周瑜像

鲁肃说："都是你自己找的，我怎么帮得了你的忙？"

诸葛亮说："你借给我二十条船，每条船上要三十名军士。船用青布幔子遮起来，还要一千多个草把子，排在船的两边。我自有妙用。第三天管保有十万支箭。不过不能让都督知道。他要是知道了，我的计划就完了。"

鲁肃答应了，他不知道诸葛亮借了船有什么用，回来报告周瑜时果然不提借船的事，只说诸葛亮不用竹子、翎毛、胶漆这些材料。周瑜疑惑起来，说："到了第三天，看他怎么办！"

鲁肃私自拨了二十条快船，每条船上配三十名军士，照诸葛亮说的，布置好青布幔子和草把子，等诸葛亮调度。第一天，不见诸葛亮有什么动静；第二天，仍然不见诸葛亮有什么动静；直到第三天四更时候，诸葛亮秘密地把鲁肃请到船里。鲁肃问他："你叫我来做什么？"

诸葛亮说："请你一起去取箭。"鲁肃问："哪里去取？"诸葛亮说："不用问，去了就知道。"诸葛亮吩咐把二十条船用绳索连接起来，朝北岸开去。

诸葛亮画像

这时候大雾漫天，江上连面对面都看不清。天还没亮，船已经靠近曹军的水寨。诸葛亮下令把船尾朝东，一字儿摆开，又叫船上的军士一边擂鼓，一边大声呐喊。鲁肃吃惊地说："如果曹兵出来，怎么办？"

诸葛亮笑着说："雾这样大，曹操一定不敢派兵出来。我们只管饮酒取乐，天亮了就回去。"

曹操听到鼓声和呐喊声，就下令说："江上雾很大，敌人忽然来攻，我们看不清虚实，不要轻易出动。只叫弓弩手朝他们射箭，不让他们近前。”

他派人去旱寨调来六千名弓弩手，到江边支援水军。一万多名弓弩手一齐朝江中放箭，箭好像下雨一样。诸葛亮又下令把船掉过来，船头朝东，船尾朝西，仍旧擂鼓呐喊，逼近曹军水寨去受箭。

天渐渐亮了，雾还没有散。这时候，船两边的草把子上都插满了箭。诸葛亮吩咐军士们齐声高喊："谢谢曹丞相的箭！"接着叫二十条船驶回南岸。曹操知道上了当，可是这边的船顺风顺水，已经飞一样地驶出二十多里，要追也来不及了。

二十条船靠岸的时候，周瑜派来的五百个军士正好来到江边搬箭。每条船大约有五六千支箭，二十条船总共有十万多支，鲁肃见了周瑜，告诉他借箭的经过。周瑜长叹一声，说："诸葛亮神机妙算，我真比不上他！"

巧借东风

公元208年，曹操率领八十万大军驻扎在长江中游的赤壁，企图打败刘备以后，再攻打孙权。刘备采用联吴抗曹之策，与吴军共同抵抗曹操。当时，孙权和刘备兵力都很少，而曹操兵多将广，处于压倒性优势。刘备的军师诸葛亮和孙权的大将周瑜，商讨破敌良策，两人不谋而合，都主张火攻，只有这样，才能打败曹操。

可等一切都准备好后，周瑜却发现曹操的船只都停在大江的西北，而自己的船只靠南岸。这时正是冬季，只有西北风，如果用火攻，不但烧不着曹操，反而会烧到自己的头上。周瑜眼看火攻不能实现，急得口吐鲜血，病倒在床上，名医、良药都治不好他的病。这时诸葛亮去探望周瑜，问他为何得病。周瑜不愿说出实情，就说："人有旦夕祸福，怎能保住不得病呢？"

赤壁

诸葛亮早猜透了他的心事，就笑着说："天有不测风云，人怎能预料到呢？"周瑜听到诸葛亮话中有话，非常惊讶，就问有没有治病的良药。诸葛亮

周瑜墓冢景观

说："我有个药方，保证治好您的病。"说完，写了十六个字，递给周瑜。这十六个字是：

"欲破曹公，宜用火攻；万事俱备，只欠东风。"

周瑜一看，大吃一惊，心想："诸葛亮真是神人啊！"他的心思既然已被诸葛亮猜中，便请教破敌之策。诸葛亮有丰富的天文气象知识，他预测到近期肯定会刮几天东南风，就对周瑜说："我有呼风唤雨的法术，借你三天三夜的东南大风，你看怎样？"周瑜高兴地说："不要说三天三夜，只一夜东南大风，大事便成功了！"

周瑜命令部下做好一切火攻的准备，等候诸葛亮借来东风，马上进兵。诸葛亮让周瑜在南屏山修筑七星坛，然后登坛烧香，口中念念有词，装做呼风唤雨的样子。

半夜三更，忽听风响旗动，周瑜急忙走出军帐察看，真的刮起了东南大风，他连忙下令发起火攻。

周瑜部将黄盖，率领火船向曹操水寨急驶，当火船靠近曹军水寨时，一声令下，士兵们顺风放火。风助火势，火借风威，把曹营的战船烧个一干二净，岸上的营寨也被烧着，兵马损失不计其数。在烟火弥漫中，曹操仓惶逃命，从小道逃回许昌。

辅助幼主

公元 220 年，曹丕篡汉自立。公元 221 年，群臣听到汉献帝被害的消息，劝已成为汉中王的刘备登基为帝，刘备不答应，诸葛亮用耿纯游说刘秀登基的故事劝刘备。于是刘备才答应，任诸葛亮为丞相录尚书事、假节。同年张飞被害，诸葛亮领司隶校尉一职。

刘备托孤塑像

到公元 223 年二月，刘备因为义弟张飞被害，加上为之报仇又惨败，忧心积劳，酿成大病，召诸葛亮到永安，与李严一起托付后事，刘备对诸葛亮说："你的才能是曹丕的十倍，必定能够安顿国家，终可成就大事。如果嗣子（刘禅）可以辅助，便辅助他；如果他没有才干，你可以自行取度。"

诸葛亮涕泣地说："臣必定竭尽股肱的力量（指代全力），报效忠贞的节气，直到死为止！"刘备又要刘禅视诸葛亮为父。

延至四月，刘备逝世，刘禅继位，封诸葛亮为武乡侯，开设官府办公。不久，诸葛亮再次出任益州牧。刘禅叫诸葛亮为宰父，政事上的大小事务，他都依赖于诸葛亮，由诸葛亮决定。

平定南蛮

公元 223 年夏，益州郡统帅雍闿听到刘备逝世的消息，心生叛意。不久，雍闿杀死建宁太守正昂，缚走张裔到东吴，正式与蜀汉决裂。越巂酋长高定响应，杀死郡中将领焦璜，自封为王，率军北上攻打新道县，但被李严率领的援军打败，退回南方。

而当时东吴未与蜀汉和好，便任雍闿为永昌太守，并派刘阐到交州边境，准备接管益州郡。雍闿率军要闯入永昌城，功曹吕凯、府丞王伉率领吏士死守永昌，敌军虽不断在城中散播谣言，但吕凯仍坚持不降，城中士民亦信任吕凯，令雍闿不能进城。而牂柯太守朱褒知道消息后，亦显得十分暴横、放纵。

蜀汉丞相诸葛亮认为国家刚逝去君主，决定先安定国内民众、吏士，蓄积粮食，派邓芝、陈震和东吴修好，及遣越嶲太守龚禄到南中边界安上县戒备；从事蜀郡常颀行则直接南行，查清事件。

三国时期蜀汉陶屋

另一方面，又派李严写六封书信给雍闿解释利害，但雍闿却只回一书说："盖闻天无二日，土无二王，今天下鼎立，正朔有三，是以远人惶惑，不知所归也。（曾听过天无二日，土无二王，现今天下成鼎立局面，自称正朔的都有三个，所以远人（雍闿）感到疑惧，不知该归属那个。）"信中显得十分傲慢。

颀行到达牂柯后，立刻收押郡中主簿，准备查明事实。朱褒便乘机杀害颀行发难，加入叛军，龚禄亦被高定所害。当时，有夷人不服从雍闿，雍闿便派为当地人所信服的孟获游说各夷部酋长："官欲得乌狗三百头、膺前尽黑，螨脑三，断（斲）木构三丈者三千枚，汝能得不？（官府想要黑狗三百头，而且胸前都要是黑色，还要螨脑三、三丈长的断木（斲木）三千根，你们可以拿出来吗？）"黑狗、螨脑本来便难找，而其断木（斲木）因十分坚硬、委曲，不可能高到二丈长，夷人便相信孟获，对蜀汉大感气愤，加入叛军。

公元 225 年三月，蜀军为诸葛亮亲自率领，由成都开始南征，虽然王连劝阻，但诸葛亮忧虑其他将领才能不够，所以仍决定亲自率军。参军马谡为诸葛亮送行数十里路，并提出"攻心为上，攻城为下，心战为上，兵战为下"的大方针，诸葛亮亦接纳此言，他便率军从水路由安上到越嶲进入南中，又派马忠进攻牂柯郡，李恢由平夷攻向建宁郡。

李恢军行至昆明，被敌军围攻。当时李恢兵少于敌人一倍，又未得到诸葛亮军消息，便对南人说："官军粮草将尽，想谋划退还，不过我们曾责骂过守地乡里，就算现在能回军，亦不能回到北方，所以想回来与你们等人一起谋反，所以用诚心相告。”南人相信他，围困开始松懈。就在此时，蜀军突然出击，大破敌军。李恢率军南至盘江，东接牂牁郡，而马忠军则顺利在且兰打败朱褒，与李恢军会合。另一方面，诸葛亮军在南行途中，雍闿已被高定部曲所杀，大军到达后数战皆胜，斩杀高定。与其他两军声势相连，准备迎战收纳雍闿部众的孟获。

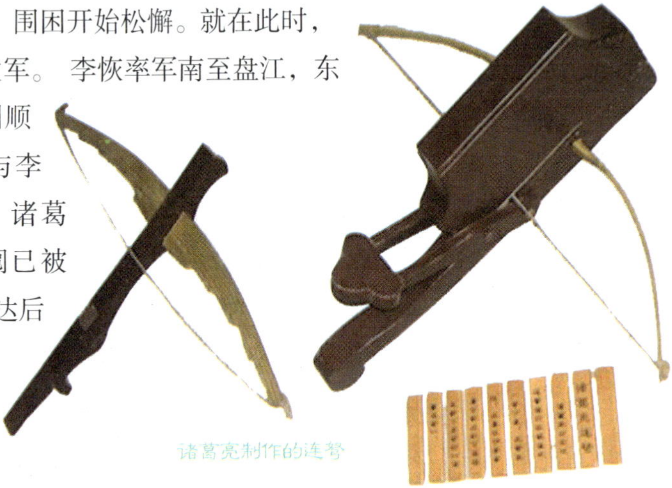
诸葛亮制作的连弩

诸葛亮听说孟获为当地人所信服，便想生擒他。五月，大军渡过泸水，与孟获军交战，成功俘虏孟获，诸葛亮带他到营阵观赏，问他觉得蜀军如何，孟获回答他：“我之前不知你军虚实，所以才战败。现今蒙赐观看营阵，原来只是如此，如果再来一次，我必定可以获胜。”

诸葛亮的心意在北方，又知道南人叛乱问题严重，便用马谡提出的“攻心为上，攻城为下，心战为上，兵战为下”的方针，要孟获心服口服。只是向孟获一笑，将他放走再战。经过七次擒纵后，孟获及其他夷人开始反思，不再离去，孟获说：“诸葛亮真是天上的神威，南人不再反叛了。”蜀军成功平定南中，至十二月回到成都。南中已平定，东吴刘阐亦从交州回到吴国，打消接管的念头。而诸葛亮则分南中四郡益州、永昌、牂柯、越巂为六郡益州、永昌、牂柯、越巂、云南、兴古，以当地人或将领统领，有人曾劝谏诸葛亮留兵镇守，但诸葛认为这有三

诸葛亮的流马塑像

不易：

第一，“若果留下外人，则要留兵驻守，留下士兵则要粮食，这是第一个不易。”

第二，“加上夷人新破，死伤甚多，有的父死兄丧，如留外人但没有士兵驻守，必定成为祸患，这是第二个不易。”

第三，“有夷人忧怕有废杀的罪名，自怕过失过重，若果留下外人，终不会得到信任，这是第三个不易。”

最后，诸葛亮平衡各条件，决定达至“不留兵，不运粮”的政策，任李恢为建宁太守、吕凯为云南太守，又收降爨习、孟琰等，与孟获一起授予官职，笼络南人。只有马忠是外地人而被任免为牂柯太守，但仍能做到受夷人所敬重。

蜀汉亦移南中万多家劲卒、青羌到蜀地，分成为五部，号为“飞军”，非常勇猛。又分开瘦弱，配给大族焦、雍、娄、爨、孟、量、毛、李为部曲，设置五部都尉，号为五子，所以南人有四姓五子的说法。而夷人都十分刚毅、斗狠，与大族、富豪关系很差；蜀汉便劝大族捐出金帛，聘请夷人作部曲，聘请越多，便可世袭官位。于是夷人渐渐臣服属于朝廷，建立起夷、汉并列的部曲。

而南人上贡的金、银、丹、漆、耕牛、战马等，令蜀汉军费有所供给，国家富裕，为诸葛亮北伐提供物资。南人的小规模叛变虽然没有停止，但相较东汉时期，南中却相对的平稳，而多次叛乱亦被马忠、李恢、吕凯等快速平定。

出师北伐

丞相诸葛亮辅助后主刘禅，蜀汉国力慢慢回复，同时派出陈震、邓芝与东吴重新修好。公元 225 年，诸葛亮南征，平定蜀汉南方乱事。公元 226 年，曹魏文帝曹丕病死，曹睿即位，诸葛亮认为是北伐曹魏的机会。公元 227 年春天，诸葛亮将大军进驻汉中，开始筹备北伐曹魏。诸葛亮上书《出师表》给刘禅，陈述出师的原因，表明统一中原的希望，开始五次北伐的序幕。

公元 228 年春天，蜀军准备好北伐，将领魏延提出子午谷之计，请诸葛亮发万兵给他出子午谷袭取潼关，与由斜谷出兵的诸葛亮大军会师，这样便可一举平定长安以西，但诸葛亮不许。派由赵云、邓芝率一支军马作为疑兵，由箕谷摆出要由斜谷道北攻郿城的形势，以吸引魏军。诸葛亮则亲率主力向祁山进攻。

陇右的天水、南安、安定等郡相继叛魏响应蜀军，同时魏将姜维投降诸葛亮军，

徽州古城

街亭子

荆州古城

关中震惊，在洛阳的曹睿（魏明帝）急率大军救援，亲自到长安坐镇，派大将军曹真督军至郿县防御赵云，派张郃领兵抵抗诸葛亮。诸葛亮也派遣马谡为前锋，到街亭设防。

张郃在街亭与马谡相遇，可是马谡不遵循诸葛亮的部署，依阻南山，不下据城，而张郃派人截断其水源，大举进攻，蜀军大败，马谡逃走，街亭失守。同时，赵云在箕谷也出兵不利，诸葛亮取西县千余家，后引兵退回汉中。

诸葛亮退回汉中后，天水、南安、安定三郡又被曹真、张郃平定。而诸葛亮把违犯军令、导致战争失败的马谡收狱。同时，蒋琬来到汉中，希望为马谡求情，诸葛亮为遵守军令，挥泪斩马谡，另外对有功的王平则给予封赏。诸葛亮上书自贬三等，并作了自我批评。

公元 228 年冬天，曹魏将领曹休在石亭被东吴将领陆逊打败，诸葛亮听说魏军大举东进，于是给哥哥诸葛瑾写信："有绥阳小谷，虽山崖绝险，水纵横，难用行军，昔逻候往来要道通人。今使前军斫治此道，以向陈仓，足以攀连贼势，使不得分兵东行者也。"诸葛瑾知道后，出兵散关，包围陈仓。果然，张郃部队立刻被魏明帝召回。之前曹真已派将领郝昭、王生与一千多人屯兵陈仓，加上陈仓地势险要，易守难攻，相方激战二十余日未有胜负。蜀军运送粮食发生问题，又闻讯魏援军快到，只好再退回汉中。在退师途中，成功杀死前来追击的魏将王双。

第二年年春天，诸葛亮遣陈戒进攻武都、阴平，曹魏大将郭淮领兵来救，可是听说诸葛亮出建威，于是撤退，蜀军顺利占领二郡。诸葛亮安抚了当地的氐人、羌人，然后留兵据守，自己率军回汉中。而因成功夺取二郡，刘禅再次升回诸葛亮为丞相。

公元230年六月，曹魏想反客为主，曹真上表伐蜀议案，并派大军进攻汉中。诸葛亮除加强防守外，又要求李严率二万人赶赴汉中阻击敌人。不过因蜀地艰险，又遇上下了三十天的大雨，魏军惟有撤退。夏侯渊之子夏侯霸成功出谷至兴势，不料被早已等候多时的蜀军伏击，后援兵到达，方得脱身。与此同时，诸葛亮派魏延、吴壹入南安，魏延破郭淮，吴壹破费瑶。

公元231年春天，诸葛亮再次进行北伐，以木牛运粮，包围祁山。而曹睿也立刻派司马懿为统帅，督军抵抗。诸葛亮知道后，留下王平继续领军攻打祁山，自己率主力迎战司马懿。诸葛亮在上邽打败了魏将郭淮、费曜，想一举打败司马懿大军。司马懿深知蜀军远道而来，粮食后勤有限，便凭险坚守，做好防御措施，拒不出战。

魏军将领见司马懿如此懦弱，十分不满，都讥笑他。在众将的一再要求下，司马懿只好派张郃攻打王平，自己则率众迎击诸葛亮。诸葛亮派大将魏延、高翔、吴班分三路领兵作战，大败魏军，杀掉魏军三千多人，获得战利品玄铠五千、角弩三千多。司马懿再也不出战了。

之前，诸葛亮派李严督粮草时，怕出问题，于是给他三种选择，叫他见机行

三国城墙

事："上计断其后道。中计与之持久。下计还住黄土。"

后来，李严怕粮运不济，就派马忠、成藩召诸葛亮还。后来李严发现是自己判断失误，欲杀督运领岑述。诸葛亮回来后，李严反而问他："军粮饶足，何以便归？"

另一方面李严又向后主上表："军伪退，欲以诱贼与战。"

最终李严被揭发，数罪并罚，被贬为庶民。

诸葛亮的铜像

公元234年春天，诸葛亮经过三年准备，在斜谷口再率十万大军出斜谷口，同时派使臣到东吴，希望孙权能同时攻魏。四月，蜀军到达郿县，在渭水南岸的五丈原下扎营寨。司马懿则率领魏军背水筑营，想再次以持久战消耗蜀军粮食，令蜀军自行撤退，诸葛亮也明白缺粮的问题，开始实施屯田生产粮食。而孙权也曾率十万大军北上响应蜀汉，但被曹睿亲自率军打败。

一次，诸葛亮派虎步监孟琰驻武功水北，适逢水涨，阻断了诸葛亮和孟琰的联系。司马懿趁机出兵进攻孟琰。结果诸葛亮一方面派工兵架桥，一方面派弩兵向司马懿的部队射箭。司马懿看到桥快架好，只好撤退了。魏、蜀两军相峙了百多日，其间诸葛亮多次派人挑战，司马懿军始终坚守不出。其后诸葛亮故意让人带一套女人的衣服、头巾送给司马懿，表示司马懿就像女人一样。魏军将领见此情形都火冒三丈，纷纷要求出战，为了搪塞将领们的要求，司马懿假意上表给魏明帝请战。曹睿便派卫尉辛毗为军师，到前线节制司马懿。诸葛亮明白这只是做样而已。而司马懿却从诸葛亮派出的使者口中探得诸葛亮事事亲力亲为，食少事烦，认为诸葛亮活不了多久。

八月，诸葛亮果然病倒，病情日益恶化。司马懿趁诸葛亮病重不能统军，乃率军袭其后，斩五百余级，获生口千余，降者六百余人。消息传到成都，刘禅派李福去探望诸葛亮，并询问此后国家大计，诸葛亮也对各将领交代后事，要杨仪和费祎统领各军撤退，由魏延、姜维负责断后。不久，诸葛亮在军营中与世长辞。

诸葛亮墓

而杨仪、姜维按照诸葛亮临终的部署，秘不发丧，整顿军马从容撤退。司马懿认为诸葛亮已死，率军追击，姜维命杨仪回军向魏军做出进击的样子，司马懿怕是诸葛亮装死引诱魏军出击，赶紧撤退，不敢再追赶。于是蜀军从容退去，进入斜谷后，才讣告发丧。

因诸葛亮决定以心思较细密的杨仪统领各军撤退，令其仇人魏延不满，相方发生争斗，最后魏延在争斗中失败被杀。而曹魏的司马懿因抗敌有功，开始攀上权力高峰。

点评诸葛亮

陈寿《三国志》:“诸葛亮之为相国也，抚百姓，示仪轨，约官职，从权制，开诚心，布公道；尽忠益时者虽仇必赏，犯法怠慢者虽亲必罚，服罪输情者虽重必释，游辞巧饰者虽轻必戮；善无微而不赏，恶无纤而不贬；庶事精练，物理其本，循名责实，虚伪不齿；终于邦域之内，咸畏而爱之，刑政虽峻而无怨者，以

武侯祠外景

其用心平而劝戒明也。可谓识治之良才，管、萧之亚匹矣。然连年动众，未能成功，盖应变将略，非其所长欤！”

刘备：“孤之有孔明，犹鱼之有水也。愿诸君勿复言。”“君才十倍曹丕，必能安国，终定大事。若嗣子可辅，辅之；如其不才，君可自取。”

司马炎：“善哉，使我得此人以自辅，岂有今日之劳乎！”

康熙：“诸葛亮云：鞠躬尽瘁，死而后已。为人臣者，惟诸葛亮能如此耳。”

孙中山：“诸葛亮很有才能，所以在西蜀能够成立很好的政府，并且能够六出祁山去北伐，和吴魏鼎足而三。”

司马懿

——天才权谋家

姓　　名：	司马懿
别　　名：	仲达
生　　卒：	公元 179 ~ 公元 251 年
家　　乡：	河内温（今河南温县）
性　　格：	老谋深算
爱　　好：	博闻强记，善谋略
所处朝代：	三国
家庭背景：	高干子弟
顶头上司：	魏文帝、魏明帝
荣誉称号：	舞阳宣文侯
历史评价：	少有奇节，聪明多大略，博学洽闻，伏膺儒教。
治国成就：	西晋王朝的奠基人
重要事件：	智擒孟达
历史遗迹：	司马懿墓
个性签名：	我要为子孙铺路。

司马懿（公元 179 ~ 公元 251 年），字仲达，河内温（今河南温县）人。三国时期魏国杰出的政治家、军事家，西晋王朝的奠基人。曾任职过曹魏的大都督、太尉、太傅，是辅佐了魏国三代的托孤辅政之重臣，后期成为全权掌控魏国朝政的权臣。平生最显著的功绩是多次亲率大军成功对抗诸葛亮的北伐。其孙司马炎（即其次子司马昭之子）被封晋王后，追封司马懿为宣王，司马炎称帝后，追尊司马懿为晋宣帝。

装病辞封

司马懿画像

与一些白手起家的帝王将相不同的是，司马懿有深厚的家庭背景。他出生在东汉一个豪族家庭。他爷爷司马儁有些名头，曾为颍川太守，他爸爸司马防同样有所作为，曾任京兆尹。少年时的司马懿，并没有因为优越的环境而不思进取，相反，他聪明好学，博闻强记，善谋略，常慨然有忧天下之心。这样的孩子谁不喜爱？同郡人南阳太守杨俊以善于知人闻名。一日见了司马懿后，对人说："这小子长大后定为非常之器。"从这可以看出，司马懿在当时，绝对是个可塑之才。

东汉建安六年（公元201年），司马懿被郡政府举为上计掾（办理上计事务的职位），此时曹操任司空。曹操一向喜欢选贤任能，得知司马懿非常有才华，很欣赏，决定聘请为官。司马懿早已看出汉朝已国运衰微，朝廷大权实际上已落入曹操之手。司马懿本属大士族的后裔，而曹操是宦官之后，他自然不肯屈居于人后，但不能实话实说。于是，他找了一个借口，说自己身患风瘫，不能起居。曹操一向机警而多疑，能不知道他那点小心思吗？这一定是借故推辞。司马懿拒不应聘，这使身为领导的曹操大为恼火，认为他这是对自己的不敬。于是他立即派人扮作刺客前去验证虚实。

刺客乘着夜深人静之时，穿墙越屋来到司马懿的寝室。只见司马懿一动不动地躺在床上。刺客还是不放心，手挥寒光闪闪的利剑，猛地刺向司马懿。警觉的司马懿察知刺客到来，立即悟到这是曹操派来验察他的病情的，于是将计就计，毅然放弃了一切逃避求生、自卫和反抗的努力，装着风瘫病重的样子，直挺挺地躺在那里，一动不动，任刺客所为。刺客这才信以为真，收起利剑，回去禀报曹操去了。

司马懿机智地躲过这场浩劫之后，十分小心谨慎的活动，在曹操眼皮子底下混过去好几年。

建安十三年（公元208年）六月，曹操自任汉室丞相。为了实现统一南方的大业，他一面开玄武池以练水军，—面积极网罗人才。于是，他又想起了司马懿。曹操想起当年的事，还是耿耿于怀，严厉地对使者说："司马懿这次再找借口不来，就把他抓起来！"

曹操画像

司马懿一向老谋深算，他清楚如果再拒绝，自己难逃一死。出于珍惜自己宝贵的生命，他欣然就职。曹操见司马懿接受任命也就不再追究过往了，任命他为丞相府文学掾，并辅助儿子曹丕。司马懿果然不负厚望，升职很快，之后担任主簿一职。

曹操对司马懿的才能非常赏识，但对他"内忌而外宽，猜忌多权变"的特点也看得一清二楚。他听说司马懿有"狼顾相"，又察知他有所谓"雄豪志"，加之又曾梦见三马同食一槽，心中不禁警觉。他暗忖："槽"与"曹"同音，"食槽"难道预示着司马氏将侵夺曹氏大权？于是，曹操对司马懿不放心了，渐生反感，并想斩草除根。

一次，曹操见曹丕与司马懿关系特别好，很担心。他对儿子说："司马懿终将不甘心位居臣下，将来必然干预我家政权。"曹丕和司马懿是铁哥们，对司马懿非常放心，不仅听不进父亲的警告，还多方面保护司马懿，这才使司马懿免于被害。

司马懿敏感地察觉到了曹操对他的猜疑，于是故意放烟雾弹，他装作对权势地位无所用心，表现出满足现状的样子，曹操见此，这才安下心来，消除了对他的怀疑和警惕。

屯田积谷，深谋远虑

东汉末年，政治腐化，战祸不断，经济凋敝，百姓流离失所，社会动荡不安。在此情况下，解决积谷和流民问题就成为稳定社会、克敌制胜的关键。

为了解决这诸多社会问题，建安二十三年（公元 218 年），已升为军司马的司马懿向曹操提出了实行“军屯”的建议。他说：“昔日箕子陈谋，把粮食放在首位。今天下不耕者有二十余万，这不是治国的长远之计啊！虽然战事未结束，但最好还是发展种植业。”曹操觉得有道理，欣然采纳。此后，司马懿还不断地强调劝农积谷的重要性，并具体领导了发展军屯的事宜。

司马懿穿官服像

司马懿凡事喜欢按部就班。正始三年（公元 242 年）三月，司马懿奏请修广漕渠，引黄河水入汴，灌溉东南诸陂，开始在淮北大兴屯田。广漕渠三百余里，溉田两万余顷。一年后，司马懿又大兴屯守，广开淮阳、百尺二渠，灌溉颍川南北诸陂万余顷。功夫不负有心人，在他的精心治理之下，淮河以北的广大地区，仓庾相望，自寿阳至京都洛阳，百姓屯田与军队屯田连成一片，阡陌交通，鸡犬相闻，一片生机勃勃的景象。

淮河流域与东吴接壤，司马懿

在这里大规模屯田，无疑具有重要的战略意义和军事意义。在当时，由于司马懿的倡导，曹魏政府在淮北有两万余人屯垦，淮南也有三万余人，而且还有四万余人在这一地区且耕且守。每年可得军粮五百万斛。魏国的东南边防得到了巩固，这不能不说是司马懿的功劳。

樊城解困

刘备是一个胸怀大志的人，对樊城垂涎久矣。于是，在建安二十四年（公元219 年），他派关羽率军攻打曹仁驻守的樊城。打算破樊后，直下皖、洛，占领曹操的统治区，进而一统中原。

曹操不愧为具有真知卓见的军事家，他对樊城的战略地位一清二楚，为了保住军事重地，他便急派于禁、庞德两位大将率七万人马前去增援。这时刚好是秋季，霖雨不止，汉水猛涨，关羽水淹其军，生擒了于禁。然后又斩杀了将军庞德，蜀军一时威名大震，直逼樊城城下。面对如此危急的形势，一向冷静沉着的曹操惊慌失措了，以至打算迁都。还好有司马懿，他不慌不忙地上前谏阻道："于禁将军是被水淹才失败的，并非是战场上杀不过敌手所致，于国无碍。如果现在匆忙迁都，既是向敌人示弱，也会助长了关羽的气焰，更会引起淮沔一带居民的骚动和不安。孙权和刘备，外亲而内疏，现在关羽如此得意，自然是孙权不愿看到的。我们可以派使臣与孙权联系，请他派兵抄关羽的后路，

孙权像（中）

樊城之围自然迎刃而解。”

这样一番话，令曹操茅塞顿开，决定依计而行。也碰巧这时孙权遣使找上门来，要求自后路进攻关羽，以讨好曹操，曹操大喜过望。

关羽虽然不失为过五关斩六将的一代名将，但听说孙权乘机抄他的后路，也不免心跳加速，本想撤兵回救，却又眼见围樊之战功亏一篑，十分可惜。正在左右为难之际，孙权派大将吕蒙率兵袭击公安，刘备的南郡太守糜芳很不争气，竟然投降，吕蒙占据了江陵。与此同时，东吴的另一大将陆逊也攻取了宜都等地。关羽无奈，只好放弃樊城之围。还当阳，走麦城。后被吴将俘获，不降被杀。樊城之围不战而解。

司马懿不仅借东吴之力解了樊城之围，而且还借孙权之手杀了关羽，真可谓一箭双雕，坐收渔翁之利。真可谓计高一筹啊！

人算不如天算，不久，一代英杰曹操也难逃命运的安排，病死于洛阳。他死后，他的儿子曹丕嗣位为丞相、魏王，封司马懿为河津亭侯，后迁为丞相长史。

这时，孙权举兵西进。曹丕召集群臣分析军情，商议破敌良策。众大臣纷纷表示，东吴此次兴兵西进，意在攻取樊城、襄阳。而两城积储不多，难以持久抵御。于是，他们建议应及早命令镇守襄阳的大将曹仁在孙权兵到之前，火速弃城，退居皖城。只有司马懿与他们的意见截然不同，他说：“孙权刚刚打败关羽，必然担心刘备会伺机报复，现在是他欲与魏王结好、防御西蜀的时候，决不敢贸然犯我。樊、襄二城在军事上有着重要的战略地位，千万不能放弃。”遗憾的是，曹丕没有听取他的意见，命曹仁焚弃二城，退居皖城。果然不出司马懿所料，孙权并未侵扰二城。曹丕闻讯，懊悔不已。

曹丕像

智擒孟达

公元219年，西蜀大将关羽北攻襄阳时，因兵力不足，多次向驻屯在上庸（今湖北省竹山县西南）的蜀将孟达求救，但不知道这孟达是怎么想的，就是不施以援手。关羽兵败被杀后，孟达知道自己难逃干系，刘备定不能绕他。于是在延康元年（公元220年）率兵投降了曹魏。

司马懿看出这个人言行不一，反复无常，将来肯定是麻烦制造者，便多次劝谏魏文帝曹丕，对孟达不可重用。曹丕根本没当回事儿，非常器重孟达，封他为散骑常侍、建武将军、平阳亭侯，待遇可是不薄。等到了魏文帝黄初元年（公元220年），魏国合并房陵、上庸、西城三郡为新城郡（相当于今湖北南漳、保康、房县、竹山、竹溪和陕西安康等县），又封他为新城太守。然而，孟达胃口很大，有自己的小算盘，总在图谋自成大业。太和元年（公元227年），曹丕病逝，与孟达关系密切的桓阶和夏侯尚两位大臣也相继死去。新继位的魏明帝曹睿派司马懿领兵驻屯宛城（今河南南阳），以骠骑将军之职主管荆州、豫州（今河南中部、北部）的军事事务。于是，孟达疑惑起来，觉得司马懿是在监视他。

关羽画像

诸葛亮得知这一情况后，乘机写信劝孟达起兵反魏，回归蜀汉，孟达同意了。但是，诸葛亮对孟达是很不放心的。但为了弥补丢失荆州的重大损失，争取从侧翼牵制魏军兵力，配合蜀军北出祁山，取得上庸地区是非常必要的。因此，诸葛亮决定用计促成孟达迅速起兵反魏。为此派了一个名叫郭模的人向驻屯于魏兴（今陕西安康县西北）的魏军将领申仪诈降，故意将孟达要举兵反魏的消息透露给他。申仪早与孟达不和，得此情报，十分高兴，立即上报司马懿。孟达闻讯十分不安，想立即起兵，又拿不定主意，便寄书成都与诸葛亮商量。

司马懿已经料定孟达必反无疑，得到申仪的报告后，就明白了诸葛亮的意图，决定消灭孟达。为了做好充分准备，他双管齐下：一方面设法破坏孟达与蜀汉的关系，挑拨离间，使其犹豫不决，延缓起事；另一方面调兵遣将，火速征讨。司马懿深恐孟达迅速起兵，便写信给孟达说："昔日将军背弃了刘备，蜀汉上下无不切齿又痛恨于你。魏国对你一向十分信任，封高官，任要职，又委你图蜀大事。所以，诸葛亮早就想除掉你，苦于无计可施。如果将军真与蜀军相通，诸葛亮怎么会把这么重要的消息泄露出来呢？显而易见，郭模的降魏及其所送的情报都是不可信的，完全是诸葛亮的离间之计，目的是想借魏军之手杀害将军。因此，将军不应当有任何疑虑。"孟达哪里知道这是司马懿的缓兵之计，以为司马懿真的对他没有怀疑，觉得没有必要迅速起兵了。

孟达画像

再说诸葛亮见孟达仍然举棋不定，犹豫不决，知道情况不好。为稳妥起见，他又派人送信告诉孟达："不要轻信司马懿的任何言语，必须马上举兵反魏，迅速加固城防，准备迎击魏军的进攻。否则就会功败垂成，甚至丢掉脑袋。"接到信后孟达这才痛下决心。同时，他又给诸葛亮回信道："皖城和洛阳远距八百里，上庸又远离宛城一千二百里。即使司马懿知我起兵，也必须奏报魏明帝，待批复圣旨到达宛城后，才能出兵。其间最少需要一个来月。到那时，我的城防和布置均已完成。上庸偏僻，地势险要，司马懿是不会亲自出马的，别的将领来则不足为虑。”孟达的大意给司马懿提供了偷袭的条件。

司马懿给孟达去信以后，立即调兵遣将，准备讨伐孟达。诸将领却认为，孟达是否与蜀汉勾结，最好再观察一下，不宜贸然出兵。司马懿解释道：“孟达是个反复无常、不讲信义的人，他举兵叛魏是必然的，只是目前还举棋不定。如不乘此良机迅速平定，就会后患无穷。”司马懿当机立断，先斩后奏，奔袭上庸。

太和二年（公元228年）正月，司马懿亲自率领一支精兵从宛城出发，大军偃旗息鼓，昼夜兼程，沿途严密封锁消息，以每日一百五十里的急行军速度，仅用八天时间，便兵临上庸城下。东吴、西蜀急忙派兵，从两路奔走，援助孟达。司马懿亦分出两支人马，分别阻击东西两线的援军，使其无法接近大兵围困的上庸一带。

这时，孟达的城防布置刚刚开始，只好仓促组织抵抗。他写信给诸葛亮说：“我公开反魏刚刚八天，司马懿就已兵临城下了，简直太神速了！”上庸城，三面环水，孟达在水军设置了一道木制的栅栏。司马懿遣军渡水，一举攻破木栅，直逼城前。接着又将全军分成八队，昼夜不停地轮番攻城。孟达军心动摇。魏军攻到第十三天时，眼见城池就要攻破，孟达的外甥邓贤、部将李辅等人打开城门投降。魏军攻入城中，杀死了孟达，俘虏了一万余人，迅速结束了战斗，然后迅速撤离战场，班师归朝。

奔袭上庸是一个不大的战役，作战时间虽然不长，战斗过程也不复杂，但司马懿的指挥却是非常出色的。首先，他正确地分析了诸葛亮的意图，掌握了孟达的为人和品行，因而正确地判断了敌情及其发展趋势，成功地施行了缓兵之计；其次，他以极大的魄力当机立断，不顾个人风险，毅然决定打破先斩后奏的常规，

司马懿画像

做到了出敌制胜；再次，他率军出兵后，以日行一百五十里的速度，以八面同时攻城的方式，一鼓作气，不到半个月就结束了战役，把诸葛亮蓄谋已久的重大计划扼杀于摇篮之中，达到了速战速决的目的。当然，孟达起初优柔寡断，贻误战机，以后又盲目自信，麻痹轻敌，也给司马懿造成了可乘之机。这一战役，充分显示了司马懿杰出的军事指挥谋算才能。

攻其必救，远征公孙

景初元年（公元 237 年），辽东太守公孙渊背叛魏国，自立为燕王，定都襄平（今辽宁辽阳市），改纪年为绍汉元年，下设文武百官，与曹魏抗衡。同时派大将军卑衍、杨祚领兵数万，依托辽河的有利地势，坚营高垒，准备防御魏军的进攻。

魏明帝曹睿画像

第二年正月，魏明帝曹睿将司马懿从长安召回洛阳，商量如何平叛。司马懿主动提出，只率四万人马前去讨平叛乱。曹睿担心兵少路远，难以取胜。

司马懿说："兵不在多，只要善于计谋，就能出奇制胜。"

曹睿一听，非常高兴，但仍有些担心，便进一步问道："你估计我军出动后，公孙渊会采取什么对策呢？"

司马懿答道："放弃襄平，主动转移是上策；防守辽河，阻击我军，是中策；坚守襄平，就要当俘虏了。我判定，公孙渊绝对不会弃城退走，他估计我们孤军深入，不能坚持长期作战，必然要依托辽河的天然屏障阻击我军，这是次等、下等的计策呀，岂有不败之理！”

“那么，你估计这次远征辽东往返需要多长时间呢？”曹睿又问。

司马懿胸有成竹地说道：“前去需要一百天，回来需要一百天，作战需要一百天，休整需要六十天，一年时间足矣。”

曹睿见司马懿对如何作战的方案了然于心，非常满意，便派司马懿率军四万前往辽东平定叛乱。

公孙渊得知司马懿将要亲自率兵前来，很是害怕，立即遣使向孙权求救，表示愿意臣服于东吴。孙权同意出兵伐魏，声援辽东，但同时写信给公孙渊说：“司马公善用兵，变化若神，所向无敌，深为弟忧之。”

景初二年（公元 238 年）三月，司马懿率领步骑四万，从洛阳出发，魏明帝亲自送出西明门，并命令司马懿的弟弟司马孚、儿子司马师送过温县，并令郡守等地方官吏沿途拜见。司马懿率军经孤竹，越碣石，逼近辽水。这一年，司马懿已经五十九岁了，比当年曹操远征乌桓时还大七岁。他老当益壮，满怀胜利的信心，领兵远征。六月，魏军到达辽河西岸。这时，卑衍、杨祚已在辽河东岸筑起了一道长达六七十里长的防线，修建了坚固的营寨。魏军到达后，卑衍采取坚守不战的办法，企图与魏军长期隔河对峙，想用时间拖垮魏军。

司马懿看罢地形，便命令一部分士兵大张旗鼓地向敌军的南翼猛攻。卑衍和杨祚见魏军攻势凶猛，唯恐南翼江防被破，急调精兵前去救援。这恰恰中了司马懿的声东击西之计。司马懿见燕军的精锐部队已急赴南翼，便立即亲率大军从燕营北部偷渡辽河。过河后，随即命令部队沉掉了渡河的船只，毁掉了浮桥，逼近燕营。并傍辽河构筑工事，摆出了一副持久作战的姿态。然而，司马懿并不发动进攻，却率领主力绕开敌营直奔襄平而去。众将不明白司马懿的意图，问道：“将军只围困而

三国 · 魏陶耳杯

不进攻，又绕开敌营而走，太不能显示我军的威力了吧？”

司马懿解释道：“敌军凭借坚固的营寨，企图疲惫以至拖垮我军，我们如果去攻打，岂不正中敌人下怀？兵法上说，攻其必救，就可迫敌出战。敌军主力集结在辽河一线，后方空虚，我军直指其老巢襄平，他们必然回兵救援。那时，我们不就可以乘机大量地消灭敌人了吗？”众将恍然大悟。

魏军一举突破辽河天险，并弃营不攻，直扑襄平。卑衍、杨祚万分惊慌，生怕老巢空虚不保，立即率领全军回援襄平，企图堵截魏军。司马懿待燕军进到适当地点，命令奔赴襄平的兵马回师猛击，连续发动三次大规模的进攻，三战三捷。卑衍、杨祚率领残兵败将，慌忙逃回襄平城内。司马懿乘胜进军，兵临襄平城下。

这时，正值多雨的季节，襄平地区连降暴雨，加上辽河河水猛涨，淹没了两岸大片地方。襄平城四周，变成了一片白茫茫的水乡，有的地方水深达数尺。魏军急切不能合围，营帐全都泡在水中。有的官兵提出转移到高地扎营，司马懿传令道：“有敢言迁营者斩首！”都督令史张静违反命令又要求迁营，果然被司马懿斩首示众。魏军被迫泡在水中，处境十万困难。公孙渊乘机命令城中的部队与老百姓出城放牧、打柴。有的将领见有机可乘，就要求消灭出城的敌军，司马懿不准。一个名叫陈硅的问他：“将军过去打上庸时，八路并进，日夜攻打，只用了六天，就攻破了城池，杀掉了孟达。现在我军远道而来，反而不急于攻打敌人，

此图为燕国都城襄平（今辽宁辽阳市）

是何道理？”

司马懿笑道：“那时，孟达兵少粮多，可供一年，我军人数四倍于敌而粮食不够一月，以一月图一年，怎么能不速战速决呢？以四人攻打一人，则是可以速战速决的，所以不计死伤，猛攻上庸，实质上是与他竞争粮食。现在情况不同了，敌众我寡，敌饥我饱，又逢大雨，难以速战速决。此次出兵辽东，不怕燕军坚守，就怕燕军跑掉。目前，我军虽少，但粮草充足；燕军虽多，但粮草将尽。如果消灭出城放牧、打柴的燕兵，抢走他们的牛马，在我军没有完成合围的情况下，不就等于迫使燕军拼死逃跑吗？公孙渊依仗人数众多和雨天大水给我军带来的困难，继续坚持，不肯认输。我们何不将计就计，主动示弱于敌，让他们安心。等到雨停、水退、敌军粮尽之时，再发动攻势，不比现在捡点小便宜强得多吗？用兵的诀窍在于根据敌情的变化而变化啊！”众将听罢，莫不钦佩司马懿的才智。于是，司马懿率领部队，一面继续合围襄平，一面暗中赶做大批楼车、钩梯，待机攻城。

不久，雨停了，辽河之水亦渐渐退去，魏军也完成了对襄平的包围。接着，司马懿抓住燕军粮草基本断绝之机，对襄平城发动了猛烈的攻势。司马懿指挥魏军将士筑起土山，登高俯射城中，其箭如雨，昼夜不息。又在城下挖地道，以求伏兵入城，上下结合，还配以楼车、钩梯，轮番进攻。时过不久，公孙渊支持不住，遣使出城求和，要求魏军先撤出包围，然后他自缚请罪。这种缓兵之计，哪里能骗得过司马懿？司马懿毫不犹豫地加以拒绝，并将来使斩首。公孙渊忙又派卫演到魏营，请求允许他送儿子当人质，以图解围。司马懿让卫演捎话给公孙渊：“既敢对阵，或战或守或走，三者都不能，就应降应死，岂有求和之理。不必送子当人质！”公孙渊无奈，只好硬着头皮死命抵抗。但是，他的士兵早已饥疲不堪，军心

三国城

早已瓦解，大将军杨祚首先开城投降。司马懿挥军入城，一举击毙燕军七千余人。公孙渊无路可走，便率军从南面突围，企图杀开一条血路逃生，结果被魏军杀死于乱军之中，余部全部投降。

襄平城被攻占以后，所谓燕王朝的其他几个郡都望风而降。平叛作战果然只用了三个多月。第二年春，司马懿按照原定的一年计划，如期班师回朝。

平定辽东之战，制止了公孙渊的分裂割据，维护了已经形成的统一局面。足智多谋的司马懿以其卓越的指挥才能，创造了一个孤军远征、以少胜多的杰出战例。

空城计背后

在《三国演义》中，诸葛亮首次北伐受挫，安排各路人马退回汉中，正待自己抽身之际，不料，司马懿大军突然出现在城外几十里处，诸葛亮急中生智，兵行险招，玩了一手“空城计”，把司马懿吓跑了。

诸葛亮急中生智，兵行险招，玩了一手“空城计”，吓退司马懿大军

在正史中，孔明见街亭败绩，北伐受挫，战局已经对己不利，于是迅速撤回汉中，并没有再空耗军力。而曹魏方面，大都督曹真见已经打退蜀汉，就没有再苦苦追击。当时，司马懿更是远在宛城一线，根本不可能出现在街亭或西城。《三国演义》为了贬低曹真，并强调司马懿是诸葛亮的最大对手，硬是把司马懿移位到了街亭前线。其实，司马懿是在后来才顶替曹真出现在对蜀汉前线的。

其实，“空城计”也有其说法来源。

《三国志·诸葛亮传》的注里，记有一段郭冲讲的小故事：“亮屯于阳平，遣魏延诸军并兵东下，亮唯留万人守城。晋宣帝率二十万众拒亮，而与延军错道，

大都督曹真画像

径至前，当亮六十里所，侦候白宣帝说亮在城中兵少力弱。亮亦知宣帝垂至，已与相逼，欲前赴延军，相去又远，回迹反追，势不相及，将士失色，莫知其计。亮意气自若，敕军中皆卧旗息鼓，不得妄出庵幔，又令大开四城门，埽地却洒。宣帝常谓亮持重，而猥见势弱，疑其有伏兵，于是引军北趣山。明日食时，亮谓参佐拊手大笑曰：'司马懿必谓吾怯，将有强伏，循山走矣。'候逻还白，如亮所言。宣帝后知，深以为恨。"

史学界称其为"郭冲三事"，后边还有郭冲的"四事"和"五事"。这个郭冲是诸葛亮的粉丝，他讲的故事都是盲目推崇孔明的。这一段"郭冲三事"的情节，更是于史不符、于理不合，十分荒谬。当时就有人质疑：司马懿如果真得到这样的机会，麾下十余万大军，把他围住不就完了？连现在人也明白，派几个神射手过去射诸葛亮，或者派一个小队过去火力侦察一下，立即就可以拆穿诸葛亮的把戏，一直老谋深算的司马懿绝不会愚蠢和胆怯到"扭头就跑"的地步。

诸葛亮塑像

所以近来有学者认为：作为一名出色的政治家，司马懿深深明白"蜚鸟尽，良弓藏。狡兔死，走狗烹。"的道理。当时魏国任用他的原因就在于诸葛亮北伐而魏国朝中除自己外无人可敌，诸葛亮就是自己得到任用保住官位的钥匙和命脉。如果诸葛亮一死，他的用处也将终止，而朝廷中很多官宦都敌视自己，自己也还没有建立起朝中势力，必然会重新被贬官居闲，壮志难成了。所以虽然看破了诸葛亮的"空城计"，但是司马懿也不会立即杀死自己的"保官稻草"的。

与曹爽的对垒

公元239年正月，司马懿讨伐辽东回到洛阳不久，魏明帝曹睿就病死了。魏明帝临死前，拉着司马懿的手，将八岁大的太子曹芳托付于他。魏明帝命太子上前抱着他的脖子，司马懿顿首流涕，受遗命与大将军曹爽共辅幼主。

太子曹芳继位后，司马懿升为侍中录尚书事，与曹爽各统三千兵马，共同执掌朝政。起初，曹爽因司马懿德高望重，对他恭敬有加，不敢专断独行。后来丁谧等人劝道："太尉有大志而甚得人心，不可推诚信任。"曹爽遂对司马懿猜疑提防。在丁谧的谋划下，曹爽于景初三年（公元239年）二月使魏少帝下诏，提升司马懿为太傅，表面上提升了司马懿，实际上削夺了司马懿的兵权。而且朝中奏事也得先经曹爽过目。曹爽还把自己的弟弟曹羲、曹训、曹彦等分别提升为中领军、武卫将军、散骑常侍。为了提高威望，建立功名，曹爽不顾司马懿的反对，于正始五年（公元244年）二月强行伐蜀，结果劳民伤财，无功而返。

曹爽专利，司马懿失权，两人之间的矛盾逐渐尖锐起来。在不利的情势下，老谋深算的司马懿采取以退为守的策略，运用韬晦之计，收敛锋芒，藏形隐迹，告病居家，不问朝政。

正始八年（公元247年）四月，曹爽的野心日益膨胀，竟将太后迁入永宁宫，进一步独专朝政，并与其党羽密谋，企图夺取皇位。但是，他最为忧虑的仍是司马懿。

大将军曹爽画像

一天，曹爽借心腹李胜调往荆州之机，让他以向司马懿辞行为由，前去观察这个称病居家、不问朝政的太傅。当李胜来访时，司马懿立刻猜出了他的来意，于是决定将计就计，迷惑对方。

李胜来到司马懿的卧室，只见司马懿躺在床上，在两个侍女的服侍下喝粥，粥竟撒满了前胸。李胜说："听说太傅旧病复发，没想到竟病得如此严重。我此次蒙皇上恩典，将赴本州（李胜是荆州人，所以称本州）任刺史，今特来向太傅辞行。”司马懿故作气喘吁吁状，说：“您去并州，并州靠近胡人，可要好好防范。我年老病重，危在旦夕，恐怕我们今后不能相见了。我的儿子司马师、司马昭，请您日后多加关照。”李胜纠正道：“我是回本州，不是去并州。”司马懿问：“您不是去并州吗？”李胜又重复一遍：“我是回本州，回荆州。”司马懿装作才明白的样子，说：“我年老糊涂，没有听懂您的话，您调回荆州，正是建功立业的好机会。”

李胜回去后，将其在司马懿处的所见所闻详细地告知曹爽，并说：“司马公不过是尚有余气的尸体而已，形神已离，不必再对他有何顾虑了。”

曹爽最忌怕的对手就是司马懿，听完李胜的这番话，他认为把持朝政、为所欲为的最后障碍不存在了，于是更加肆无忌惮了。

嘉平元年（公元 249 年）正月，丧失警惕、思想麻痹的曹爽兄弟，陪同小皇帝曹芳拜谒高平陵，轻易离开了京城。装病蛰居而暗中准备的司马懿立即抓住时机，发动了政变。他上奏永宁太后废免曹爽兄弟，夺了他们的兵权。然后，亲率太尉蒋济等兵屯于洛水浮桥，切断曹爽的归路。并派人给魏帝送去罢免曹爽的奏章。他还指洛水为誓，保证曹爽等人仅予免官，决不加害。曹爽的谋士桓范力劝曹爽速保皇帝到许城，下诏调兵，镇压司马懿的反叛。愚不可及、贪生怕死的曹爽此时早没了主意，索性把刀往地下一扔，投降了。然而，这一次曹爽又上当了。曹爽等人回到京都不久，司马懿便以“背弃顾命，败乱国典，内则僭拟，外专戚权”的罪名，将曹爽兄弟及其党羽全部处死，并夷灭三族。

太尉蒋济画像

故技重施，密谋夺权

司马懿除掉了曹爽后，曹魏的军政大权从此完全落入司马懿的手中，为司马氏取代曹魏奠定了基础。

公元249年二月，皇帝任命司马懿为丞相，增繁昌、鄢陵、新汲、父城为其封邑，前后其计八县，食邑二万户，特许奏事不名。司马懿辞丞相之职不受。十二月，诏命加九锡之礼，朝会不拜，又辞九锡。

嘉平二年（公元 250 年）春，魏帝命司马懿在洛阳立庙。司马懿久病，朝廷请他他也不去，每遇大事，天子还得亲自到他府中去征询意见。兖州刺史令狐愚和太尉王凌（驻地在寿春）见皇帝孱弱，强臣专权，便想谋立楚王曹彪。结果，事情还没办成，令狐愚就死了。嘉平三年（公元 251 年）春正月，王凌借口吴人塞涂水，请求出兵征讨。司马懿知其阴谋，不令兴兵。并于四月亲率中军讨伐王凌。司马懿故技重施，他先下赦书赦免凌罪，又写信安慰他，但不久大军突至。王凌自知势穷，便独自乘船迎接，派属官王或请罪，送上印绶、节钺。

司马懿军到武丘，王凌在水边面缚等待，说："我若有罪，你可以折简传召我，何苦自己这么大老远地跑来！"

司马懿说："因为你不是折简之客的缘故。"说罢，命将领率六百人马想把王凌解送洛阳。王凌向司马懿要棺材上的钉子，想试探一下，看司马懿想不想杀自己，司马懿命手下人找来送给他。后来，王凌途经贾逵庙，曾大呼："贾逵啊贾逵！王凌是大魏之忠臣，也只有你知道我了。"五月，王凌到项城，绝望，服毒而死。

堆塑罐，又称谷仓、魂瓶，是我国长江中下游地区三国两晋时期墓葬中的一种特有的随葬器物

司马懿进军寿春，参与王凌之谋的人都出来自首。司马懿推知其事，凡牵连在内的一律诛灭三族。他还派人挖开王凌、令狐愚的坟墓，在附近的市上，剖棺暴尸三天，然后，烧掉他们的印绶、官服，把他们裸埋土中。司马懿把楚王曹彪也杀了。并且把魏之王公全部拘捕，放置邺城，命有司监察，不准他们互相交结往来。

魏帝策命司马懿为相国，封安平郡公，司马懿的孙儿及兄弟的儿子都封为列侯，司马一家前后食邑五万户，封侯者十九人。司马懿仍旧固辞相国、郡公之位不受。

嘉平三年（公元 251 年）六月，司马懿病，夜间常梦见贾逵、王凌来作祟。八月，司马懿去世，享年七十三岁。当年九月，司马懿被葬于河阴，谥文贞，后改为文宣。晋武帝受魏禅，给司马懿上尊号为宣皇帝，称其陵墓为高原，庙号高祖。

司马懿墓

司马懿如此老谋深算，那么他究竟会把陵墓选在洛阳何处呢？清乾隆年间，洛阳知县龚松林就为此忙活了一阵子，最后把一座土冢认定为司马懿墓。这个土冢在洛阳老城以北河西岸，经知县大人之手与司马懿挂上钩后，游客纷至沓来，在土冢前凭吊怀古，抒发对司马懿的种种复杂微妙的感情。

这个司马懿墓被人凭吊了约二百年后，最终引起了盗墓贼的极大兴趣。新中国成立前，盗墓贼凿穿厚厚的黄土，本希望从这个大墓冢中发一笔横财，谁知竟然更正了一个历史错误。盗墓贼从土冢内挖出一方墓志，一看才知这土冢是北魏清河王元怿之墓。1965 年，考古人员从盗洞进入墓室进行考证，发现该墓确实是北魏墓的形制，司马懿墓之说纯属无稽之谈。一个堂堂知县犯下的张冠李戴的错误，竟然被盗墓贼更正过来，如果龚松林地下有灵，不知会有何感想！

点评司马懿

司马懿传赞

司马懿不光是拥有军事才能，还拥有政治才能。谈到谋略、策略、作战指挥，他样样精通。南擒孟达，西拒诸葛，都显示出他杰出的军事指挥才能。多次装病，韬光养晦，奇诛曹爽，更显示了他政治斗争的韬略。

对此，唐太宗李世民曾有一评价说：“观其雄略内断，英猷外决，殄公孙于百日，擒孟达于盈旬，自以兵动若神，谋无再计矣。”